TRONC COMMUN

Enseignement spécifique de
MATHÉMATIQUES

1re

Hyperbole

ÉDITION 2023

PROGRAMME 2022

Sous la direction de Joël Malaval

Bernard Chrétien
Pierre-Antoine Desrousseaux
Jean-Marc Lécole
Isabelle Lericque
Frédéric Puigredo
Joël Ternoy
Mickaël Védrine
Myriam Vialaneix

Nathan

Sommaire

AU DÉBUT DU MANUEL

Analyse de l'information chiffrée

Phénomènes aléatoires

Phénomènes d'évolution

Code éditeur : 263589 – ISBN : 978-209-502535-9 © Nathan, 2023 – Dépôt légal : Avril 2023

5 Variation instantanée

6 Variation globale

À LA FIN DU MANUEL

▶ Tous les exercices de la partie « Tester ses automatismes » et ceux avec une pastille verte sont **corrigés à la fin du manuel**.

Un métier

▶ **À la fin de chaque chapitre, un métier pour appréhender le projet d'orientation.**

1. Statisticien(ne)
2. Développeur/euse
3. Infirmier/ière
4. Technicien(ne) en radiologie
5. Généticien(ne)
6. Expert(e)-comptable

Les ressources numériques du manuel

- **Des exercices corrigés en vidéo**

CORRIGÉ en vidéo jaicompris.com

- **Tous les fichiers Tableur et GeoGebra**

Plusieurs modalités d'accès à ces ressources selon votre usage :

→ tout au long de votre ouvrage en scannant les **QR-codes**

ou

→ sur le **site compagnon** **lyceen.nathan.fr**

ou

→ via votre **manuel numérique** Biblio Manuel (téléchargeable pour un accès hors ligne)

Je me mets en activité avec :

MON LABO DE MATHS

- **La plateforme d'entraînement personnalisé**
Des **parcours individualisés** pour la **différenciation** et le travail des **compétences** en **autonomie**.
→ avec suivi des élèves pour l'enseignant.

- **Un module de calcul mental**
Plus de **1 500 questions** pour s'exercer en **autonomie** ou en **classe** et acquérir **les bons réflexes**.

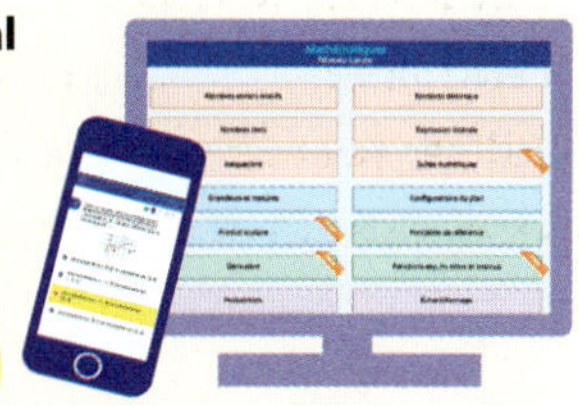

À la découverte de votre manuel

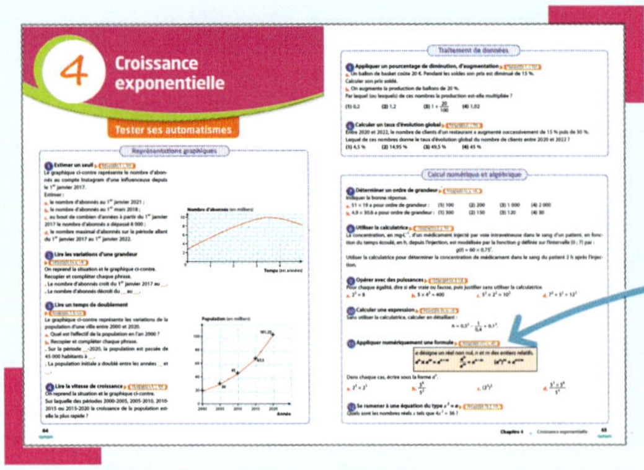

Ouverture du chapitre

- Une double page pour travailler les automatismes afin de construire et entretenir des habiletés mathématiques dans les domaines des représentations graphiques, du traitement des données et du calcul.

Pour chaque exercice un rappel des connaissances et compétences à retrouver dans les « Automatismes de base » à la fin du manuel.

Activités

- Des activités courtes pour introduire les notions et thèmes étudiés dans le chapitre.

Des mises en perspective avec l'actualité scientifique.

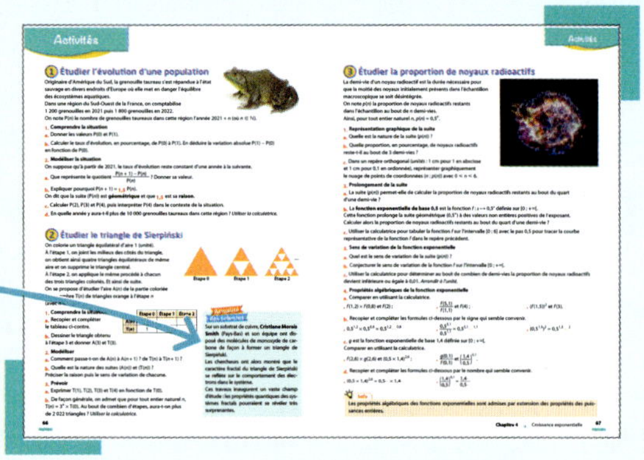

Cours

- Les notions du cours expliquées de façon claire et synthétique.

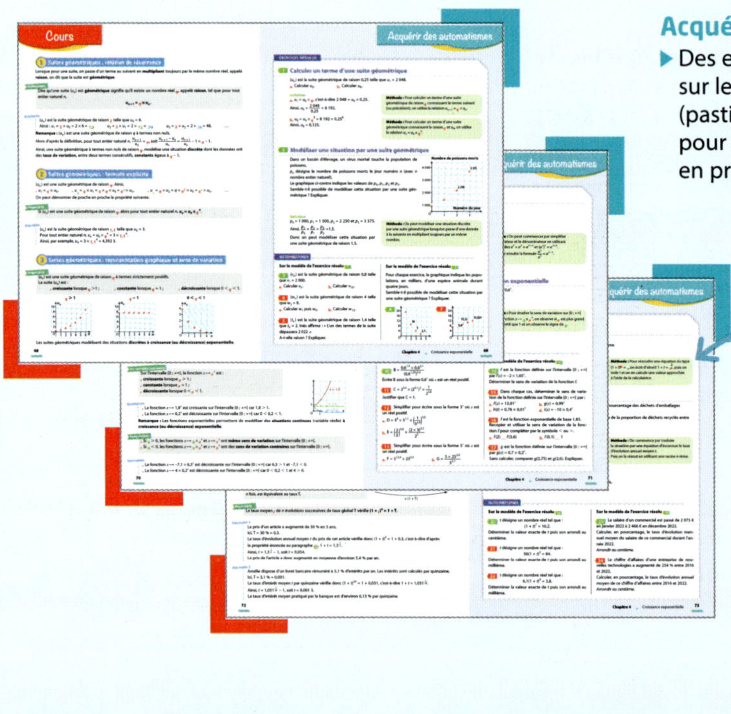

Acquérir des automatismes

- Des exercices résolus et d'autres sur le même modèle, corrigés (pastilles vertes) en fin de manuel pour mettre tout de suite en pratique.

Les méthodes et automatismes travaillés en contexte.

S'entraîner

▶ Des exercices de niveau intermédiaire, classés par notions travaillées.

Des « Questions flash » pour démarrer chaque capacité.

Des exercices corrigés en vidéo.

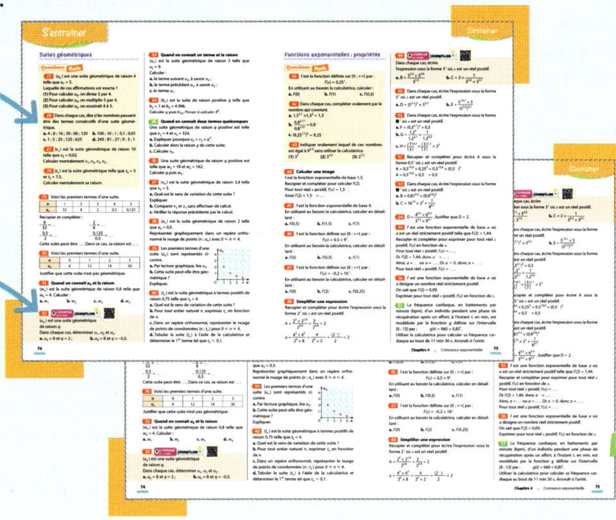

57 → Retrouvez à la fin de votre manuel les corrigés de tous les exercices avec une pastille verte.

Utiliser ses compétences

▶ Des exercices de synthèse pour mettre en œuvre l'ensemble des savoirs et savoir-faire mis en place précédemment.

De « vrais » défis à relever.

Résoudre des problèmes

▶ Des problèmes issus des autres disciplines, de la vie courante ou citoyenne, ou internes aux mathématiques pour développer et mobiliser ses compétences.

Des mises en perspective historiques ou en lien avec les autres disciplines.

Les compétences travaillées sont clairement identifiées.

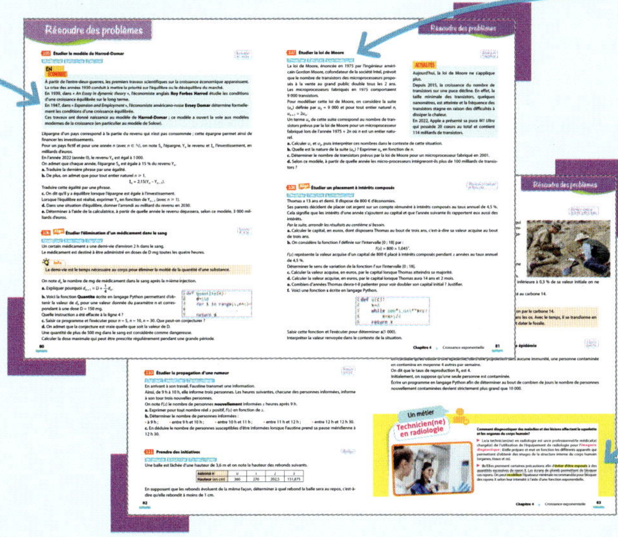

Une fiche métier pour appréhender le projet d'orientation.

ANALYSE DE L'INFORMATION CHIFFRÉE

Situations et problèmes	Contenus mathématiques
Analyse croisée de couples de caractères (exemples : genre, âge, revenus, indicateurs de santé, indicateurs financiers, température, niveau des océans, proportion de gaz à effet de serre, etc.). Les données peuvent être présentées sous la forme d'un tableau ou d'un diagramme obtenu à partir d'un fichier de données en utilisant un tableur.	Analyse statistique de deux caractères. Tableau croisé d'effectifs. Exemples d'analyse du croisement de deux caractères par représentation graphique (nuage de points, diagrammes en barres, diagrammes circulaires). Détermination dans un fichier de données d'un sous-ensemble d'individus répondant à un sous-caractère (filtre, utilisation des ET, OU, NON).

PHÉNOMÈNES ALÉATOIRES

Situations et problèmes	Contenus mathématiques
Sciences de la vie Tests médicaux : faux positifs et faux négatifs. **Théorie des jeux** Modélisation ou simulation de jeux simples : pile ou face, jeu de « croix ou pile » de d'Alembert, jeu de pierre-feuille-ciseaux, jeu du lièvre et de la tortue, jeu du « passe-dix » (problème du grand-duc de Toscane). Stratégie gagnante au jeu de Monty Hall. **Histoire des mathématiques** Traduction en langage des probabilités de la correspondance épistolaire entre Fermat et Pascal à propos du problème des partis.	Fréquence conditionnelle, fréquence marginale. Probabilité conditionnelle : définition, notation, calcul à partir d'un tableau croisé d'effectifs ou d'un arbre de probabilités. Indépendance de deux événements. Succession d'événements indépendants, équiprobables ou non.

PHÉNOMÈNES D'ÉVOLUTION

Croissance linéaire

Situations et problèmes	Contenus mathématiques
Éducation économique, financière et budgétaire Placement à intérêts simples, croissance d'un poste budgétaire. **Dénombrement** Motifs géométriques évolutifs en forme de T ou de croix, carré bordé.	**Suites arithmétiques** Définition par la relation de récurrence. Explicitation du terme de rang *n*. Sens de variation. Représentation graphique.
Physique Correspondance entre degrés Celsius et Fahrenheit. **Économie** Modélisation de l'offre et de la demande par des fonctions affines, point d'équilibre. **Enseignement moral et civique** Modélisation du barème de l'impôt sur le revenu par une fonction affine par morceaux (taux marginal, taux moyen). **Sciences de la Terre** Modèle linéaire de l'évolution du niveau moyen des océans.	**Fonctions affines** L'objectif est de remobiliser les connaissances abordées en classe de seconde : représentation graphique, sens de variation, lien entre le taux d'accroissement et le coefficient directeur de la droite représentative.

Croissance exponentielle

Situations et problèmes	Contenus mathématiques
Sciences de la vie Élimination d'une substance dans le sang. **Dénombrement** Motifs géométriques évolutifs (triangle de Sierpiński, etc.). **Éducation économique, financière et budgétaire** Emprunt, placement à intérêts composés, gestion d'une dette, croissance d'un poste budgétaire.	**Suites géométriques à termes strictement positifs** Définition par relation de récurrence. Explicitation du terme de rang *n*. Sens de variation. Représentation graphique.

• • •

Éducation économique, financière et budgétaire Valeur au bout d'une fraction d'annuité d'un capital placé à intérêts composés à taux annuel constant. **Économie, géographie** Analyse comparée de l'accroissement d'une population et des ressources alimentaires (modèle de Malthus). **Sciences sociales** Modélisation simplifiée de la propagation d'une rumeur (cascades verticales). **Physique et sciences de la vie et de la Terre** Nombre de noyaux radioactifs présents dans un échantillon au bout d'une fraction de demi-vie. Applications à la médecine et à la datation par le carbone 14. **Sciences de la vie** Taux de reproduction R_0 d'un virus lors d'une épidémie.	**Fonctions exponentielles** Introduction de la fonction $x \mapsto a^x$ ($a > 0, x \geqslant 0$). Propriétés algébriques (admises, par extension des propriétés des puissances entières). Variations. Représentation graphique. Cas particulier de l'exposant $\frac{1}{n}$. Taux d'évolution moyen correspondant à n évolutions successives.

Variation instantanée, variation globale

Situations et problèmes	Contenus mathématiques
Sciences de la vie Courbe de croissance d'un enfant. **Physique** Vitesse instantanée d'un mobile animé d'un mouvement rectiligne. **Chimie** Vitesse d'apparition d'un produit ou de disparition d'un réactif dans une réaction chimique. **Économie** Coût marginal défini comme la variation du coût total induite par la production et la vente d'une unité supplémentaire, et modélisé par la dérivée du coût total.	**Variation instantanée (nombre dérivé)** Tangente à une courbe en un point. Nombre dérivé comme coefficient directeur de la tangente.
Économie Modélisation par une fonction du coût de production et du chiffre d'affaires d'une entreprise, étude du bénéfice. Optimisation des dimensions d'un emballage pour en réduire le coût.	**Variation globale (fonction dérivée)** Fonction dérivée. Sens de variation d'une fonction, lien avec le signe de la fonction dérivée sur un intervalle. Dérivée des fonctions constante, identité, carré et cube. Dérivée d'une somme, du produit par un nombre réel. Application à la dérivée d'un polynôme de degré inférieur ou égal à 3. Tableau de variation, à l'aide si besoin d'un logiciel de calcul formel.

AUTOMATISMES

Représentations graphiques

– Préciser sur un graphique les grandeurs en jeu, les unités et les échelles.

– Lire sur un graphique les variations d'une grandeur : croissance ou décroissance, doublement régulier, accélération ou ralentissement de la croissance.

– Estimer graphiquement une valeur atteinte, un antécédent, un seuil.

Traitement de données

– Appliquer un pourcentage d'augmentation ou de diminution.

– Calculer un taux d'évolution global à partir de taux d'évolution successifs, calculer un taux d'évolution réciproque.

Calcul numérique et algébrique

– Effectuer mentalement des calculs simples mettant en jeu des nombres décimaux, des fractions et des pourcentages.

– Passer d'une écriture d'un nombre à une autre (décimale, fractionnaire, sous forme de pourcentage).

– Utiliser un ordre de grandeur pour contrôler un résultat.

– Effectuer une application numérique d'une formule mathématique (longueurs, aires, volumes) ou d'une formule simple provenant d'une autre discipline.

– Résoudre une équation du premier degré du type $ax + b = cx + d$ ou $\frac{a}{x} = b$ ou une équation du second degré du type $x^2 = a$.

1 Analyse de l'information chiffrée

Tester ses automatismes

Représentations graphiques

1 Préciser les grandeurs en jeu et lire un graphique Paragraphe 1, p. 122

Vincent est un adepte du ski de fond.

Le graphique ci-contre représente l'altitude de son parcours, en m, en fonction de la distance qu'il a parcourue, en km.

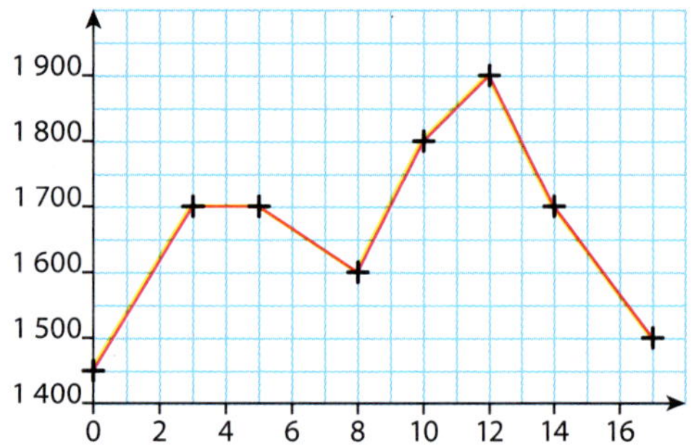

a. Indiquer l'axe qui correspond à la distance parcourue et l'axe qui correspond à l'altitude.

b. Quelle est la distance totale parcourue par Vincent durant sa randonnée ?

c. Quelle altitude maximale Vincent atteint-il durant sa randonnée ?

d. Après avoir parcouru 5 km, à quelle altitude se trouve Vincent ?

e. À quelles distances de son point de départ se trouve Vincent lorsqu'il est à 1 800 m d'altitude ?

2 Estimer graphiquement une valeur atteinte Paragraphe 2.b, p. 122

Un joueur de rugby tente une pénalité. Il est situé à 30 m des poteaux. La trajectoire du ballon est représentée dans un repère orthogonal par la courbe ci-contre. Le coup de pied est donné à partir de l'origine.

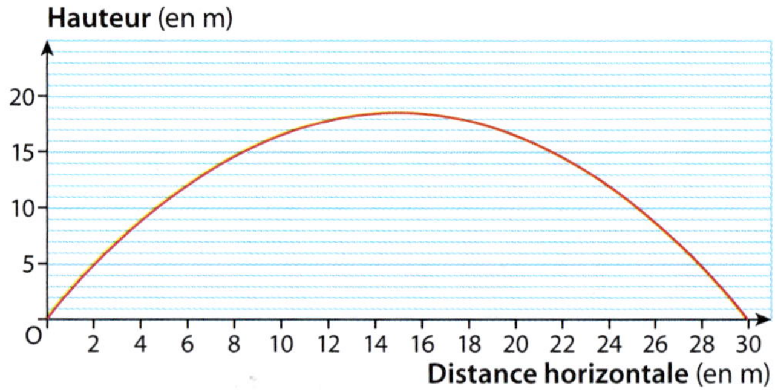

a. Estimer la hauteur maximale atteinte par le ballon.

b. Pour que la pénalité soit réussie, le ballon doit passer au-dessus de la barre transversale des poteaux, située à une hauteur de 3 m. A-t-il réussi sa pénalité ?

3 Comprendre un graphique Paragraphe 3, p. 123

Une automobile parcourt un circuit.

À partir d'un instant pris comme origine, on a enregistré les variations de sa vitesse v, en $\text{km} \cdot \text{h}^{-1}$, en fonction du temps t, en s.

On a obtenu la courbe représentative ci-contre de la fonction $t \mapsto v$.

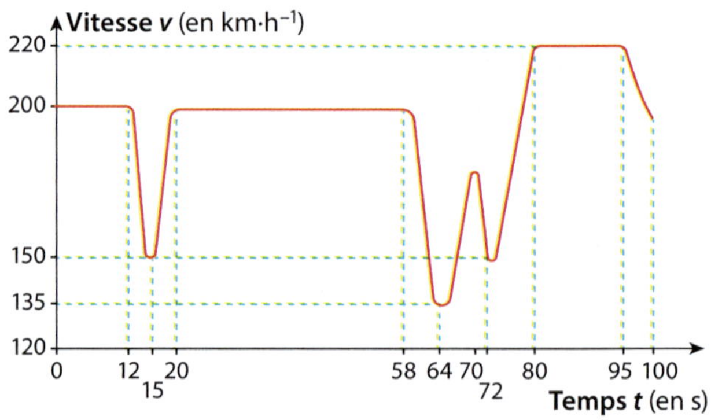

> **Coup de pouce**
> Il y a quatre virages sur ce circuit.

a. À quels instants l'automobile entame-t-elle un virage ?

b. Estimer les instants auxquels la vitesse est supérieure à $200 \text{ km} \cdot \text{h}^{-1}$?

c. L'automobile passe de $150 \text{ km} \cdot \text{h}^{-1}$ à $200 \text{ km} \cdot \text{h}^{-1}$ en accélérant une première fois. En combien de temps cela se fait-il ?

Traitement de données

4 Calculer une proportion Paragraphe 4, p. 123

Une chienne a eu une portée de huit chiots.
Parmi eux, six ont une robe « chocolat » et les autres ont une robe noire.
a. Quelle est la proportion, en pourcentage, de chiots dont la robe est « chocolat » parmi cette portée ?
b. Est-il vrai de dire que la proportion de chiots dont la robe est noire est trois fois moins importante que ceux dont la robe est « chocolat » ?

5 Calculer un coefficient multiplicateur Paragraphe 5, p. 123

Recopier et compléter afin d'exprimer par un nombre décimal le coefficient multiplicateur correspondant à :
a. une augmentation de 15 % : $1 + \frac{\dots}{100} = \dots$;
b. une diminution de 24 % : $1 - \frac{\dots}{100} = \dots$.

6 Traduire un taux d'évolution par un coefficient multiplicateur Paragraphe 5, p. 123

Quel est le coefficient multiplicateur associé :
a. à une réduction de 35 % ?
b. à une augmentation de 20 % ?

7 Traduire un coefficient multiplicateur par un taux d'évolution Paragraphe 5, p. 123

Choisir la bonne réponse parmi les propositions.
a. Le coefficient multiplicateur 1,48 correspond à :
(1) une réduction de 48 % ; **(2)** une augmentation de 48 % ; **(3)** une augmentation de 14,8 %.
b. Le coefficient multiplicateur 0,64 correspond à : **(1)** une réduction de 64 % ; **(2)** une réduction de 36 %.

Calcul numérique et algébrique

8 Passer d'une écriture à une autre Paragraphe 9, p. 126

Parmi les propositions, indiquer celles qui correspondent au nombre donné.

a. $\frac{12}{15} =$ **(1)** $\frac{2}{5}$ **(2)** $\frac{4}{5}$ **(3)** 0,8 **(4)** $\frac{17}{20}$ **(5)** 80 %

b. 0,42 = **(1)** 4,2 % **(2)** $\frac{42}{100}$ **(3)** $\frac{4}{10} + \frac{2}{100}$ **(4)** 42 % **(5)** $\frac{21}{50}$

9 Calculer mentalement Paragraphe 8.a, p. 125

Dans chaque cas, calculer sans utiliser la calculatrice et en détaillant le calcul.
$A = 85 - 57 - 15 + 7$ $B = 62 \times 5 - 4$ $C = 7 \times (2 + 8)$

10 Appliquer numériquement une formule Paragraphe 11.c, p. 127

L'IMC (Indice de Masse Corporelle) est un indicateur utilisé en Médecine pour étudier la corpulence d'un individu.
Sa formule est donnée par $\frac{m}{t^2}$ où m est la masse, en kg, de la personne et t sa taille, en m.
Paul mesure 150 cm et pèse 50 kg. Calculer son IMC.

11 Utiliser une formule de Physique Paragraphe 11.c, p. 127

L'empreinte d'une bille obtenue avec une machine d'essai de dureté de Brinell est une calotte sphérique dont l'aire est donnée par la formule $\mathcal{A} = \frac{\pi \times D \times \left(D - \sqrt{D^2 - d^2}\right)}{2}$ avec les notations ci-contre.
Utiliser la calculatrice pour calculer $\mathcal{A}$ lorsque D = 10 mm et d = 4,2 mm. Préciser l'unité pour $\mathcal{A}$. *Arrondir au centième.*

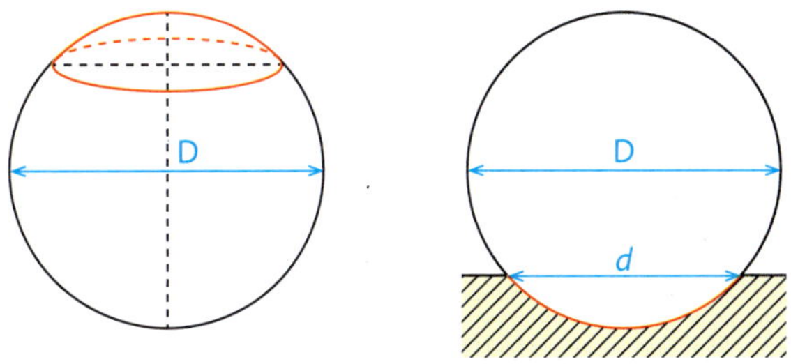

1 Construire un tableau croisé d'effectifs

Karine est gérante d'un magasin de jouets. À la fin de la période de Noël, elle doit réaliser un inventaire d'une partie de sa réserve. Dans son stock, il lui reste 500 jouets. Elle distingue trois catégories : les jeux de société, les jeux de plein air et les jeux de construction.
Elle constate qu'il y a 250 jeux de société dont 75 sont recommandés pour les enfants ayant moins de 8 ans.
Pour les jeux de plein air, elle constate qu'il y a 100 jeux adaptés aux enfants de moins de 8 ans et 50 jeux pour les enfants de plus de 8 ans.
À la fin de son inventaire, elle se rend compte qu'il y a 300 jeux qui sont classés pour les enfants de plus de 8 ans.
Pour résumer l'état de son stock, elle utilise le **tableau croisé** (ou à double entrée) ci-dessous.

	Jeux de société	Jeux de plein air	Jeux de construction	Total
Enfant de moins de 8 ans				
Enfant de plus de 8 ans				
Total				

a. Recopier le tableau et placer les données du texte.

b. Calculer le nombre de jeux de société recommandés pour les enfants de plus de 8 ans puis placer ce nombre dans le tableau précédent.

c. Quel est le nombre total de jeux de plein air ? Placer ce nombre dans le tableau.

d. Montrer que Karine a 100 jeux de construction dans son stock et que parmi eux, il y en a 75 qui sont conseillés pour les enfants de plus de 8 ans.

e. Terminer de compléter le tableau.

2 Représenter deux caractères

Lors de la dernière Coupe du monde de football, 32 pays étaient qualifiés.
Lors de la première phase, ils jouaient en poules de 4 équipes.
À la fin de cette phase, la moitié de ces équipes a été qualifiée pour les phases finales.
Le diagramme en barres cumulées ci-contre représente la répartition des pays participants selon leur continent et selon leur qualification ou non en phase finale.

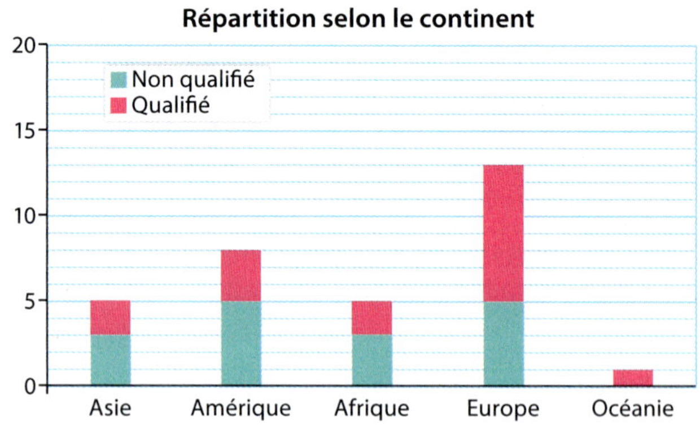

a. À l'aide du diagramme ci-dessus, recopier et compléter ce tableau croisé d'effectifs.

	Asie	Amérique	Afrique	Europe	Océanie
Non qualifié					
Qualifié					
Total					

b. Proposer un argument permettant de justifier qu'il n'est pas surprenant que la finale ait opposé un pays européen contre un pays du continent américain.

3 Effectuer une analyse croisée de deux caractères

1. Comprendre les données d'une étude

Une étude a été réalisée sur un échantillon de la population française afin de chercher s'il existe un lien entre la taille d'un enfant à l'âge adulte et la taille de ses parents.

Voici un extrait de cette étude portant sur la taille, en cm, de 10 personnes à l'âge adulte et la taille, en cm, de leurs parents.

Les individus observés sont tous de sexe féminin.

On note t_M la taille, en cm, de la mère et t_P la taille, en cm, du père d'un individu de l'échantillon.

Individu	1	2	3	4	5	6	7	8	9	10
Taille	167	171	150	180	160	175	164	159	170	168
t_P	169	180	168	190	182	192	169	168	184	177
t_M	158	169	164	175	152	158	172	168	164	160

En France, actuellement, la taille moyenne d'une femme est de 164 cm et celle d'un homme est 177 cm.

a. Combien d'individus de l'échantillon ont un père dont la taille est inférieure ou égale à 177 cm ?

b. Parmi les individus qui ont un père dont la taille est inférieure ou égale à 177 cm, combien ont une mère dont la taille est strictement supérieure à 164 cm ?

2. Présenter les résultats à l'aide d'un tableau croisé

On synthétise les données des deux dernières lignes du tableau ci-dessus dans le tableau croisé ci-contre.

	$t_P \leqslant 177$	$t_P > 177$	Total
$t_M \leqslant 164$			6
$t_M > 164$			
Total			10

a. Justifier le nombre écrit dans la case jaune.

b. Recopier et compléter le tableau avec les réponses de la question **1**.

c. Terminer de compléter le tableau.

3. Calculer à l'aide du tableau croisé

a. Quelle proportion, en pourcentage, d'individus de cet échantillon possède un père et une mère dont la taille est strictement supérieure à leur moyenne respective ?

b. La « taille cible » est la taille « théorique » que l'on prévoit pour un enfant en fonction des tailles de son père et de sa mère.

Pour les enfants de sexe féminin, la taille cible est donnée par la formule $\dfrac{t_M + t_P - 13}{2}$.

Recopier et compléter le tableau ci-dessous.

Individu	1	2	3	4	5
Taille cible					

Individu	6	7	8	9	10
Taille cible					

c. Tracer un repère orthonormé en graduant l'axe des abscisses de 145 à 180 et l'axe des ordonnées de 150 à 180 (*unité :* 1 cm pour 5).

d. Dans ce repère, représenter le nuage de points ayant pour abscisse la taille de l'individu et pour ordonnée sa taille cible.

e. D'après ce graphique, semble-t-il y avoir un lien entre la taille d'un individu de l'échantillon et sa taille cible ? Expliquer.

Cours

1 Tableau croisé d'effectifs

• En statistique, une **population** est un ensemble d'individus (personnes ou objets) sur lesquels porte l'étude.
Un **caractère** est une propriété commune aux individus de la population.

Exemples

– Sur la population des élèves d'une classe, un caractère peut être la note obtenue au dernier devoir de français ou la couleur des yeux ou …

– Sur la population des vaches laitières d'un élevage, un caractère peut être le poids ou la quantité de lait quotidien ou …

• Lorsqu'on étudie deux caractères sur une même population, on peut utiliser un **tableau croisé** (ou à double entrée) d'effectifs afin de résumer les données de l'étude.
On lit conjointement dans les lignes ou les colonnes les effectifs correspondant à chacun des caractères.
On note C_1 et C_2 les valeurs prises par le 1er caractère, D_1 et D_2 les valeurs prises par le 2e caractère.

	C_1	C_2	Total
D_1			
D_2			
Total			

Ici, on trouve l'effectif des individus qui possèdent à la fois le caractère C_1 et le caractère D_2.

Ici, on trouve l'effectif des individus de la population qui possèdent le caractère D_1.

La ligne et la colonne nommées « Total » sont appelées les **marges** du tableau.

Exemple 1

Un complexe sportif étudie sa clientèle à la fin d'une journée selon l'activité pratiquée et selon le fait que le client possède un abonnement ou pas.
Les données sont résumées dans le tableau croisé ci-dessous.

	Abonné	Non abonné	Total
Activité « fitness »	75	25	100
Activité « aquatique »	90	110	200
Total	165	135	300

100 clients ont pratiqué une activité « fitness ».
135 clients ne possédaient pas d'abonnement.
90 clients ont pratiqué une activité « aquatique » et possédaient un abonnement.
Au total, il y a eu **300** clients dans ce complexe ce jour-là.

Exemple 2

Sur un mois d'activité, le complexe sportif précédent a interrogé ses **5 000** clients et a obtenu les résultats suivants : **40 %** viennent pour pratiquer une activité « fitness » ($0{,}4 \times 5\,000 = \mathbf{2\,000}$) et **32 %** ne possèdent aucun abonnement ($0{,}32 \times 5\,000 = \mathbf{1\,600}$).

Enfin $\frac{3}{5}$ des clients qui pratiquent une activité « aquatique » sont des abonnés (3 000 personnes pratiquent une activité « aquatique » et $\frac{3}{5} \times 3\,000 = \mathbf{1\,800}$).

D'où le tableau croisé résumant l'activité mensuelle du centre sportif.

	Abonné	Non abonné	Total
Activité « fitness »	1 600	400	2 000
Activité « aquatique »	1 800	1 200	3 000
Total	3 400	1 600	5 000

EXERCICES RÉSOLUS

1 Compléter un tableau croisé d'effectifs

Dans un lycée, une étude sur le tabagisme a été réalisée sur les 384 élèves du niveau Première. Ce lycée compte 132 élèves en classe de Première technologique, les autres étant en classe de Première générale. L'étude a montré que 102 élèves ont reconnu fumer régulièrement du tabac, parmi eux, 40 étaient en filière technologique.
Résumer les données de cette étude dans un tableau croisé.

Solution

	1re générale	1re technologique	Total
Tabagisme régulier	102 – 40 = 62	40	102
Pas de tabagisme	252 – 62 = 190	132 – 40 = 92	384 – 102 = 282
Total	384 – 132 = 252	132	384

Méthode : Dans le tableau, on porte d'abord les données de l'énoncé (en couleur ci-contre) puis on le complète.

2 Comprendre un tableau croisé d'effectifs

On a commencé à présenter dans le tableau ci-contre les résultats au baccalauréat général, session 2021. 56,2 % des candidats étaient des filles et parmi les filles, le taux de réussite à l'examen était 98,1 %.

	Admis	Refusé	Total
Fille			
Garçon			
Total	371 705		381 132

Source : MEN

a. Calculer le taux de réussite 2021. *Arrondir au dixième.*
b. Calculer le nombre de filles et le porter dans le tableau. *Arrondir à l'unité.*
c. Le taux de réussite chez les filles est 98,1 %. Calculer le nombre de filles admises au baccalauréat général et le porter dans le tableau puis compléter le tableau.

Solution

a. Le taux de réussite au baccalauréat 2021 est : $\frac{371\ 705}{381\ 132} \approx 97{,}5$ %.
b. $0{,}562 \times 381\ 132 \approx 214\ 196$. Il y a 214 196 filles.
c. $0{,}981 \times 214\ 196 \approx 210\ 126$. Ainsi, 210 126 filles ont eu leur bac.

	Admis	Refusé	Total
Fille	210 126	4 070	214 196
Garçon	161 579	5 357	166 936
Total	371 705	9 427	381 132

Méthode : Au **b**, 56,2 % = 0,562. C'est la proportion de filles par rapport à l'ensemble des candidats. D'où : $0{,}562 \times 381\ 132 \approx 214\ 196$.

AUTOMATISMES

Sur le modèle de l'exercice résolu 1

3 Dans un salon de thé, on interroge 100 clients sur leur commande.
- 55 ont pris une crêpe, les autres une gaufre ;
- 70 n'ont pas pris de chantilly ;
- mais 18 ont commandé une gaufre avec de la chantilly.

Résumer ces données dans un tableau croisé.

Sur le modèle de l'exercice résolu 2

4 Une jardinerie a réparti son stock de 750 sapins de Noël selon l'essence de l'arbre et sa taille.
- $\frac{1}{3}$ sont des épicéas, les autres des Nordmann ;
- 60 % ont une taille supérieure à 1,10 m ;
- parmi les sapins de plus de 1,10 m, $\frac{2}{3}$ sont des Nordmann.

Résumer ces données dans un tableau croisé.

Cours

Les séries statistiques à un seul caractère peuvent être représentées à l'aide de diagrammes en barres ou circulaires. Il en est de même pour les données d'un tableau croisé. Cependant, il va falloir adapter ces représentations afin qu'elles ne faussent pas les données.

2 Diagramme en barres, diagramme circulaire

Exemple 1

Voici le tableau de répartition des principaux groupes sanguins en France selon le Rhésus.

	O	A	B	AB
Rhésus +	35,0 %	38,1 %	6,2 %	2,8 %
Rhésus –	9,0 %	7,2 %	1,2 %	0,5 %

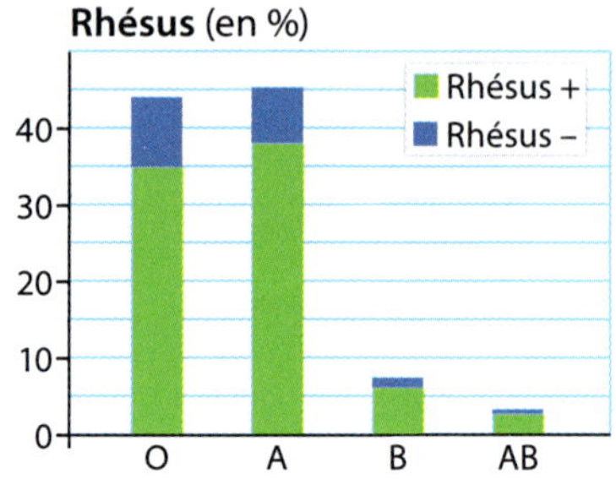

Pour représenter ce tableau, on peut utiliser **un diagramme en barres cumulées**. On peut y lire, pour chaque groupe sanguin, la fréquence du Rhésus + et celle du Rhésus –.
On s'aperçoit rapidement que les deux groupes les plus fréquents sont les groupes A et O et que les rhésus positifs sont eux aussi plus fréquents quel que soit le groupe sanguin.

Exemple 2

Ce tableau présente la répartition des ventes réalisées par une entreprise dans trois régions du monde pour les années 2021 et 2022.

	2021	2022
Asie	26 %	30 %
États-Unis	36 %	26 %
Europe	38 %	44 %
Total	100 %	100 %

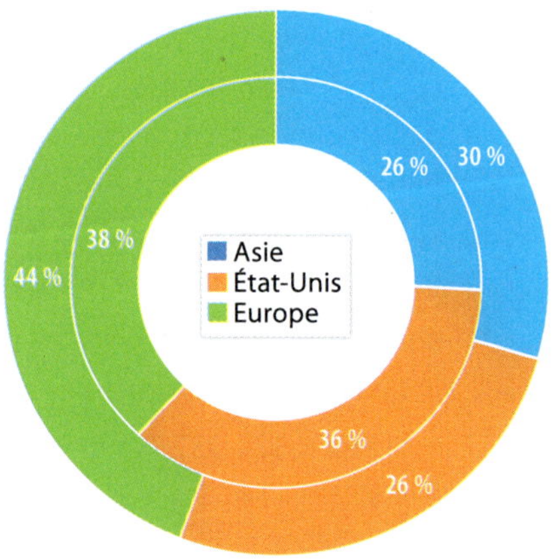

On peut représenter ce tableau par **un diagramme circulaire en anneaux** : l'anneau intérieur correspond à 2021 et l'anneau extérieur à 2022.

3 Nuage de points

Lorsque les deux caractères étudiés sont quantitatifs, c'est-à-dire qu'ils prennent des valeurs numériques, un type de représentation graphique possible est le **nuage de points** : dans un repère orthogonal, l'abscisse d'un point correspond à la valeur du premier caractère étudié et son ordonnée à la valeur du second caractère.

Exemple

Dans une maternité, on relève la masse et la taille de cinq nouveau-nés.

Taille t_i (en cm)	48	45	50	53	49
Masse m_i (en kg)	3	3,2	3,8	4,5	2,6

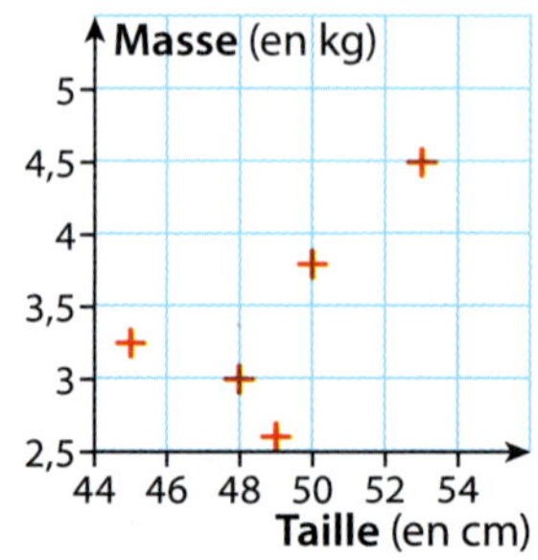

Voici ci-contre le nuage de points de coordonnées $(t_i ; m_i)$ (avec i entier naturel tel que $1 \leqslant i \leqslant 5$) représentant cette série.

Remarque : la forme du nuage de points donne une indication sur l'existence d'un lien ou non entre les deux caractères étudiés. Ici, il ne semble pas y avoir de relation, affine en particulier, entre la masse et la taille de ces nouveau-nés.

EXERCICES RÉSOLUS

5 Construire un diagramme en barres

Voici la répartition des licenciés d'un club de natation. Représenter par un diagramme en barres cumulées, les données de ce tableau croisé.

	Jeune	Adulte	Total
Compétition	40	10	50
Loisir	75	25	100

Solution

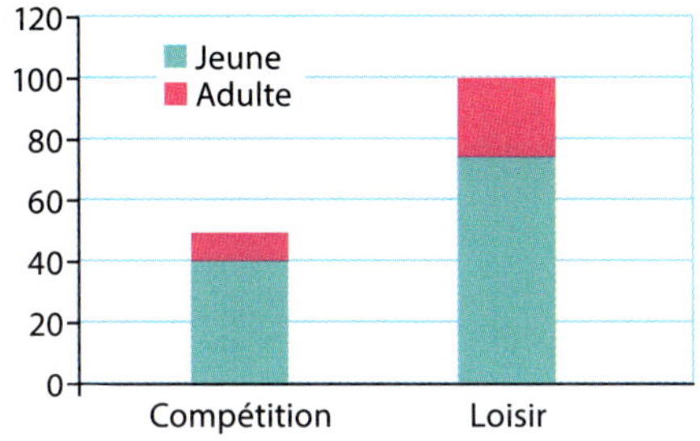

Méthode : On partage chaque barre, associée à Compétition ou Loisir, en deux parties : l'une de hauteur l'effectif des Jeunes et l'autre de hauteur l'effectif des Adultes.

6 Construire un nuage de points

On a relevé les températures maximales moyennes t, en °C, et les précipitations p, en mm, dans huit villes du sud de la France en juin 2022.

t	30,1	29,9	29,7	28,8	29,1	30,3	32,2	32,4
p	67,9	1,8	42,9	10,9	37	10,2	5,3	43,6

Représenter par un nuage de points les données du tableau dans un repère adapté.

Solution

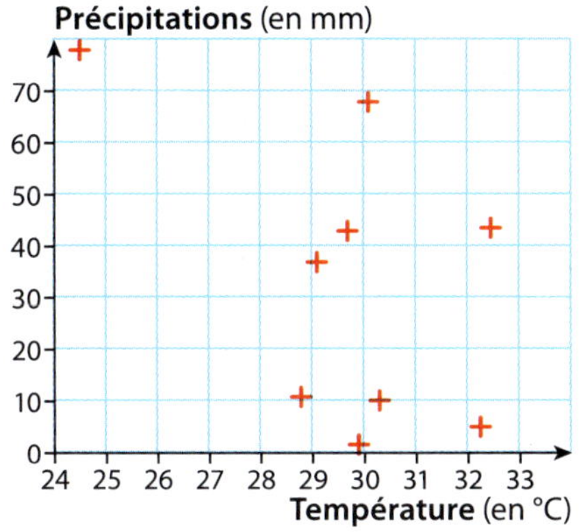

Remarque : les points du nuage sont très dispersés, sans aucune régularité. On peut donc penser qu'il n'existe pas de relation directe entre la température et le niveau de précipitations.

AUTOMATISMES

Sur le modèle de l'exercice résolu 5

7 Une brasserie a relevé les menus pris par ses clients. Ce tableau résume ces relevés.

	Café	Pas de café
Entrée + Plat	24	50
Plat + Dessert	46	30
Total	70	80

Représenter ces données par un diagramme en barres cumulées.

Sur le modèle de l'exercice résolu 6

8 Ce tableau présente l'énergie cinétique E d'un enfant qui se déplace à vélo à différentes vitesses v, en $m \cdot s^{-1}$.

v	1	2	2,5	3	5
E	15	60	94	135	375

a. Dans un repère, représenter par un nuage de points les données du tableau.

b. Indiquer s'il existe un lien entre ces grandeurs.

Tableau croisé d'effectifs

Questions flash

Voici un tableau croisé d'effectifs, incomplet, portant sur les caractères A_1 et A_2 d'une part, B_1 et B_2 d'autre part, étudiés sur une population.

	A_1	A_2	Total
B_1	42		
B_2			66
Total		78	120

9 Quel est le nombre d'individus qui ont le caractère A_1 et le caractère B_1 ?

10 Combien d'individus ont le caractère B_1 ?

11 Loïc affirme : « Aucun individu n'a le caractère A_1 sans avoir le caractère B_1. »
A-t-il raison ? Expliquer

12 Combien d'individus n'ont ni le caractère A_1 ni le caractère B_1 ?

13 CORRIGÉ en vidéo jaicompris.com

Un examinateur a relevé la note et le sexe des candidats à une épreuve orale.

	n° 1	n° 2	n° 3	n° 4	n° 5	n° 6
Sexe	F	F	G	F	G	G
Note	18	14	16	10	16	7

	n° 7	n° 8	n° 9	n° 10	n° 11	n° 12
Sexe	G	G	F	F	G	G
Note	11	16	9	17	13	10

On note N la note obtenue par le candidat.
Recopier et compléter le tableau croisé suivant :

	$N \leqslant 12$	$N > 12$	Total
Fille			
Garçon			
Total			12

14 Le triathlon est une épreuve sportive avec de la natation, du cyclisme et de la course à pied. On a recueilli les résultats d'une épreuve : t désigne le temps, en min, et Senior/Master la catégorie de chaque participant.

	$t \leqslant 180$	$t > 180$	Total
Senior	50	53	
Master	64		
Total			230

Recopier et compléter ce tableau croisé.

15 Ce tableau présente la répartition des résidences principales selon la taille et le statut des ménages en 2018 en France. Les données sont exprimées en milliers. On note F le nombre de personnes composant le ménage.

	$1 \leqslant F \leqslant 3$	$F \geqslant 4$	Total
Propriétaire	13 881	3 230	
Locataire		1 776	
Logé gratuitement			666
Total	24 651		29 752

Source : Insee

a. Parmi ces ménages, combien sont propriétaires de leur résidence principale ?
b. Recopier et compléter le tableau ci-dessus.
c. Commenter le tableau.

16 La répartition de la composition des repas de Pauline pendant une semaine est donnée dans le tableau de fréquences ci-dessous.

	Déjeuner	Dîner	Total
Féculents			40 %
Légumes		25 %	
Viande ou poisson		5 %	25 %
Total	60 %		100 %

a. Recopier et compléter ce tableau.
b. Pour chaque affirmation, dire si elle est vraie ou fausse et justifier la réponse.
Affirmation 1 : 40 % des repas sont pris au dîner.
Affirmation 2 : 40 % des aliments sont des féculents pris au déjeuner.
Affirmation 3 : 10 % des aliments sont des légumes qui sont pris au déjeuner.
Affirmation 4 : parmi les aliments des dîners, Pauline prend 5 % de viande ou poisson.

17 Lors d'une compétition, les 198 cyclistes participants ont eu un contrôle antidopage. Parmi eux, 21 cyclistes ont eu un résultat « positif » au test. Néanmoins, 3 cyclistes parmi ces 21 testés « positif » n'avaient pris aucun produit dopant et 2 cyclistes parmi les testés « négatif » avaient pris des produits dopants.
Recopier et compléter le tableau croisé ci-dessous.

	Dopé	Non dopé	Total
Contrôlé « positif »			
Contrôlé « négatif »			
Total			

18 Une étude donne la répartition des étudiants ayant passé le diplôme d'ergothérapeute en fonction de leur sexe et de leur réussite en France métropolitaine en 2021. Les résultats de cette enquête sont donnés dans le tableau ci-dessous.

	Femme	Homme	Total
Réussite		132	879
Échec			
Total	815		972

Source : DREES

a. Recopier et compléter ce tableau.

b. Léa affirme : « Les hommes représentent 16,2 % des candidats mais ils ne représentent que 13,6 % des candidats ayant réussi. » Est-ce exact ? Expliquer.

Représentation graphique : diagramme

Questions flash

19 La présence d'un gène dans une population est représentée en vert, et son absence en bleu.

Dans chaque cas, dire si la phrase est vraie ou fausse.

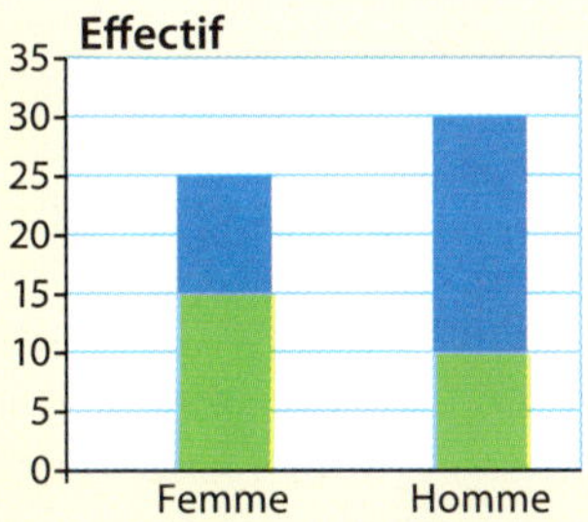

a. Plus de 50 % des femmes possèdent ce gène.

b. Plus de 50 % de la population possède ce gène.

20 Une entreprise a classé les voitures de son parc automobile en fonction du constructeur.

L'étude est résumée par le diagramme circulaire ci-contre.

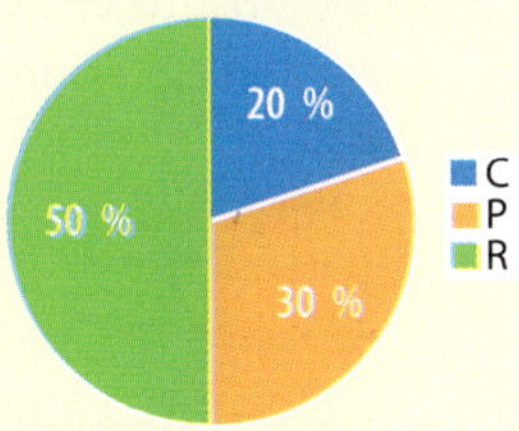

Quelle est la mesure de l'angle représentant le constructeur C sur le diagramme ?

21 Ce diagramme a été présenté à la télévision en mai 2020 et concernait la question de la réouverture des parcs et jardins.

Pourquoi le diagramme présenté est-il faux ?

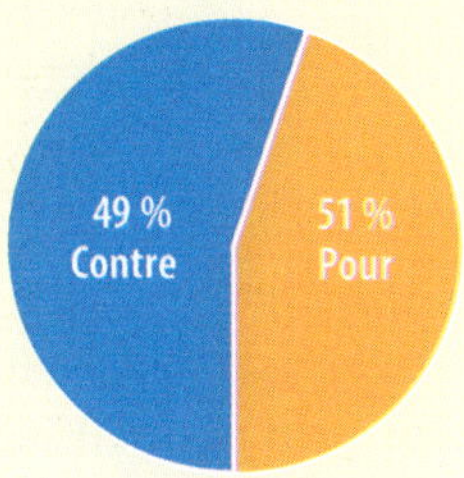

22 D'après une enquête sur les résultats au bac 2022, on a obtenu le diagramme suivant :

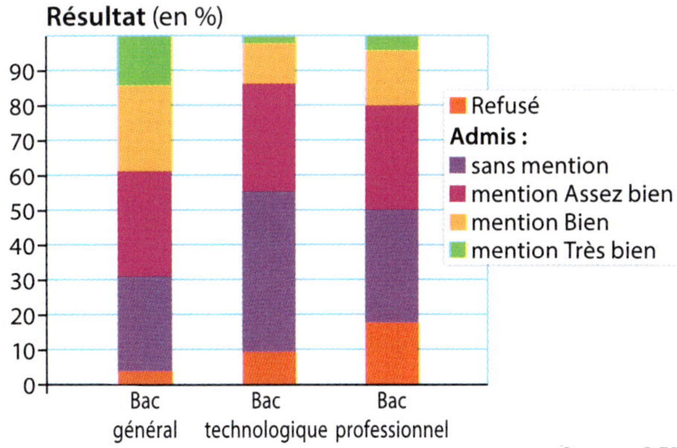

Source : DEPP

À l'aide du diagramme, répondre par vrai ou faux et justifier.

a. La fréquence d'élèves refusés est la moins élevée pour le bac général.

b. La fréquence d'élèves admis sans mention est la plus élevée pour le bac technologique.

c. Environ 20 % des candidats du bac général ont eu une mention Très bien.

d. Pour les trois types de bacs, la fréquence de la mention Assez bien est à peu près identique.

23 Dans le Gouvernement nommé en juillet 2022, on compte 21 hommes et 21 femmes. On a représenté sur le diagramme circulaire, la répartition des membres du Gouvernement selon leur sexe et selon leur âge (a). Les femmes sont représentées par la couronne extérieure.

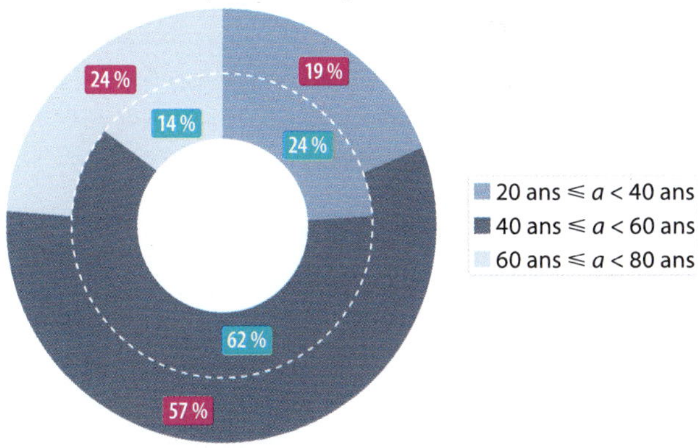

a. Commenter les similitudes et les différences dans la répartition entre les hommes et les femmes.

b. Recopier ce tableau et le compléter à l'aide du diagramme. *Arrondir à l'unité.*

	[20 ; 40[	[40 ; 60[	[60 ; 80[	Total
Femme				21
Homme				21
Total				42

24 CORRIGÉ en vidéo jaicompris.com

Ce tableau présente la répartition du personnel d'une entreprise selon leur poste et leur sexe.

	Homme	Femme
Ouvrier	800	150
Employé	150	330
Cadre	50	20

Construire un diagramme en barres représentant cette situation : les barres représenteront chacun des sexes.

25 Une étude de la DREES réalisée sur la population de trois départements de la région Occitanie (l'Aude, l'Aveyron et le Tarn), porte sur le pays de naissance des populations immigrées vivant dans ces départements. Les données sont classées en fonction de leur continent et résumées dans le tableau ci-dessous.

	Aude	Aveyron	Tarn	Total
Europe	19 814	8 614	12 760	40 588
Afrique	10 206	4 059	9 029	23 294
Autre continent	4 053	2 494	3 287	9 834
Total	34 073	15 167	25 076	74 316

a. Recopier et compléter le tableau des fréquences, en pourcentage, ci-dessous. *Arrondir à l'unité.*

	Aude	Aveyron	Tarn	Total
Europe	27 %			
Afrique				
Autre continent				
Total				100 %

b. Représenter ce tableau de fréquences par un diagramme en barres cumulées, chaque barre représentant un département.

c. Le diagramme ci-dessous représente aussi cette situation. Présenter le tableau croisé correspondant.

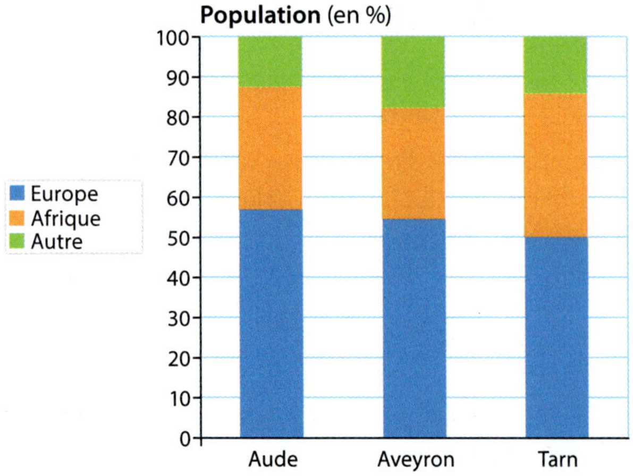

Représentation graphique : nuage de points

Questions flash

26 Parmi les nuages de points représentés ci-dessous, indiquer celui qui illustre un lien entre les deux caractères étudiés.

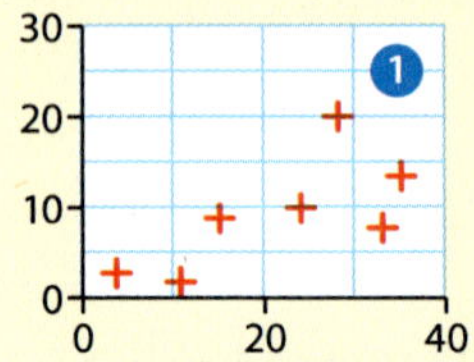

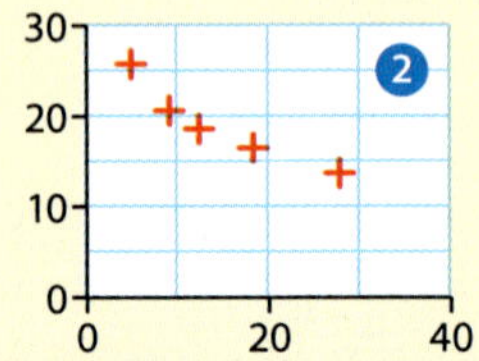

Pour les exercices 27 et 28, le nuage de points représente la part de salariés handicapés dans la Fonction publique durant la période 2010 à 2015.

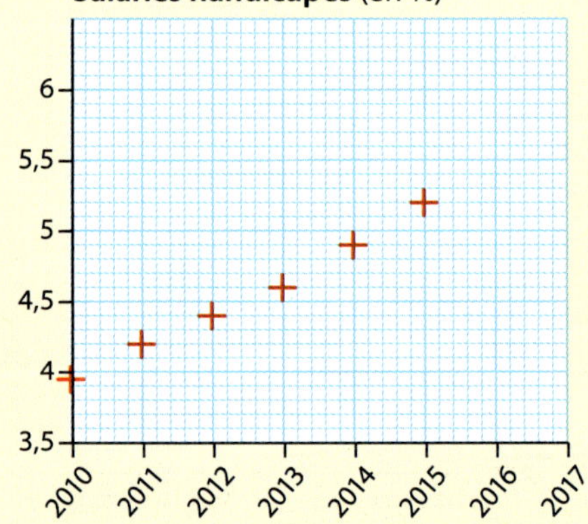

27 Estimer la part de salariés handicapés dans la Fonction publique en 2012.

28 À partir de quelle année la proportion de salariés handicapés dans la Fonction publique a-t-elle dépassé 5 % ?

29 L'âge et le nombre de sélections des 11 joueurs titulaires lors de la finale de la Coupe du monde de football 2022 sont donnés dans le tableau ci-dessous.

Âge	22	24	24	24	25
Sélection	21	12	18	66	13

Âge	25	27	29	31	36	36
Sélection	35	35	93	117	120	145

Représenter le nuage de points associé à cette situation dans un repère (*unités* : 1 cm pour 1 an en abscisse, 1 cm pour 10 sélections en ordonnée). Les deux axes se coupent au point de coordonnées (20 ; 0).

30 Le tableau ci-dessous présente l'évolution du prix p_i, en euros, du paquet de 20 cigarettes de la marque la plus vendue en France ainsi que celle du nombre total n_i de paquets de 20 cigarettes vendus en France, exprimé en milliards et arrondi au centième.

Année	2004	2007	2010	2013	2016	2020
p_i	5	5,13	5,65	6,7	7	9,95
n_i	2,75	2,75	2,74	2,38	2,25	1,6

Source : Baromètre de la santé, InVS

a. Représenter le nuage de points $M_i(x_i ; p_i)$ où x_i représente l'année.

Coup de pouce

Prendre 1 cm pour 1 année en abscisse en commençant la graduation à 2004 et 1 cm pour 1 € en ordonnée.

b. Représenter le nuage de points $N_i(p_i ; n_i)$ (*unités* : 1 cm pour 1 € en abscisse et 1 cm pour 0,25 milliard en ordonnée).

31 Le graphique ci-dessous représente le nombre de morts dans les accidents de la route durant les années 2010 à 2021.

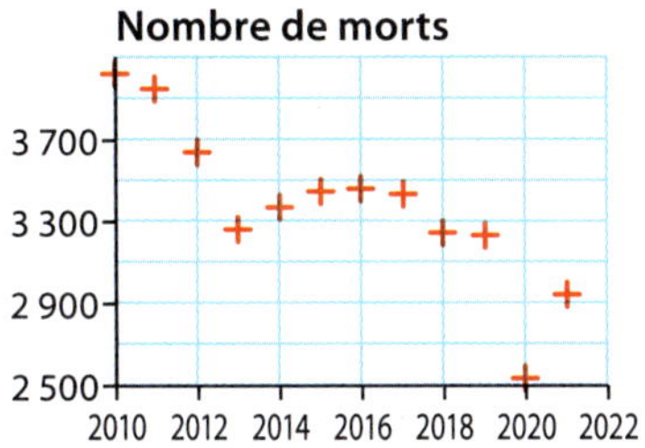

a. Estimer le nombre de morts sur les routes en 2010.
b. En quelles années, le nombre de morts sur les routes a-t-il été inférieur à 3 000 ?
c. Y a-t-il eu plus de morts sur les routes en 2014 qu'en 2018 ?

32 CORRIGÉ en vidéo jaicompris.com

Le service commercial d'un hypermarché cherche à évaluer l'impact des frais engagés en publicité, par mois, sur le nombre de clients.
Le service s'appuie sur les données ci-dessous où x_i désigne les frais publicitaires, en milliers d'euros, et y_i la fréquentation, en milliers de clients.

x_i	1,9	2,4	1,5	0,9	2,3	1,7
y_i	190	250	170	150	210	180

a. Dans un repère, représenter les données par un nuage de points.
b. Y a-t-il un lien entre les dépenses publicitaires et la fréquentation ? Justifier.

33 Une étude a été réalisée pour connaître l'évolution de la présence de produits bio dans la restauration collective entre 2014 et 2019. Les résultats sont partiellement représentés ci-dessous.

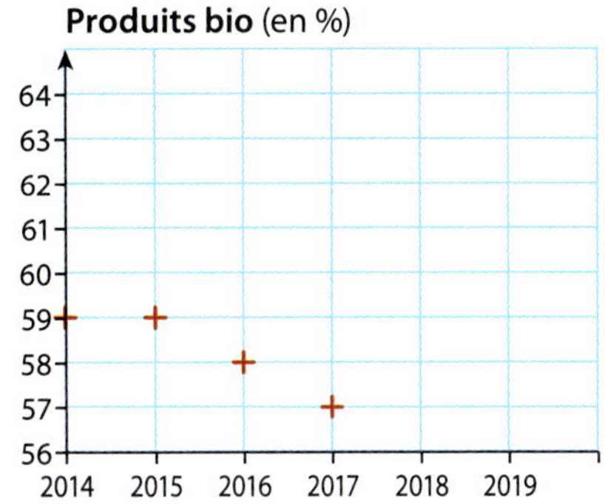

a. Comment qualifier l'évolution de la part de produits Bio dans la restauration collective à partir du graphique ?
b. En 2018, la part est passée à 61 % et en 2019 à 65 %. Réaliser et compléter le graphique précédent.
c. Ces données confirment-elles la réponse à la question **a** ?

34 Ce tableau donne pour la France (hors Mayotte), l'âge moyen d'une femme à l'accouchement, noté A, et l'indicateur conjoncturel de fécondité. L'indicateur conjoncturel de fécondité, noté I, correspond au nombre moyen d'enfants pour une femme.

	A	I
1994	28,8	1,682
1995	28,9	1,73
1996	29	1,75
1997	29,1	1,745
1998	29,3	1,779
1999	29,3	1,808
2000	29,3	1,893
2001	29,3	1,895
2002	29,4	1,891
2003	29,5	1,891
2004	29,5	1,915
2005	29,6	1,938
2006	29,7	1,997
2007	29,8	1,977

	A	I
2008	29,8	2,007
2009	29,9	2,004
2010	29,9	2,029
2011	30	2,01
2012	30,1	2,008
2013	30,2	1,988
2014	30,3	1,99
2015	30,4	1,955
2016	30,5	1,924
2017	30,5	1,893
2018	30,6	1,87
2019	30,7	1,864
2020	30,8	1,824
2021	30,9	1,834

Source : Insee

On décide de représenter le nuage de points $M_i(x_i ; y_i)$ où i est une année comprise entre 1994 et 2021, x_i est l'âge moyen d'une femme à l'accouchement et y_i est le nombre moyen d'enfants par femme.
a. Dans un repère, construire le nuage de points, en choisissant une échelle adaptée.
b. La forme du nuage de points permet-elle d'indiquer qu'il existe un lien entre ces deux données ?

35 Une étude a été réalisée en 2006 puis en 2010 sur une même population afin d'étudier les effets de leur IMC (Indice de Masse Corporelle) sur l'emploi.

	Femme		Homme	
	2006	2010	2006	2010
IMC moyenne	23,9	24,2	25,3	25,7
Proportion (en %) **selon la catégorie de corpulence**				
IMC < 18,5	6,6	6,6	1,0	1,0
18,5 ⩽ IMC ⩽ 25	36,8	61,0	51,9	50,1
25 < IMC ⩽ 30	19,0	20,0	37,7	37,9
IMC > 30	10,6	12,4	9,5	11,1
Taux d'emploi (en %)				
IMC ⩽ 30	72,7	80,6	83,0	86,2
IMC > 30	61,0	71,4	83,9	84,1

Source : Insee

a. En 2010, quelle est la proportion de femmes de cet échantillon ayant un IMC supérieur à 30 ?

b. En 2010, quel est le taux d'emploi parmi les femmes ayant un IMC supérieur à 30 ?

c. En déduire, en 2010, la proportion de femmes ayant un IMC supérieur à 30 et ayant un emploi.

d. Présenter un tableau croisé de pourcentages pour les femmes, en 2010, selon que leur IMC est supérieur ou non à 30 et qu'elles ont ou non un emploi. *Arrondir au dixième.*

36 Ce diagramme en barres cumulées donne, pour 2019, la répartition du nombre d'occupants d'une voiture en fonction de la distance parcourue.

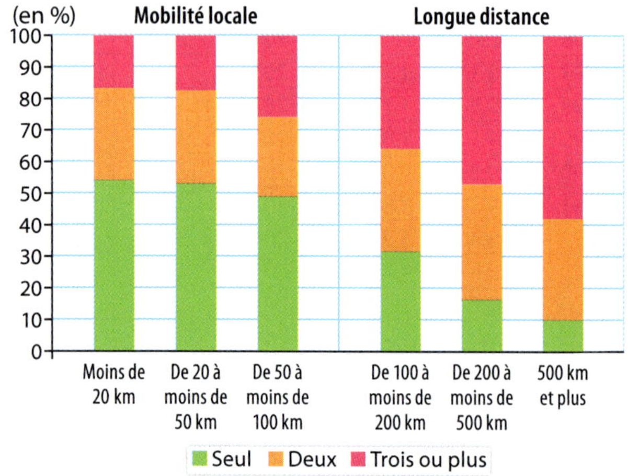

Source : SDES-Insee, enquête mobilité 2018-2019

a. En mobilité locale, quel est le nombre d'occupants du véhicule le plus fréquent ? Est-ce que le nombre de kilomètres influence cette réponse ?

b. Pour quelle distance, la répartition selon le nombre d'occupants est-elle à peu près identique ?

c. Commenter ce diagramme.

37 Ce tableau présente le parc roulant de véhicules immatriculés en France métropolitaine en 2021 (VP : véhicule particulier, VU : utilitaire léger, PL : poids lourds, AC : autobus et autocars).

	Diesel	Essence et autres
VP	57 %	43 %
VU	95 %	5 %
PL	99 %	1 %
AC	93 %	7 %

Source : SDES, Bilan de la circulation

Construire le diagramme en barres cumulées donnant pour chaque type de véhicule la répartition selon le type de motorisation.

38 Ce diagramme donne la répartition de 1,6 million de voitures particulières neuves immatriculées en France en 2021 en fonction de leur motorisation.

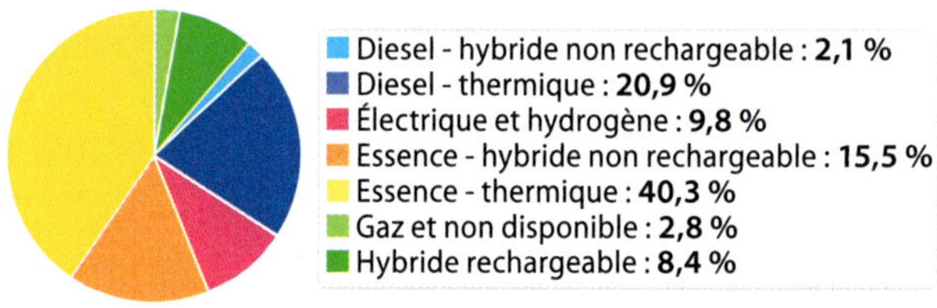

Source : SDES, Rsvero

Émilien affirme : « Les voitures hybrides rechargeables représentent moins de la moitié des véhicules hybrides. » A-t-il raison ? Expliquer.

Des Défis

39 Trouver qui est qui

- Andréa rencontre souvent l'avocate (A) et Charlie.
- Celle qui est médecin (M) soigne Charlie et Andréa.
- Chaque samedi, la médecin et la pharmacienne (P) font une partie de cartes avec Blandine et Charlie.

Au fait, il y a parmi elles un professeur (E) de mathématiques…

Qui est-ce ? *On peut s'aider d'un tableau croisé.*

40 Trouver la question

Vous vous trouvez devant deux gardiens de porte : l'un dit toujours la vérité et l'autre ment toujours. Vous devez choisir une porte : une mène vers la liberté et l'autre en prison. Avant de faire ce choix, vous avez le droit de poser une seule question à un gardien sans savoir duquel il s'agit. Comment choisir la question ?

41 Tice Analyser des fréquences cardiaques

Sciences de la vie et Sport

Représenter Raisonner Communiquer

Sophia s'entraîne sur son tapis de course dont la vitesse, en $km \cdot h^{-1}$, peut être modifiée.
On a relevé ses fréquences cardiaques en battements par minute (bpm).

Fréquence cardiaque (en bpm)	55	68	74	80	100	122	134	158
Vitesse (en $km \cdot h^{-1}$)	6	8	10	11	13	15	18	22

a. Ouvrir le tableur. Réaliser ce tableau dans une feuille de calcul. Sélectionner les deux lignes de la série et ouvrir l'assistant graphique, sélectionner « Nuage de points » et représenter ce tableau.
b. En observant la forme du nuage, peut-on penser qu'il existe un lien entre ces deux grandeurs ?
c. Pour confirmer cette conjecture, cliquer sur un point du nuage obtenu, cliquer sur « Courbe de tendance », puis « Linéaire » pour obtenir une droite qui passe au plus près des points du nuage. Afficher son équation.
d. Utiliser cette équation pour estimer la fréquence cardiaque lorsque la vitesse du tapis est égale à 20 $km \cdot h^{-1}$.

42 Étudier des émissions de gaz à effet de serre

Sciences de la Terre

Représenter Raisonner Communiquer

Ce tableau donne pour la période 2012 à 2019 et pour la France, les émissions E de gaz à effet de serre, en unités équivalent CO_2, et les dépenses D consacrées à la protection de l'environnement, en milliards de dollars US.

	2012	2013	2014	2015	2016	2017	2018	2019
E	7,7	7,8	7,1	7,1	7,1	7,2	6,9	6,7
D	53,7	56,2	57,0	46,3	46,9	49,2	53,0	54,3

Source : Eurostat

a. Représenter le nuage de points associé à ce tableau dans un repère (*unités* : 1 cm pour 1 unité équivalent CO_2 en abscisse et 1 cm pour 1 milliard de dollars US en ordonnée). Les axes se coupent au point de coordonnées (6 ; 44).
b. Commenter le graphique.

43 Tice Étudier l'espérance de vie des femmes

Démographie

Représenter Raisonner Communiquer

L'Insee et la DREES ont publié une étude portant sur l'espérance de vie à la naissance des hommes et des femmes nés en France.
Télécharger le fichier **chapitre1-exercice43** sur le site compagnon.

1. Espérance de vie à la naissance

a. À l'aide de l'assistant graphique du tableur, représenter le nuage de points correspondant à l'espérance de vie à la naissance des femmes entre 1995 et 2018.
b. Utiliser « Courbe de tendance » puis « Linéaire » pour tracer la courbe d'ajustement linéaire du nuage précédent. Afficher son équation.
Estimer l'espérance de vie des femmes nées en 2025.
c. L'Insee a établi que l'espérance de vie des femmes à la naissance nées en 2022, s'établit à 85,2 ans.
Comparer avec la valeur donnée par le modèle.
d. Estimer en quelle année l'espérance de vie des femmes à la naissance dépassera 95 ans.

2. Comparaison de deux évolutions

a. Est-ce l'espérance de vie à la naissance ou l'espérance de vie sans invalidité qui a le plus progressé sur la période de 1995 à 2018 ? Expliquer.
b. À l'aide du tableur, représenter le nuage de points correspondant à l'espérance de vie sans invalidité.
c. Estimer à l'aide d'une droite d'ajustement, l'espérance de vie sans invalidité des femmes nées en 2025.
d. Est-ce au cours de notre siècle, que l'espérance de vie sans invalidité des femmes dépassera 70 ans ? Justifier.

44 Tice Analyser l'évolution des retraites

Économie

Chercher | Représenter | Communiquer

Une enquête effectuée tous les ans permet d'étudier l'évolution du montant mensuel moyen des retraites brutes chez les femmes et les hommes en France entre 2004 et 2020.

Source : drees.solidarites-sante.gouv.fr/sites/default/files/2022-05/05

Télécharger le fichier **chapitre1-exercice44** sur le site compagnon.

1. Comprendre les données

a. Quel est le montant mensuel moyen de la retraite brute d'une femme en France en 2004 ? celui de la retraite brute d'un homme ?

b. Calculer l'écart, en pourcentage, entre le montant mensuel moyen de la retraite brute d'une femme par rapport à celui d'un homme en 2004. *Arrondir à l'unité.*

c. Quel est le montant mensuel moyen de la retraite brute d'une femme en France en 2020 ?

d. Calculer le taux d'évolution, en pourcentage, entre le montant mensuel moyen de la retraite brute d'une femme en 2020 par rapport à ce qu'elle touchait en 2004. *Arrondir au dixième.*

2. Représenter les données.

a. À partir du fichier, représenter le nuage de points $M_i(x_i ; y_i)$ où x_i désigne l'année entre 2004 et 2020 et y_i le montant mensuel moyen de la retraite brute d'une femme durant cette année-là.

b. Les points sont-ils à peu près alignés ?

3. Faire des prévisions

D'après ce qui précède, on envisage d'approcher ce nuage par une droite.

a. Utiliser « Courbe de tendance » pour afficher une droite d'ajustement, et afficher son équation.

b. À partir de l'équation de cette droite, proposer une estimation du montant mensuel moyen de la retraite brute pour une femme en 2030.

4. Prendre des initiatives

Peut-on estimer que l'écart entre les montants mensuels moyens des retraites brutes d'un homme et d'une femme se sera réduit en 2030 ? Expliquer la démarche.

45 Construire des diagrammes semi-circulaires

Aide sociale

Représenter | Calculer | Communiquer

Ce tableau présente la répartition de l'accueil des enfants de 0 à 3 ans selon la structure d'accueil.

	Secteur public	Secteur privé
Structure mono-accueil	1 591	2 489
Structure multi-accueil	5 648	6 903
Service d'accueil familial	473	77

Source : DREES

1. Secteur public

On se propose de représenter les données du secteur public par un diagramme semi-circulaire de rayon 4 cm.

a. Recopier et compléter le tableau suivant permettant de calculer les mesures des trois angles.

Effectif	1 591	5 648	473	
Mesure d'angle (en °)				180

b. Représenter ce diagramme semi-circulaire.

2. Secteur privé

a. Quel doit être le rayon, en cm, du diagramme semi-circulaire représentant le secteur privé afin de respecter la répartition des effectifs entre les deux secteurs ? *Arrondir à l'unité.*

b. Construire ce diagramme en l'accolant au-dessous du diagramme précédent.

46 Tice Étudier les changements climatiques

Sciences de la Terre

Représenter **Calculer** **Communiquer**

Télécharger le fichier **chapitre1-exercice46** sur le site compagnon. Il présente :
- l'évolution, en cm, du niveau de la mer et des océans de 1993 à 2019 ;
- la température moyenne, en °C, en France métropolitaine de 1993 à 2019 ;
- la concentration atmosphérique de CO_2, en partie par million (ppm).

1. Niveau de la mer

a. En utilisant l'assistant graphique du tableur, insérer le nuage de points.

b. Afficher la courbe de tendance et son équation.

c. À partir de cette courbe, estimer l'évolution du niveau de la mer et des océans en 2030.

2. Température moyenne

a. En utilisant l'assistant graphique, insérer le nuage de points : l'axe des ordonnées sera affiché entre 10 °C et 15 °C.

b. Commenter le nuage de points obtenu.

3. Concentration atmosphérique de CO_2

a. En utilisant l'assistant graphique, insérer le nuage de points. Afficher la courbe de tendance et son équation.

b. À partir de cette courbe, estimer la concentration atmosphérique en CO_2 en 2030.

4. Étude d'un lien éventuel

Les graphiques précédents traduisent-ils la même évolution du climat ? Justifier.

47 Prendre des initiatives

Aide sociale

Représenter **Calculer** **Communiquer**

Ces tableaux présentent les données de deux associations s'occupant de bénéficiaires de l'aide alimentaire en France durant l'année 2020 selon leur âge.

ANDES	14 ans ou moins	Entre 15 et 59 ans	60 ans ou plus	Total
1er sem. 2020	15 %		6 %	52 %
2e sem. 2020		33 %		
Total			11 %	100 %

ANDES : Association Nationale des Épiceries Solidaires

Croix-Rouge	14 ans ou moins	Entre 15 et 64 ans	65 ans ou plus
1er sem. 2020	117 942	218 246	27 193
2e sem. 2020	114 308	212 874	26 108

Source : Insee-DREES

Représenter ces deux tableaux à l'aide d'un seul diagramme à barres cumulées, les barres étant associées à chacun des semestres de 2020.

Un métier Statisticien(ne)

Quelles sont les chances pour ce nouveau produit de plaire aux consommateurs ? Quelles sont l'efficacité et la tolérance à ce nouveau médicament ?

▶ Pour anticiper les réponses à ces questions, le/la statisticien(ne) collecte une **information chiffrée et fiable** par le biais de sondages ou d'audits. Il/elle met en lumière les risques et évolutions du marché grâce à des outils de **datavisualisation** (graphiques, courbes…) afin de transmettre ses conclusions. Grâce à ses recherches, son client peut prendre les bonnes décisions pour lancer un produit/service, influencer un marché ou mettre en place une politique économique pour son entreprise.

▶ Sciences, industrie, économie, gestion, administration, médias… ses domaines d'intervention sont multiples et variés.
Sur près de 10 000 personnes employées par le **système statistique public français**, deux tiers travaillent à l'Insee (Institut national de la statistique et des études économiques).

2 Phénomènes aléatoires

Tester ses automatismes

Représentations graphiques

1 Lire des informations Paragraphe 1, p. 122

Le graphique ci-contre représente la vitesse, en km·h^{-1}, d'une voiture de rallye, 50 m avant et 20 m après un virage.

a. Recopier et compléter chaque phrase.

• 40 m avant le virage, la voiture roulait environ à ....

• La vitesse minimale de la voiture a été atteinte environ ... avant le virage.

b. Estimer les antécédents de la vitesse 100 km·h^{-1}.

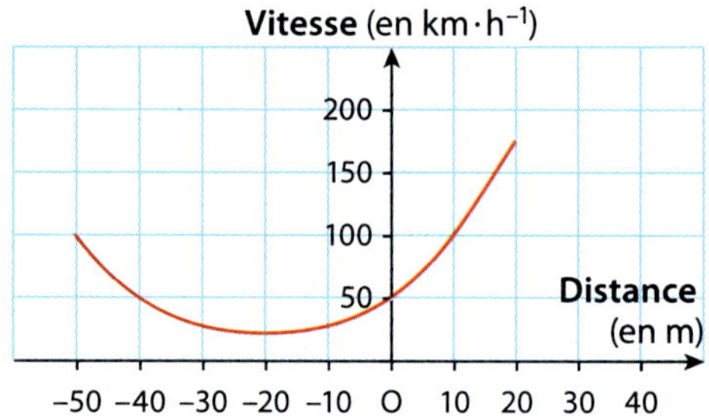

2 Comprendre un graphique Paragraphe 3, p. 123

Le graphique ci-contre indique la vitesse, en km·h^{-1}, d'un ballon de football, selon la durée, en s, lors de la frappe d'un coup franc, arrêtée ensuite par le gardien.

Dans chaque cas, dire si l'affirmation est vraie ou fausse.

a. La vitesse maximale du ballon est de 110 km·h^{-1}.

b. La vitesse du ballon a dépassé 100 km^{-1} durant environ 0,25 s.

c. Le gardien a capté le ballon à 1,4 s.

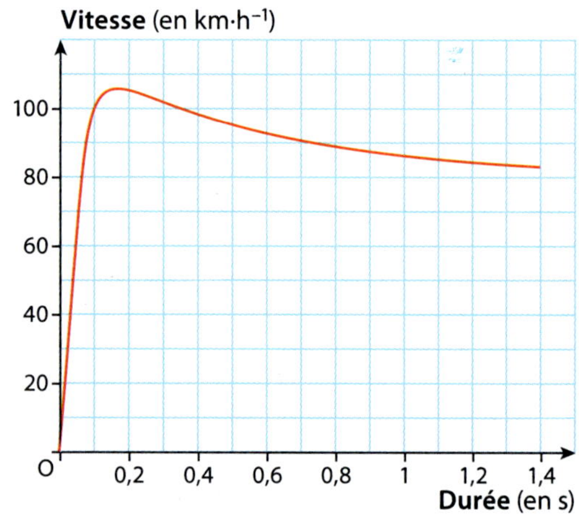

3 Lire les variations d'une grandeur Paragraphe 2.a, p. 122

Le graphique ci-contre indique le nombre de cas, en milliers, testés positifs à une certaine maladie, sur une période de 15 semaines.

a. Interpréter la situation observée :

• entre la 1re et la 6e semaine ;

• entre la 13e et la 15e semaine.

b. Lire le nombre maximal de cas positifs :

• sur toute la période ;

• entre la 10e et la 15e semaine.

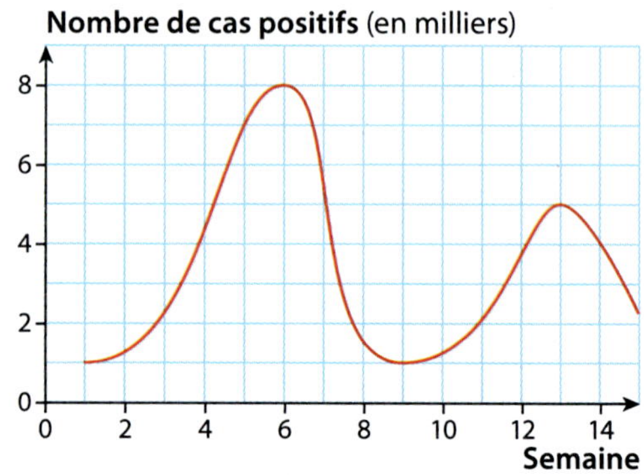

Traitement de données

4 Calculer une proportion Paragraphe 4, p. 123

Recopier **la (ou les)** bonne(s) réponse(s).

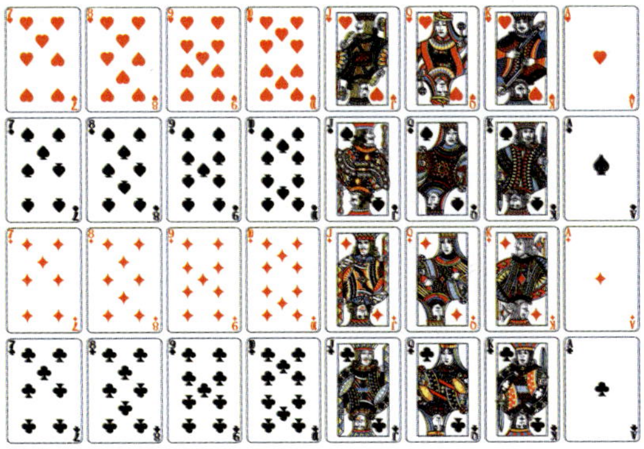

a. La proportion de cartes à cœur est :

(1) 8 % **(2)** 25 % **(3)** $\frac{8}{32} \times 100$

b. La proportion de figures (Valet-Dame-Roi) est :

(1) $\frac{3}{8}$ **(2)** 0,375 **(3)** 12

c. La proportion de cartes qui ne sont pas des figures est :

(1) 100 – 37,5 % **(2)** 62,5 % **(3)** $1 - \frac{3}{8}$

5 Appliquer un pourcentage d'augmentation Paragraphe 5, p. 123

Un supermarché a vendu 40 téléviseurs au mois de novembre.
Entre novembre et décembre, ses ventes ont augmenté de 80 %.
Recopier et compléter le calcul du nombre de téléviseurs vendus en décembre.

$\ldots \times \left(\ldots + \frac{\ldots}{\ldots}\right) = \ldots$, donc en … le supermarché a vendu … téléviseurs.

6 Appliquer un pourcentage de diminution Paragraphe 5, p. 123

Lorsqu'on injecte de la pénicilline, elle se décompose progressivement : chaque heure, 40 % de la pénicilline présente à la fin de l'heure précédente n'est plus active.
On injecte 180 g de pénicilline à une patiente à 11 h.
Quelle quantité de pénicilline sera encore active à 12 h ?

Calcul numérique et algébrique

7 Passer d'une écriture à l'autre Paragraphe 9, p. 126

Dans chaque cas, recopier la bonne réponse.

a. 3,4 % = **(1)** 0,34 **(2)** 3,4 **(3)** 340 **(4)** 0,034

b. 0,125 = **(1)** 1,25 % **(2)** 12,5 % **(3)** 1 250 % **(4)** 0,125 %

8 Calculer une expression Paragraphe 8.a, p. 125

Sans utiliser la calculatrice, calculer en détaillant : A = 7,2 – 10 – 14 + 6,8.

9 Reconnaître des fractions égales Paragraphe 8.c, p. 125

Recopier les bonnes réponses.

$\frac{12}{16} =$ **(1)** $\frac{2}{6}$ **(2)** $\frac{3}{4}$ **(3)** $\frac{120}{160}$ **(4)** $\frac{6}{8}$

10 Additionner des fractions Paragraphe 8.c, p. 125

Recopier la bonne réponse en s'aidant du schéma ci-contre si besoin.

$\frac{1}{4} + \frac{1}{3} =$ **(1)** $\frac{2}{7}$ **(2)** $\frac{3}{4}$ **(3)** $\frac{7}{12}$ **(4)** $\frac{4}{3}$

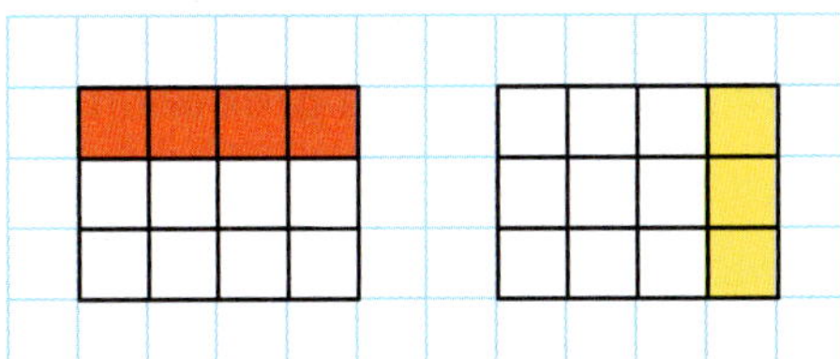

11 Diviser des fractions Paragraphe 8.c, p. 125

Recopier et compléter. $\frac{\frac{1}{3}}{\frac{2}{3}} = \frac{1}{3} \times \frac{\ldots}{\ldots} = \frac{1 \times \ldots}{3 \times \ldots} = \frac{1}{\ldots}$

1 Étudier des fréquences marginales et des fréquences conditionnelles

Chaque année, l'Insee dévoile la pyramide des âges en France. Dans les tableaux incomplets ci-dessous, on a synthétisé les données de 2022.

Effectifs	18 ans et moins	Plus de 18 ans	Total
Femme	7 444 130	27 584 723	35 028 853
Homme	7 794 937	24 989 606	32 784 543
Total	15 239 067	52 574 329	67 813 396

Fréquences	18 ans et moins	Plus de 18 ans	Total
Femme			51,7 %
Homme			
Total	22,5 %		100 %

1. Calculer des fréquences marginales

a. Recopier et compléter le tableau des fréquences avec des pourcentages. *Arrondir au dixième.*

b. Interpréter le nombre écrit dans la case jaune.
Ce nombre est appelé **fréquence marginale** des femmes dans la population.

c. Lire et interpréter la fréquence marginale des 18 ans et moins dans la population.

2. Calculer des fréquences conditionnelles

a. Recopier et compléter le tableau ci-contre avec des pourcentages. *Arrondir au dixième.*

b. Interpréter le nombre écrit dans la case bleue.
Ce nombre est appelé **fréquence conditionnelle** des femmes parmi les 18 ans et moins.

	18 ans et moins	Plus de 18 ans
Femme	48,8 %	
Homme		
Total	100 %	100 %

c. Lire et interpréter la fréquence conditionnelle des hommes parmi les plus de 18 ans.

2 Étudier des probabilités conditionnelles

Lors d'une pandémie, des tests sont réalisés sur un échantillon de 500 personnes.
T (resp. $\overline{T}$) signifie : « La personne a un test positif (resp. négatif) ».
I (resp. $\overline{I}$) signifie : « La personne est infectée (resp. non infectée) par la maladie ».

	Infectée (I)	Non infectée ($\overline{I}$)	Total
Test positif (T)	100	60	160
Test négatif ($\overline{T}$)	68	272	340
Total	168	332	500

On considère l'expérience aléatoire qui consiste à tirer **au hasard** la fiche d'une personne dans le listing des 500 personnes de l'échantillon.
On considère que l'effectif de l'échantillon est suffisamment grand pour qu'en répétant cette expérience aléatoire un grand nombre de fois, la fréquence d'une issue se stabilise autour de la probabilité de cette issue.
Ainsi, la probabilité qu'une personne soit infectée sachant qu'elle a un test positif est assimilée à la fréquence conditionnelle des personnes infectées parmi les personnes ayant un test positif.
Cette probabilité est **la probabilité conditionnelle de I sachant T** ; on la note $\mathbf{P_T(I)}$.

a. Calculer $P_T(I)$.

b. Décrire par une phrase l'événement $T \cap I$.

c. Calculer chacun des nombres suivants :

- $P(T)$
- $P(T \cap I)$
- $\dfrac{P(T \cap I)}{P(T)}$

d. Comparer $\dfrac{P(T \cap I)}{P(T)}$ et $P_T(I)$.

Info

Pour deux événements A et B avec $P(A) \neq 0$,

$$P_A(B) = \frac{P(A \cap B)}{P(A)}.$$

3 Construire un arbre de probabilités

On reprend la situation de l'activité précédente.

On a représenté cette situation par l'arbre pondéré ci-contre. Sur chaque branche, on note la probabilité correspondante en respectant certaines règles.

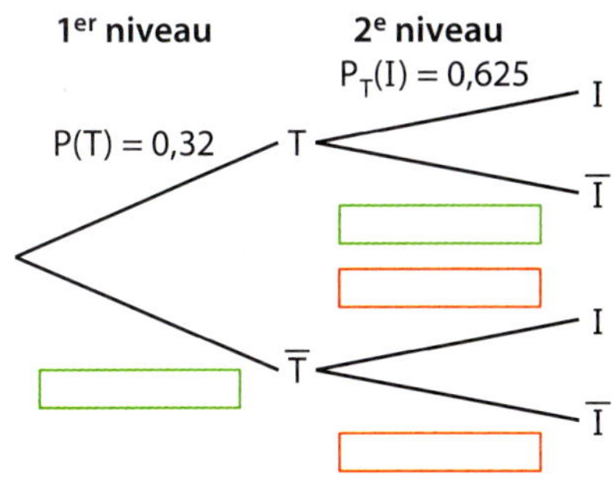

- **Règle 1 :** sur les branches du 1er niveau, on inscrit les probabilités des événements correspondants.
- **Règle 2 :** sur les branches du 2e niveau, on inscrit des probabilités conditionnelles.
- **Règle 3 :** la somme des probabilités inscrites sur les branches issues d'un même nœud est toujours égale à 1.

a. Recopier l'arbre pondéré ci-contre, puis appliquer la **règle 3** pour compléter les cases vertes.

b. Appliquer la **règle 2** pour compléter les cases rouges.

c. • Lorsque le résultat d'un test est positif mais que la personne n'est pas infectée, on parle de faux-positif.
Lire sur l'arbre la probabilité que la personne choisie soit un faux-positif.
• Lorsque le résultat d'un test est négatif mais que la personne est infectée, on parle de faux-négatif.
Lire sur l'arbre la probabilité que la personne choisie soit un faux-négatif.

4 Comprendre la notion d'événements indépendants

On prélève au hasard une boule de l'urne ci-dessous.

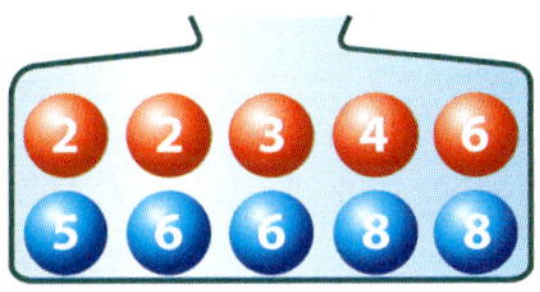

On considère les événements :
- A : « La boule prélevée est rouge » ;
- B : « La boule prélevée porte un numéro impair ».

1. Calculer : **a.** P(A) ; **b.** P(B).

2. a. Victoire a tiré une boule qui porte un numéro impair.
Calculer la probabilité qu'elle ait tiré une boule rouge.

b. Victor a tiré une boule qui ne porte pas un numéro impair.
Calculer la probabilité qu'il ait tiré une boule rouge.

c. Comparer $P_B(A)$ et P(A), puis comparer $P_{\overline{B}}(A)$ et P(A).

d. Comparer de façon analogue $P_A(B)$, $P_{\overline{A}}(B)$ et P(B).
Ainsi, la réalisation ou non de l'événement B (resp. A) n'influence pas la probabilité de l'événement A (resp. B). On dit que les événements A et B sont **indépendants** en probabilité.

3. a. On sait que $P_A(B) = \dfrac{P(A \cap B)}{P(A)}$ (ici, $P(A) \neq 0$).
Utiliser le fait que les événements A et B sont indépendants pour établir que $P(A \cap B) = P(A) \times P(B)$.

b. Calculer $P(A \cap B)$ et $P(A) \times P(B)$ afin de vérifier, dans cette situation, l'égalité obtenue au **a**.

Cours

1 Fréquence marginale - Fréquence conditionnelle

A Fréquence marginale

Exemple

Anna a téléchargé 20 applications sur son téléphone portable. Ces tableaux présentent la répartition de ces applications selon qu'il s'agit d'un jeu ou non, qu'elle est gratuite ou non.

Tableau des effectifs

	Jeu	Autre	Total
Gratuite	8	4	12
Payante	6	2	8
Total	14	6	20

Tableau des fréquences

	Jeu	Autre	Total
Gratuite	0,4	0,2	0,6
Payante	0,3	0,1	0,4
Total	0,7	0,3	1

Les fréquences qui se lisent dans la ligne et la colonne « Total » (en jaune) sont appelées **fréquences marginales**.

Ainsi, 0,7 est la fréquence marginale des applications de jeu dans l'ensemble des applications téléchargées par Anna.

0,6 est la fréquence marginale des applications gratuites dans l'ensemble des applications téléchargées par Anna.

B Fréquence conditionnelle

Exemple

On reprend la situation de l'exemple ci-dessus.

• Dans cette situation, on s'intéresse uniquement aux applications gratuites.

Voici les nouveaux tableaux obtenus. Dans le second tableau, les fréquences sont arrondies au centième.

Tableau des effectifs

	Jeu	Autre	Total
Gratuite	8	4	12

Tableau des fréquences

	Jeu	Autre	Total
Gratuite	0,67	0,33	1

Ainsi, parmi les applications gratuites, la fréquence des applications de jeu est 0,67.

On dit que la **fréquence conditionnelle** des applications de jeu parmi les applications gratuites est 0,67.

• Dans cette situation, on s'intéresse uniquement aux applications de jeu.

Voici les nouveaux tableaux obtenus. Dans le second tableau, les fréquences sont arrondies au centième.

Tableau des effectifs

	Jeu
Gratuite	8
Payante	6
Total	14

Tableau des fréquences

	Jeu
Gratuite	0,57
Payante	0,43
Total	1

Ainsi, parmi les applications de jeu, la fréquence des applications gratuites est 0,57.

On dit que la **fréquence conditionnelle** des applications gratuites parmi les applications de jeu est 0,57.

Remarque : Dans l'exemple précédent, on peut aussi déterminer :

– la fréquence conditionnelle des applications de jeu parmi les applications payantes ; il s'agit de : $\frac{6}{8} = 0{,}75$;

– la fréquence conditionnelle des applications payantes parmi les applications de jeu ; il s'agit de $\frac{6}{14}$, soit environ 0,43.

EXERCICES RÉSOLUS

1 Calculer des fréquences marginales

Voici le tableau de consommation d'électricité d'un foyer, en kWh (kilowattheure), sur une journée.
Calculer la fréquence marginale, en pourcentage, de la consommation pendant les heures creuses sur la journée. *Arrondir au dixième.*

	Chauffage	Hors chauffage	Total
Heures creuses	6,5	4,5	11
Heures pleines	12,8	18,2	31
Total	19,3	22,7	42

Solution

Pendant les heures creuses, le foyer consomme 11 kWh.
Donc la fréquence marginale de la consommation pendant les heures creuses sur la journée est $\frac{11}{42}$, soit environ 26,2 %.

Méthode : On calcule le quotient de la consommation en heures creuses par la consommation totale.

2 Calculer des fréquences conditionnelles

Le tableau ci-contre indique la répartition des lauréats du Prix Nobel de la paix depuis sa création en 1901. *Arrondir les résultats au dixième.*
Calculer la fréquence conditionnelle, en pourcentage, des femmes lauréates :
a. avant 2000 ; **b.** depuis 2000.

	Avant 2000	Depuis 2000	Total
Femme	10	8	18
Homme	78	14	92
Total	88	22	110

Solution

Voici le tableau des fréquences, en pourcentage, associé aux conditions « avant 2000 » et « depuis 2000 ».

	Avant 2000	Depuis 2000
Femme	11,4 %	36,4 %
Homme	88,6 %	63,6 %
Total	100 %	100 %

La fréquence conditionnelle des femmes lauréates est d'environ :
a. 11,4 % avant 2000 ; **b.** 36,4 % depuis 2000.

Méthode : Au **a**, on calcule $\frac{10}{88}$ et au **b**, on calcule $\frac{8}{22}$.

AUTOMATISMES

Sur le modèle de l'exercice résolu 1

3 Voici la répartition des salariés d'une entreprise.

	En CDD	En CDI	Total
Moins de 30 ans	14	46	60
30 ans et plus	20	70	90
Total	34	116	150

Calculer la fréquence marginale, en pourcentage (*arrondir au dixième*) :
a. des salariés de moins de 30 ans ;
b. des salariés en CDD.

Sur le modèle de l'exercice résolu 2

4 Voici la répartition des visiteurs d'un musée sur une année.

	Français	Étranger	Total
Tarif plein	180	250	430
Tarif réduit	220	550	770
Total	400	800	1 200

Calculer la fréquence conditionnelle, en pourcentage, des visiteurs français parmi ceux ayant payé plein tarif. *Arrondir au dixième.*

Cours

2 Probabilité conditionnelle et arbre pondéré

A Probabilité conditionnelle

Définition

A et B désignent deux événements avec $\mathbf{P(A) \neq 0}$.

La probabilité de l'événement B sachant l'événement A, notée $P_A(B)$, est définie par : $\mathbf{P_A(B) = \dfrac{P(A \cap B)}{P(A)}}$.

Exemple

Un service après-vente a constaté que les retours d'appareils sont dus dans 30 % des cas à une panne A, dans 40 % des cas à une panne B et dans 3 % des cas à la simultanéité des deux pannes.

On choisit au hasard la fiche d'un appareil en stock au service après-vente.

On note A l'événement « L'appareil a la panne A » et B l'événement « L'appareil a la panne B ».

Un appareil choisi au hasard présente la panne A. La probabilité qu'il ait alors la panne B est :

$$P_A(B) = \frac{P(A \cap B)}{P(A)} = \frac{0{,}03}{0{,}3} = 0{,}1.$$

B Probabilité de A ∩ B

Propriété

La probabilité de l'intersection des événements A et B, avec $P(A) \neq 0$, est :

$$\mathbf{P(A \cap B) = P_A(B) \times P(A).}$$

Remarque : Si $P(B) \neq 0$, on a de façon analogue, $P(A \cap B) = P_B(A) \times P(B)$.

Exemple

25 % des voitures d'un concessionnaire sont électriques. Parmi les voitures électriques, 70 % sont des citadines et parmi les voitures non électriques, 20 % sont des citadines.

On choisit au hasard la fiche d'une voiture. On note E l'événement « La voiture est électrique » et C l'événement « La voiture est une citadine ». Ainsi, $P(E) = 0{,}25$ et $P_E(C) = 0{,}7$.

La probabilité de l'événement $E \cap C$: « La fiche choisie est celle d'une citadine électrique » est :

$$P(E \cap C) = P_E(C) \times P(E) = 0{,}7 \times 0{,}25 = 0{,}175.$$

C Arbre pondéré par des probabilités

Exemple

On reprend l'exemple du paragraphe B. On peut représenter cette expérience par l'arbre pondéré ci-dessous réalisé en respectant certaines règles.

- **Règle 1 :** sur les branches du 1er niveau, on inscrit les probabilités des événements correspondants.
- **Règle 2 :** sur les branches du 2e niveau, on inscrit des probabilités conditionnelles.
- **Règle 3 :** la somme des probabilités inscrites sur les branches issues d'un même nœud est toujours égale à 1.

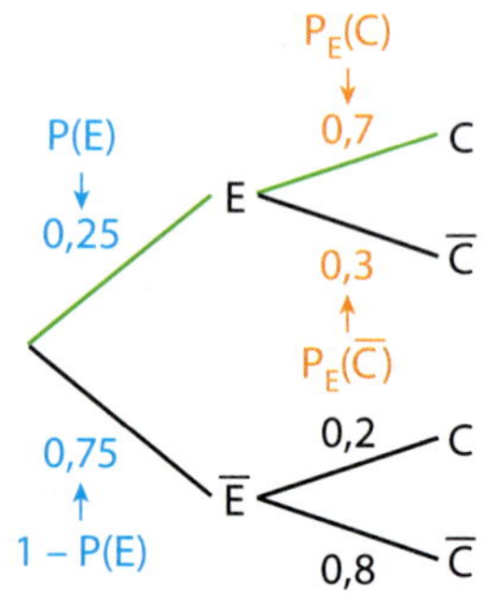

Remarque : le produit des probabilités des événements rencontrés le long d'un chemin est égal à la probabilité de l'intersection de ces événements.

Par exemple, pour le chemin vert, on retrouve $P(E \cap C) = P(E) \times P_E(C) = 0{,}25 \times 0{,}7 = 0{,}175$.

EXERCICES RÉSOLUS

5 Calculer une probabilité conditionnelle

Dans un élevage de chats, 25 % des chats sont adultes, 40 % sont des chats du Bengale et 15 % sont des chats du Bengale adultes. On choisit au hasard le carnet de santé de l'un des chats de l'élevage.
On note A l'événement « Le chat est adulte » et B l'événement « Il s'agit d'un chat du Bengale ».
a. Calculer la probabilité qu'il s'agisse d'un chat du Bengale sachant que c'est un adulte.
b. Calculer $P_B(A)$. Interpréter cette probabilité.

Solution

a. On sait que $P(A) = 0{,}25$ et que $P(A \cap B) = 0{,}15$.
Ainsi, la probabilité cherchée est :
$P_A(B) = \dfrac{P(A \cap B)}{P(A)} = \dfrac{0{,}15}{0{,}25} = 0{,}6$.
b. On sait que $P(B) = 0{,}4$,
donc $P_B(A) = \dfrac{P(A \cap B)}{P(B)} = \dfrac{0{,}15}{0{,}4} = 0{,}375$.
La probabilité que le carnet de santé soit celui d'un chat adulte sachant que c'est un chat du Bengale est 0,375.

Méthode : Lire attentivement l'énoncé pour identifier les probabilités qui sont données puis appliquer la formule $P_A(B) = \dfrac{P(A \cap B)}{P(A)}$.

6 Compléter un arbre pondéré par des probabilités

Une administration emploie 20 % de CDD (Contrat à Durée Déterminée).
60 % des CDD et 30 % des CDI (Contrat à Durée Indéterminée) ont moins de 30 ans.
Dans la base de données des employés, on tire au hasard le nom de l'un des employés.
On note D l'événement : « L'employé est en CDD » et J l'événement : « L'employé a moins de 30 ans ».
Représenter cette situation à l'aide d'un arbre pondéré par des probabilités.

Solution

L'administration emploie 20 % de CDD, donc $P(D) = 0{,}2$.
60 % des CDD ont moins de 30 ans, donc $P_D(J) = 0{,}6$.
30 % des CDI ont moins de 30 ans, donc $P_{\overline{D}}(J) = 0{,}3$.

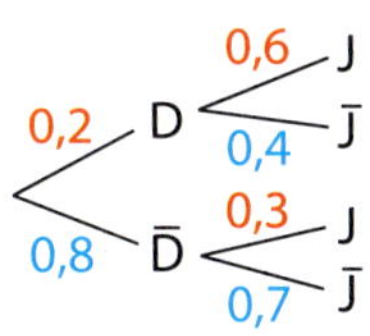

Méthode : Pour étudier de telles situations, on les représente à l'aide d'un arbre pondéré. On reporte sur les branches les probabilités connues puis on complète par les probabilités sur les autres branches.

AUTOMATISMES

Sur le modèle de l'exercice résolu 5

7 Une entreprise emploie 20 % de cadres (C) et 40 % de femmes (F).
12 % de ses employés sont des femmes cadres.
On choisit au hasard la fiche d'un employé.
a. Calculer la probabilité qu'il s'agisse d'une femme sachant que cet employé est un cadre.
b. Calculer $P_F(C)$. Interpréter cette probabilité.

Sur le modèle de l'exercice résolu 6

8 On tire au hasard une carte d'un jeu de 32 cartes.
C est l'événement : « La carte tirée est un cœur » ;
A est l'événement : « La carte tirée est un as ».
Recopier et compléter l'arbre pondéré ci-contre.

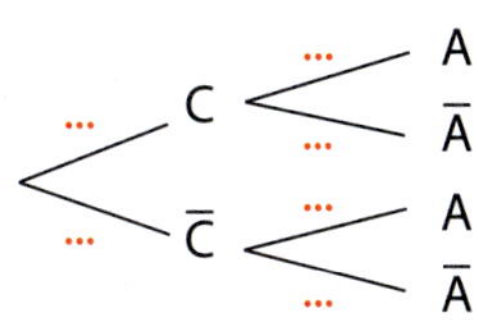

3 Indépendance en probabilité de deux événements

Intuitivement, l'indépendance en probabilité de deux événements A et B signifie que la réalisation de l'un n'a pas d'influence sur la probabilité de réalisation ou non de l'autre.

Définition

A et B désignent deux événements avec $P(A) \neq 0$ et $P(B) \neq 0$.
Dire que deux **événements** A et B sont **indépendants** en probabilité signifie que $\mathbf{P_A(B) = P(B)}$.

Exemple

Quand on lance deux fois de suite une pièce, le résultat du premier lancer n'a pas d'influence sur le résultat du second (la pièce n'a pas de mémoire).
Ainsi, par exemple, les événements « Obtenir Pile au premier lancer » et « Obtenir Face au second lancer » sont indépendants.

Propriété

Deux événements A et B sont **indépendants** en probabilité si, et seulement si, $\mathbf{P(A \cap B) = P(A) \times P(B)}$.

En effet,
- si A et B sont indépendants, alors $P_A(B) = \dfrac{P(A \cap B)}{P(A)}$ s'écrit $P(B) = \dfrac{P(A \cap B)}{P(A)}$, soit $P(A \cap B) = P(A) \times P(B)$;
- si $P(A \cap B) = P(A) \times P(B)$ avec $P(A) \neq 0$, alors $P(B) = \dfrac{P(A \cap B)}{P(A)}$, c'est-à-dire $P(B) = P_A(B)$.

Ainsi les événements A et B sont indépendants.

4 Succession d'épreuves indépendantes

Vocabulaire : Dans une succession d'épreuves, lorsque l'issue de l'une quelconque de ces épreuves ne dépend pas des issues des autres épreuves, on dit que ces **épreuves** sont **indépendantes**.

Exemple

La section professionnelle d'un club de volleyball compte 15 femmes (F) et 25 hommes (H).
On choisit, au hasard et **avec remise**, les fiches de deux professionnels de ce club.
On note le sexe inscrit sur chacune de ces fiches.
Cette expérience aléatoire possède quatre issues : (F ; F), (F ; H), (H ; F), (H ; H).

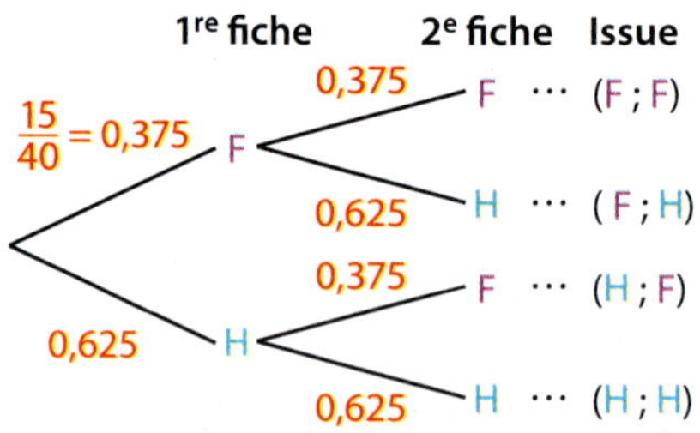

Une succession de branches est appelée **chemin**. Chaque chemin conduit à une issue.

Propriété

Dans une succession d'épreuves **indépendantes**, la probabilité d'une issue est le **produit** des probabilités rencontrées sur le chemin qui conduit à cette issue.

Exemple

On reprend la situation de l'exemple précédent.
L'issue (**F** ; **H**) a pour probabilité : P(**F** ; **H**) = 0,375 × 0,625 = 0,234 375.

EXERCICES RÉSOLUS

9 Justifier l'indépendance de deux événements

Le tableau ci-contre donne la répartition des romans d'une médiathèque. On choisit au hasard l'un des romans. Les événements R et F sont-ils indépendants ? Expliquer.

	Français (F)	Étranger ($\overline{F}$)	Total
Depuis 1900 (R)	35	125	160
Avant 1900 ($\overline{R}$)	65	175	240
Total	100	300	400

Solution

$P_R(F) = \dfrac{35}{160}$, soit environ 0,22 et $P(F) = \dfrac{100}{400} = 0{,}4$.

Ainsi, $P_R(F) \neq P(F)$ donc les événements R et F ne sont pas indépendants (ils sont **dépendants**).

Méthode :
- On peut comparer $P_R(F)$ et $P(F)$ (ou $P_F(R)$ et $P(R)$ ou encore $P(R \cap F)$ et $P(R) \times P(F)$).
- S'il y a égalité, c'est que les événements R et F sont indépendants, sinon, ils ne le sont pas.

10 Étudier une succession d'épreuves indépendantes

On tire, au hasard et **avec remise**, deux boules de l'urne ci-contre et on note les couleurs obtenues : V pour verte et R pour rouge.
Calculer la probabilité que sur les deux boules tirées, l'une soit verte et l'autre soit rouge.

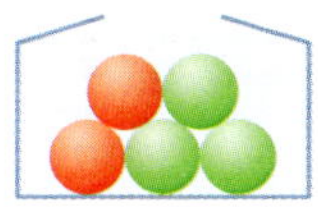

Solution

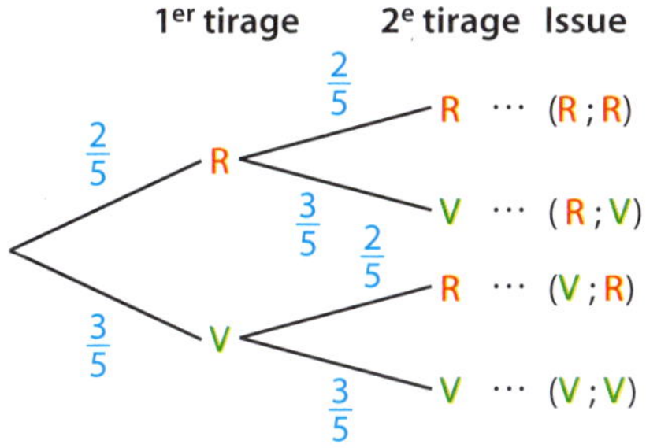

La probabilité cherchée est :

$P(\mathbf{R} ; \mathbf{V}) + P(\mathbf{V} ; \mathbf{R}) = \dfrac{2}{5} \times \dfrac{3}{5} + \dfrac{3}{5} \times \dfrac{2}{5} = \dfrac{12}{25} = 0{,}48.$

Méthode :
- Les tirages s'effectuent **avec remise**, les épreuves sont donc indépendantes : les probabilités sur les branches restent identiques d'un tirage à l'autre.
- La probabilité d'une issue (ici (V ; R) ou (R ; V)) est égale au produit des probabilités rencontrées sur le chemin qui mène à cette issue.

AUTOMATISMES

Sur le modèle de l'exercice résolu 9

11 Le tableau ci-dessous indique, selon le sexe, la fréquence d'utilisation hebdomadaire du tramway chez 500 habitants d'une ville.

	Entre 0 et 10 fois (E)	Plus de 10 fois ($\overline{E}$)	Total
Femme (F)	80	270	350
Homme ($\overline{F}$)	120	30	150
Total	200	300	500

On choisit au hasard un des habitants.
Les événements F et $\overline{E}$ sont-ils indépendants ? Justifier.

Sur le modèle de l'exercice résolu 10

12 On tire au hasard et avec remise, deux papiers du sac ci-contre et on note les lettres obtenues.
Calculer la probabilité que, sur les deux papiers tirés, il y ait un E et un D.

13 On lance deux fois de suite une pièce de monnaie équilibrée et on note les faces obtenues.
Calculer la probabilité que, sur les deux lancers, il y ait une fois Face (F) et une fois Pile (P).

S'entraîner

Fréquence marginale - Fréquence conditionnelle

Questions flash

14 Ce tableau de fréquences indique la répartition d'un groupe de lycéens selon leur sexe et leur âge.

	Fille	Garçon	Total
16 ans	0,25	0,15	0,4
17 ans	0,37	0,23	0,6
Total	**0,62**	0,38	1

a. Comment nomme-t-on la fréquence écrite en rouge dans le tableau ?
b. Lire la fréquence marginale des lycéens de 16 ans.

15 Ce tableau de pourcentages indique la répartition de chiens de traîneau femelles ou mâles dans un élevage selon leur race.

	Femelle	Mâle
Husky	38 %	**24 %**
Samoyède	62 %	76 %
Total	100 %	100 %

a. Comment nomme-t-on le pourcentage écrit en vert dans le tableau ?
b. Lire la fréquence conditionnelle des huskys parmi les femelles.

16 Voici le tableau des médailles de la France aux Jeux Olympiques de Tokyo de 2021.

	Individuel	Par équipe	Total
Or	5	5	10
Argent	8	4	12
Bronze	7	4	11
Total	20	13	33

a. Recopier et compléter le tableau des fréquences, en pourcentage, ci-dessous. *Arrondir au dixième.*

	Individuel	Par équipe	Total
Or			
Argent			
Bronze			
Total			

b. Donner la fréquence marginale :
- des médailles d'or ;
- des médailles par équipe.

17 Dans une classe de 1re, on a sondé les élèves pour connaître la messagerie qu'ils préfèrent utiliser entre TikTok et Whatsapp. Voici les résultats dans le tableau de fréquences ci-dessous en fonction de leur sexe.

	Fille	Garçon	Total
TikTok	56,25 %		78,125 %
Whatsapp			
Total	68,75 %		100 %

a. Recopier et compléter ce tableau de fréquences.
b. Quelle est la fréquence marginale :
- de ceux qui préfèrent Whatsapp dans cette classe ?
- des garçons dans cette classe ?

c. Interpréter la fréquence 68,75 % dans le contexte de cette situation.

18 Le tableau ci-dessous dénombre les vélos vendus dans un magasin spécialisé, selon le type, en avril et en mai.
Par la suite, arrondir les résultats au dixième.

	Avril	Mai	Total
Électrique	15	21	36
Normal	32	45	77
Total	47	66	113

a. Déterminer la fréquence conditionnelle des vélos vendus au mois d'avril parmi les vélos électriques.
b. Recopier et compléter le tableau des fréquences, en pourcentage, ci-dessous.

	Avril	Mai	Total
Électrique			100 %
Normal			100 %

c. Donner la fréquence conditionnelle des vélos électriques parmi ceux vendus au mois d'avril.

19 CORRIGÉ en vidéo jaicompris.com

Le tableau ci-dessous donne les activités préférées d'un groupe de personnes.

	Tennis	Piscine	Cinéma
Homme	19	23	38
Femme	25	27	68

a. Déterminer la fréquence marginale des femmes.
b. Déterminer la fréquence marginale des personnes préférant la piscine.
c. Déterminer la fréquence conditionnelle des personnes préférant la piscine parmi les femmes.
d. Déterminer la fréquence conditionnelle des femmes parmi les personnes préférant la piscine.

Probabilité conditionnelle

Questions flash

20 Voici l'historique des finalistes de la Ligue des Champions féminine de football depuis sa création (données 2022).

	Olympique Lyonnais (L)	Autres clubs (A)	Total
Français (F)	10	1	11
Étranger (E)	0	31	31
Total	10	32	42

On choisit au hasard la fiche d'un des finalistes.
Donner, sans justification, chaque probabilité.
a. $P(F)$ **b.** $P(E)$ **c.** $P(L)$ **d.** $P_F(L)$ **e.** $P_F(A)$ **f.** $P_A(E)$

21 Dans chaque cas, calculer mentalement $P_A(B)$.
a. $P(A) = 0{,}4$, $P(A \cap B) = 0{,}1$
b. $P(A) = 0{,}5$, $P(A \cap B) = 0{,}2$

22 Voici un arbre de probabilités.

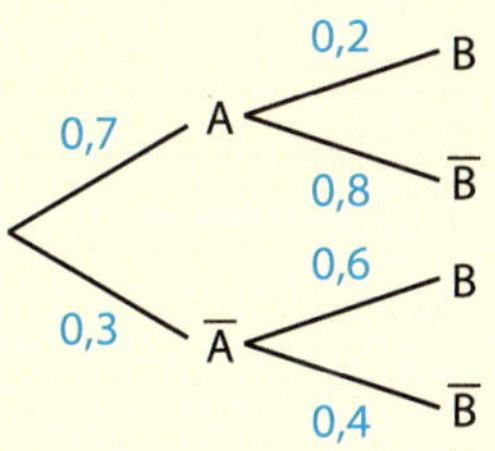

Donner, sans justification, chaque probabilité.
a. $P(A)$ **b.** $P(\bar{A})$ **c.** $P_A(B)$ **d.** $P_{\bar{A}}(B)$ **e.** $P_A(\bar{B})$ **f.** $P_{\bar{A}}(\bar{B})$

23 Voici un arbre de probabilités incomplet.

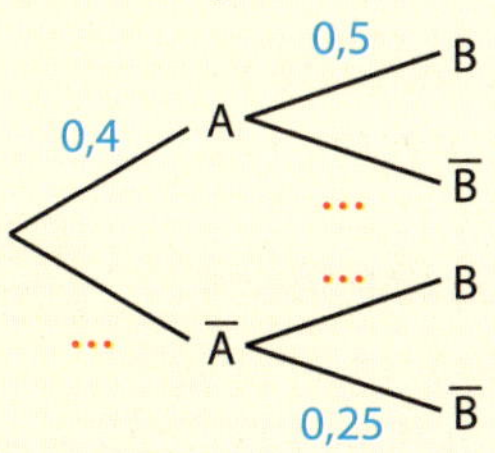

Donner, sans justification, chaque probabilité.
a. $P(A)$ **b.** $P(\bar{A})$ **c.** $P_A(B)$ **d.** $P_{\bar{A}}(B)$ **e.** $P_A(\bar{B})$ **f.** $P_{\bar{A}}(\bar{B})$

24 On tire au hasard une boule de l'urne ci-contre. On note J l'événement « La boule tirée est jaune » et U l'événement « La boule tirée porte le numéro 1 ».

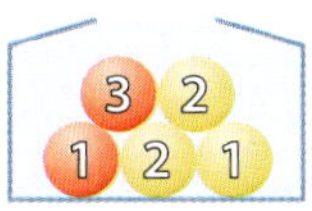

Que signifie pour cette situation $P_J(U)$? $P_U(J)$?
Déterminer chacune de ces probabilités conditionnelles en expliquant la démarche.

25 Voici la répartition des députés de l'Assemblée nationale en 2022, selon l'âge et le sexe (données décembre 2022).

	Femme (F)	Homme (H)	Total
65 ans ou moins (A)	197	328	525
Plus de 65 ans (S)	17	32	49
Total	214	360	574

On choisit au hasard la fiche d'un des députés.
a. Sachant que la fiche choisie est celle d'une femme, déterminer la probabilité qu'elle ait plus de 65 ans.
b. Déterminer et interpréter $P_A(H)$.

26 Voici la répartition des moyens de locomotion utilisés par des élèves de Première et de Terminale pour se rendre au lycée.

	Première (R)	Terminale ($\bar{R}$)	Total
Transport public (T)	74	86	160
Moyen personnel (M)	58	102	160
Total	132	188	320

On choisit au hasard la fiche de l'un de ces élèves.
a. L'élève choisi utilise les transports publics.
Quelle est la probabilité qu'il soit en Première ?
b. Calculer et interpréter $P_M(\bar{R})$.

27 Une forêt est constituée de 70 % de sapins (S), de 25 % d'arbres de plus de 50 ans (C) et de 10 % de sapins de plus de 50 ans.
On choisit au hasard un des arbres de la forêt.
a. Déterminer $P(S)$ puis $P(S \cap C)$.
En déduire $P_S(C)$.
b. Calculer et interpréter $P_C(S)$.

28 Sur les 250 clients d'une entreprise, 150 sont des clients réguliers (R), les autres sont occasionnels (O).
Parmi les clients réguliers, 36 sont des particuliers (A).
Parmi les clients occasionnels, 25 sont des particuliers.
On choisit au hasard la fiche d'un des clients.
a. Recopier et compléter les calculs suivants.
• $P(R) = \frac{\dots}{\dots} = \dots$ • $P_R(A) = \frac{\dots}{\dots} = \dots$ • $P_O(A) = \frac{\dots}{\dots} = \dots$
b. Recopier et compléter l'arbre pondéré ci-dessous.

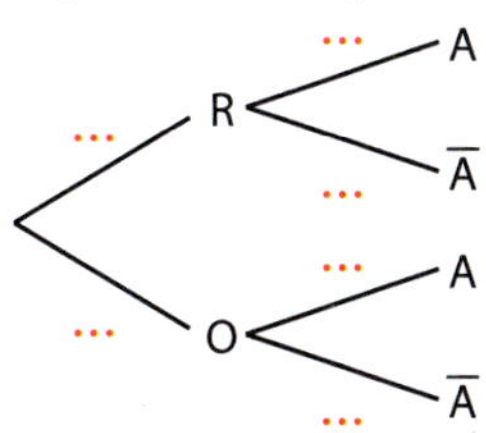

c. Calculer la probabilité que la fiche choisie soit celle d'un client particulier régulier.

29 Une boutique de prêt-à-porter vend 80 % de ses articles sur Internet (I) et le reste en magasin (M).
10 % de ses articles sont vendus sur Internet et destinés aux femmes (F). Parmi les articles vendus en magasin, 40 % sont destinés aux hommes (H). On choisit au hasard la fiche d'un article vendu par cette boutique.

a. Recopier et compléter l'arbre pondéré ci-dessous.

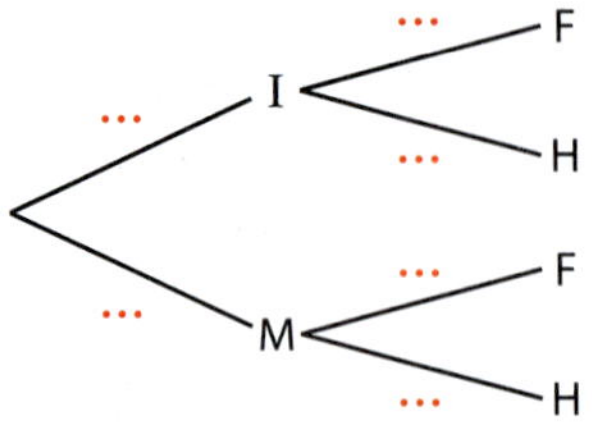

b. Calculer la probabilité que la fiche choisie soit celle d'un article acheté par un homme en magasin.

30 Voici un arbre pondéré par des probabilités.

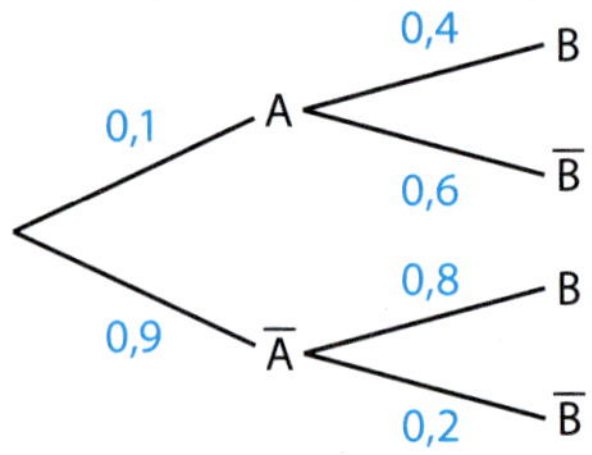

a. Recopier et compléter le calcul de chaque probabilité.

- $P(A \cap B) = \dots \times P(A) = \dots \times \dots = \dots$
- $P(\bar{A} \cap \bar{B}) = \dots \times P(\bar{A}) = \dots \times \dots = \dots$
- $P(A \cap \bar{B}) = \dots \times P(A) = \dots \times \dots = \dots$

b. Recopier et compléter le tableau croisé ci-contre avec des pourcentages.

	A	$\bar{A}$	Total
B			
$\bar{B}$			
Total			

31 On choisit au hasard successivement et **sans remise**, deux papiers de la liste ci-dessous.

On note O_1 (resp. O_2) l'événement « Le premier (resp. le deuxième) papier choisi est orange ».

a. Recopier et compléter l'arbre pondéré ci-dessous.

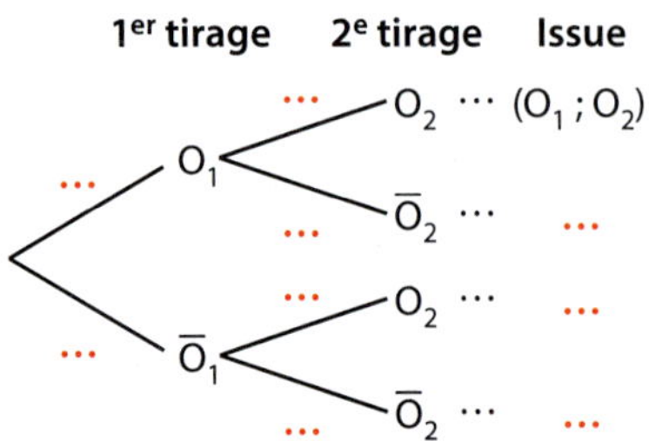

b. Calculer et interpréter les probabilités suivantes :

- $P(O_1 \cap O_2)$
- $P(O_1 \cap \bar{O}_2)$
- $P(\bar{O}_1 \cap \bar{O}_2)$

32 CORRIGÉ en vidéo jaicompris.com

Un joueur de tennis réussit sa première balle de service avec une probabilité de 0,7. S'il ne réussit pas sa première balle de service, il réussit sa seconde balle de service avec une probabilité de 0,9.
On note les événements :

- R_1 : « Il réussit sa première balle de service » ;
- R_2 : « Il réussit sa seconde balle de service ».

a. Représenter la situation par un arbre pondéré.

b. Quelle est la probabilité qu'il commette une double faute ?

Indépendance de deux événements

Questions flash

33 Répondre par Vrai ou Faux.
Les événements A et B sont indépendants lorsque :

a. $P(A) = P(B)$ **b.** $P_A(B) = P(B)$

c. $P_B(A) = P_A(B)$ **d.** $P(A \cap B) = P(A) \times P(B)$

34 A et B sont deux événements.
Dans chaque cas, indiquer, sans calculatrice, si A et B sont indépendants.

a. $P(A) = 0{,}5$ $P(B) = 0{,}2$ $P(A \cap B) = 0{,}1$

b. $P(A) = 0{,}7$ $P(B) = 0{,}4$ $P(A \cap B) = 0{,}3$

35 A et B sont deux événements indépendants tels que $P(A) = 0{,}8$ et $P(B) = 0{,}2$.
Alicia affirme : « L'événement $A \cap B$ est l'événement certain ».
A-t-elle raison ? Expliquer.

36 On tire au hasard l'un des 800 éléments de cette population.
Recopier et compléter le raisonnement suivant :

	A	$\bar{A}$	Total
B	100	120	220
$\bar{B}$	400	180	580
Total	500	300	800

$P(A) = \frac{\dots}{\dots} = \dots$ et $P_B(A) = \frac{\dots}{\dots}$, soit $P_B(A) \approx \dots$

Ainsi $P_B(A)$ ... $P(A)$ donc les événements A et B ... indépendants.

37 On lance une pièce de monnaie deux fois de suite. On note A l'événement « Obtenir Pile au 1er lancer » et B l'événement « Obtenir face au 2e lancer ».
Les événements A et B sont-ils indépendants ? Expliquer.

38 Voici la répartition des applications sur un smartphone selon qu'elles sont liées au sport ou au divertissement, qu'elles sont gratuites ou non.

	Sport (S)	Divertissement (D)	Total
Gratuite (G)	5	3	8
Payante (P)	15	9	24
Total	20	12	32

On choisit au hasard l'une de ces applications.

a. Calculer P(G) puis $P_S(G)$.

b. Les événements G et S sont-ils indépendants ? Justifier.

39 On tire au hasard une carte d'un jeu de 32 cartes. A est l'événement « La carte tirée est un as » et B l'événement « La carte tirée est un cœur ».
Les événements A et B sont-ils indépendants ? Justifier.

Succession d'épreuves indépendantes

Questions flash

40 On tire au hasard et successivement deux boules de l'urne ci-contre. On note les couleurs obtenues. Répondre par Vrai ou Faux.

Les deux tirages constituent-ils deux expériences identiques et indépendantes si on les effectue :

a. avec remise ? **b.** sans remise ?

41 On lance deux fois de suite une pièce de monnaie équilibrée et on note les faces obtenues.
Calculer mentalement chacune des probabilités :

a. P(P ; P) **b.** P(F ; P)
c. P(F ; F) **d.** P(P ; F)

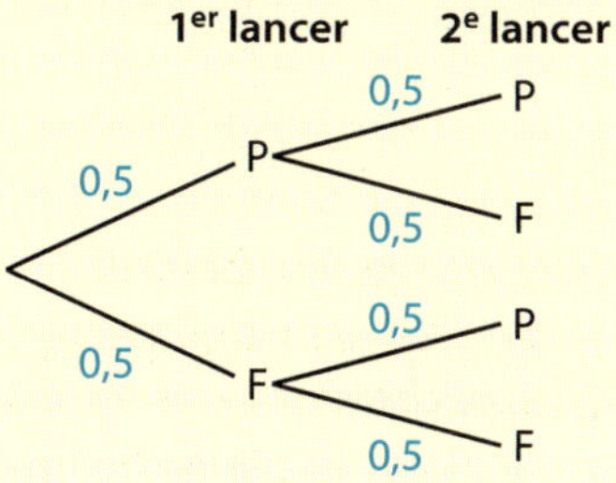

42 On lance deux fois de suite un dé équilibré à six faces et on note les numéros obtenus.
On note S l'événement « Le numéro obtenu est le 6 ».

a. Reproduire et compléter l'arbre pondéré ci-contre.

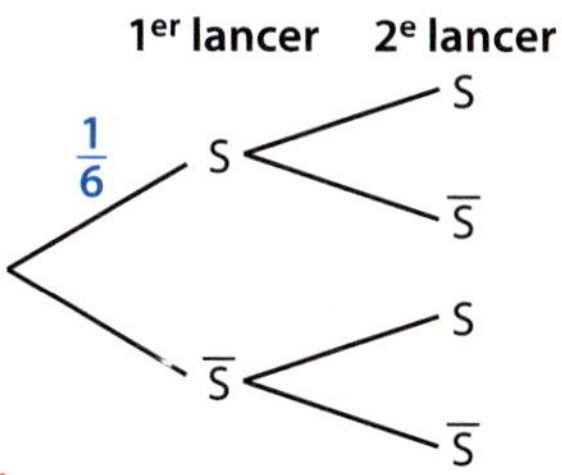

b. Recopier et compléter :
la probabilité d'obtenir un seul 6 est :
$p = P(S ; \overline{S}) + \ldots$,
soit $p = \ldots \times \ldots + \ldots \times \ldots = \ldots$

43 On choisit au hasard successivement et avec remise deux lettres dans un sac contenant les lettres A, B, C, D, E.
On note V l'événement « La lettre choisie est une voyelle ».

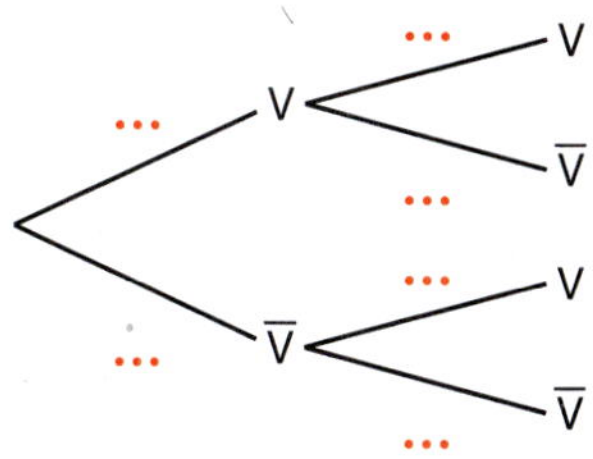

a. Recopier et compléter l'arbre pondéré.

b. Calculer la probabilité p qu'une des lettres soit une voyelle et l'autre une consonne.

44 CORRIGÉ en vidéo jaicompris.com

Cet arbre représente la répétition de trois expériences identiques et indépendantes.

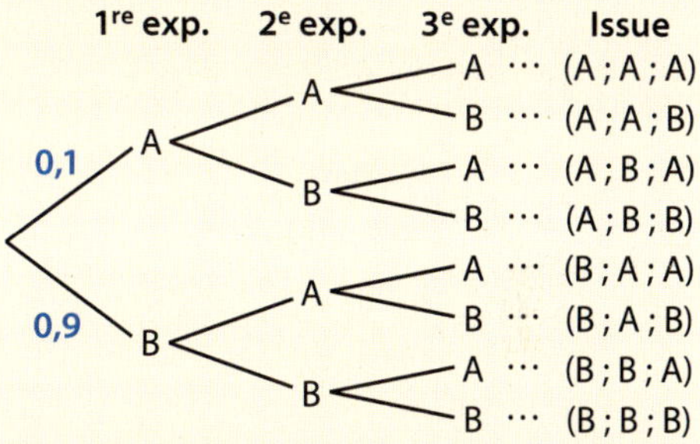

Calculer la probabilité de chacune des issues :

a. (A ; B ; A) **b.** (A ; A ; B) **c.** (B ; A ; A)

45 Un fichier contient 40 % de femmes.
On tire au hasard successivement et avec remise, deux personnes dans ce fichier et on note leur sexe.

a. Représenter cette situation par un arbre pondéré.

b. Calculer la probabilité d'obtenir un homme et une femme.

46 Pour se rendre à l'université où il étudie, Max prend le tramway ; celui-ci passe toutes les 4 min.
On choisit un trajet au hasard et on note V l'événement « Max a attendu son tramway moins de 2 min ».
Max se rend trois jours de suite à l'université.

a. Recopier et compléter cet arbre pondéré.

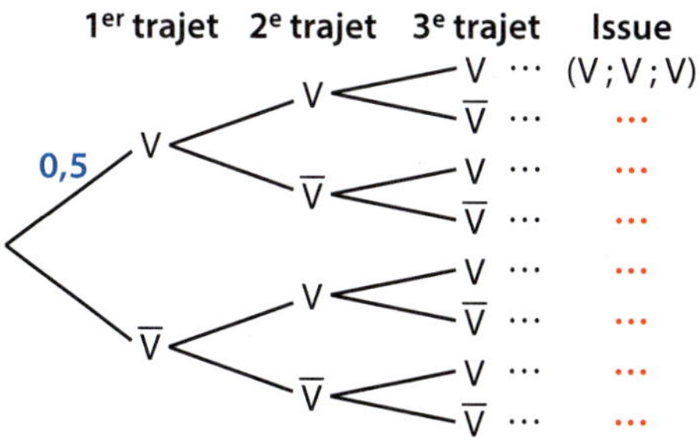

b. Calculer la probabilité que, sur les trois trajets, il ait attendu une seule fois moins de 2 min.

Utiliser ses compétences

47 Voici la répartition de la population du Danemark selon le sexe et l'âge en 2021.

Âge	Homme	Femme	Total
[0 ; 20[	667 232	634 163	1 301 395
[20 ; 40[	732 671	707 523	1 440 194
[40 ; 60[	788 353	783 930	1 572 283
60 et plus	692 677	787 088	1 479 765
Total	2 880 933	2 912 704	5 793 637

Source : Université de Sherbrooke

Arrondir les résultats au dixième.

a. Calculer la fréquence marginale des individus :
• de 0 à 20 ans ; • de 60 ans et plus.

b. Calculer la fréquence conditionnelle des femmes parmi les individus : • de 0 à 20 ans ; • de 60 ans et plus.

c. Recopier et compléter ce tableau des fréquences.

Âge	Homme	Femmes
[0 ; 20[	23,2 %	
[20 ; 40[		
[40 ; 60[		
60 et plus		
Total	100 %	100 %

48 Voici la répartition des animaux pris en charge dans une clinique vétérinaire durant une semaine selon qu'ils ont été vaccinés ou non.

	Chat (A)	Chien (B)	Autre animal (C)	Total
Vacciné (V)	18	12	8	38
Non vacciné ($\overline{V}$)	45	53	7	105
Total	63	65	15	143

On tire au hasard la fiche de l'un de ces animaux.
Dans chaque cas, donner l'arrondi au centième de la probabilité :

a. qu'il s'agisse d'un chien sachant qu'il a été vacciné ;

b. qu'il ait été vacciné sachant qu'il s'agit d'un chien ;

c. qu'il s'agisse d'un chien vacciné.

49 Voici un arbre pondéré par des probabilités.

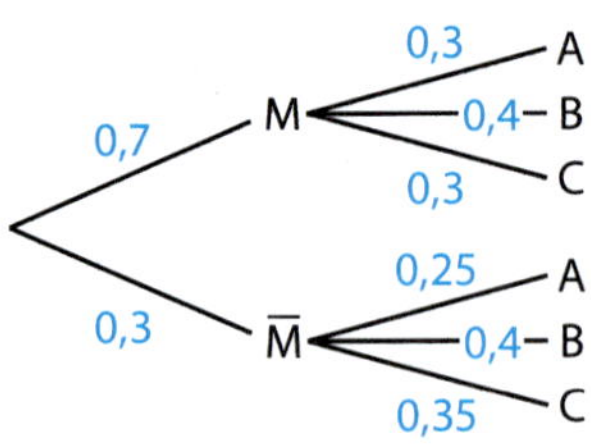

a. Lire sur l'arbre ou calculer chaque probabilité.
• $P_M(B)$ • $P(M)$
• $P(M \cap B)$ • $P(\overline{M} \cap B)$

b. On admet que $P(B) = (M \cap B) + P(\overline{M} \cap B)$.
Calculer $P(B)$.

c. Les événements M et B sont-ils indépendants ? Justifier.

50 Un club compte 200 adhérents. Parmi eux, 70 pratiquent la natation (N) et 60 sont des femmes (F).

	N	$\overline{N}$	Total
F	n		60
$\overline{F}$			
Total	70		200

On tire au hasard la fiche de l'un des adhérents à ce club. On sait de plus que les événements N et F sont indépendants. On se propose de compléter le tableau croisé.

a. Calculer P(N). Exprimer $P_F(N)$ en fonction de n.

b. On sait que les événements N et F sont indépendants. Que peut-on en déduire pour P(N) et $P_F(N)$? Calculer n.

c. Recopier et compléter le tableau croisé.

51 Tice **1. a.** Ouvrir le tableur et réaliser la feuille de calcul ci-dessous ; elle présente la répartition du nombre de licenciés d'un club de judo.

	A	B	C	D	E
1		Jeune (J)	Adulte (A)	Senior (S)	Total
2	Compétition (C)	25	18	10	
3	Loisir (L)	57	43	19	
4	Total				

b. Compléter la colonne E et la ligne 4.

c. Interpréter le nombre obtenu en cellule E4.

Coup de pouce
En cellule E2, saisir la formule `=SOMME(B2:D2)`.

2. On choisit au hasard la fiche d'un licencié du club.

a. Compléter la cellule A5 afin d'obtenir la probabilité que le licencié soit inscrit en compétition sachant que c'est un adulte. *Arrondir au millième.*

b. Compléter la cellule A6 afin d'obtenir la probabilité que le licencié soit un jeune sachant qu'il est inscrit en loisir. *Arrondir au millième.*

c. En cellule A7, on saisit `=C4/E4`.
Interpréter le résultat obtenu.

52 On choisit au hasard un des participants à une compétition de sports nautiques. On sait que :
• 70 des 160 participants sont des femmes (F) ;
• parmi les femmes, 14 font du windsurf (W) et les autres font du kitesurf (K) ;
• parmi les hommes, 60 font du windsurf et les autres font du kitesurf.

a. Recopier et compléter l'arbre pondéré par des fractions.

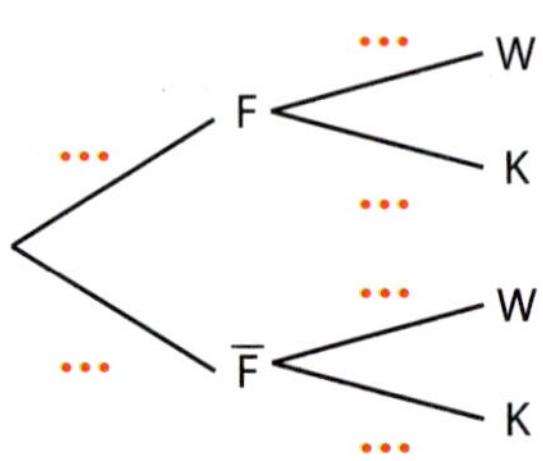

b. Calculer la probabilité que le participant choisi soit une femme kitesurfeuse.

53 On choisit successivement et au hasard deux billes de l'urne ci-contre et on note les couleurs obtenues : J pour jaune et B pour bleue.

Pour chaque situation, recopier et compléter l'arbre pondéré ci-dessous, puis calculer la probabilité que les deux billes soient de couleurs différentes.

Situation 1

Les tirages s'effectuent avec remise.

Situation 2

Les tirages s'effectuent sans remise.

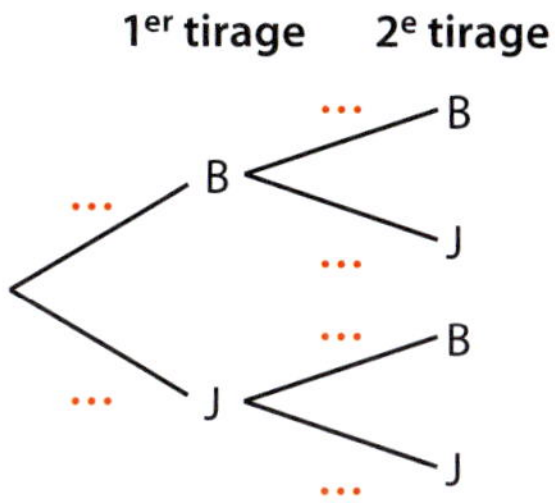

54 Deux sondages ont été réalisés auprès des mêmes 2000 personnes : l'un avant le premier tour d'une élection présidentielle et l'autre avant le second tour.

Quatre candidats, notés A, B, C, D, étaient présents au premier tour, et les deux restants au second tour sont A et C.

Toutes les personnes interrogées se sont prononcées.

L'arbre ci-dessous indique les probabilités des votes pour chaque candidat.

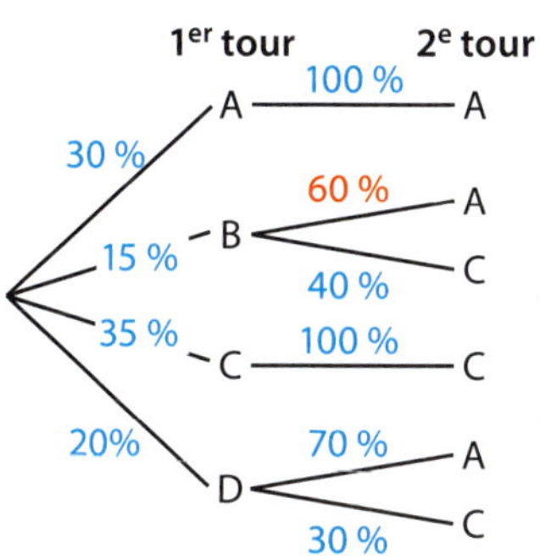

	1er tour	2e tour
A		
B		
C		
D		
Total	2 000	2 000

1. Interpréter le nombre écrit en rouge sur l'arbre.

2. a. Calculer le nombre de personnes ayant voté pour le candidat A au premier tour.

b. Recopier le tableau croisé ci-dessus, et compléter la colonne « 1er tour ».

3. a. Calculer le nombre de personnes ayant voté pour le candidat A au second tour.

b. Compléter la colonne « 2e tour » du tableau croisé.

c. Quel candidat devrait gagner l'élection ?

55 Voici un tableau croisé.

	P	Q	R	Total
M	140	60	120	
$\overline{M}$	40	10	30	
Total				

On tire au hasard un élément de cette population.

Les événements $\overline{M}$ et R sont-ils indépendants ?

56 Un supermarché envisage de s'implanter à proximité d'un village.

La mairie effectue une enquête d'opinion auprès de ses habitants afin de savoir s'ils sont favorables ou non à cette implantation.

Sur les 1 800 habitants à s'être prononcés, il y avait 850 hommes (H).

On sait de plus que 340 hommes et 608 femmes sont favorables (F) au projet.

Dans le listing des habitants à s'être prononcés, on tire un nom au hasard.

a. Recopier et compléter l'arbre pondéré ci-contre.

b. Calculer la probabilité P(F).

c. Sachant que l'habitant choisi au hasard est favorable au projet, calculer la probabilité que ce soit une femme.

Arrondir au centième.

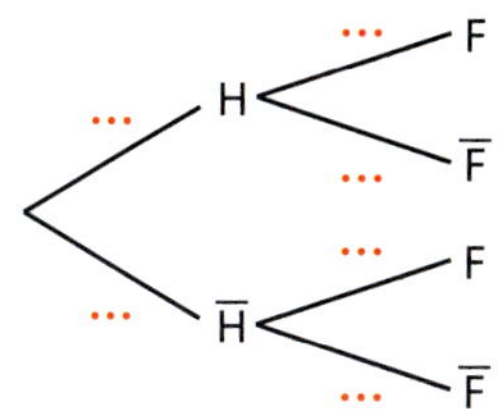

Des Défis

57 Éviter le monstre

Dans un jeu vidéo, un personnage doit choisir successivement trois des quatre points d'interrogation ci-dessus.

Derrière trois des quatre points d'interrogation se cache une vie supplémentaire et derrière l'autre se cache un monstre.

On gagne à ce jeu si l'on ne tire pas le monstre.

Quelle est la probabilité de gagner ?

58 Jouer avec les mains

Lila et Sirine jouent une partie de Pierre - Feuille - Ciseaux.

Les règles sont rappelées par le schéma ci-contre.

Si les deux amies présentent le même signe, la partie est nulle.

Quelle est la probabilité p que Lila ne perde pas la partie ?

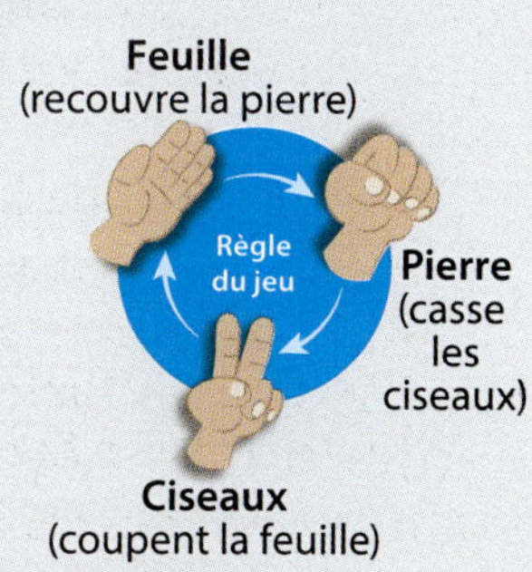

59 Étudier des conjectures du chevalier de Méré

Histoire des sciences

Modéliser **Raisonner** **Communiquer**

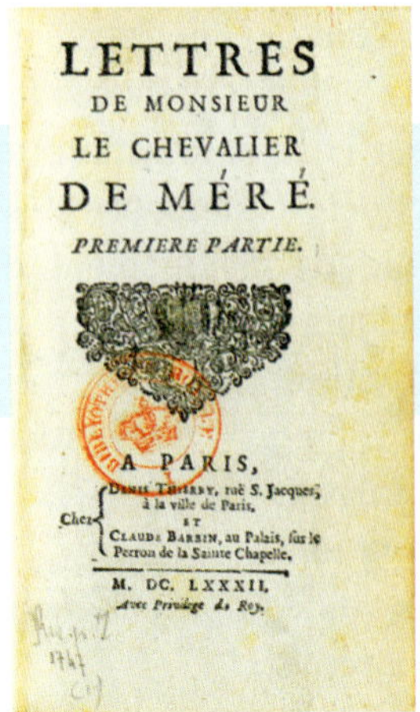

HISTOIRE DES MATHS

Noble de la cour de Louis XIV, Antoine Gombaud (1607-1684), dit le « chevalier de Méré » était un contemporain de Blaise Pascal. Il soumit à Blaise Pascal plusieurs problèmes sur les jeux de hasard.
Pascal calcula les bonnes réponses, marquant le début des calculs de probabilités.

1. On lance quatre fois un dé équilibré à six faces numérotées de 1 à 6.
Le Chevalier de Méré se demandait : « Est-il avantageux de parier sur l'apparition d'un 6 ? »

a. Recopier et compléter l'extrait d'arbre pondéré ci-dessous avec des fractions, où S désigne l'événement « Obtenir un 6 ».

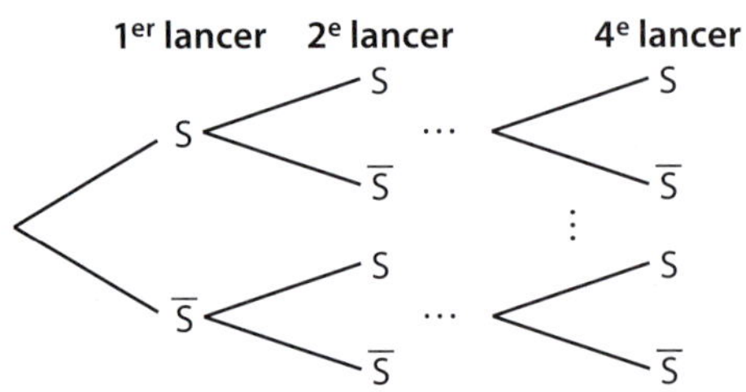

b. Répondre alors à la question du Chevalier de Méré.

2. En lançant un dé, il y a 6 issues ; en lançant deux fois un dé, il y a 36 issues, soit 6 fois plus. En lançant 4 fois un dé, on vient de voir qu'il est plus avantageux de parier sur l'apparition d'un 6.
Aussi, le Chevalier de Méré a émis la conjecture : « Il doit être avantageux de parier sur l'apparition d'un double six en lançant 24 fois deux dés équilibrés à six faces. »
On note D l'événement « Lors du lancer de deux dés, on a obtenu un double six ».

a. Recopier et compléter l'extrait d'arbre pondéré ci-dessous avec des fractions.

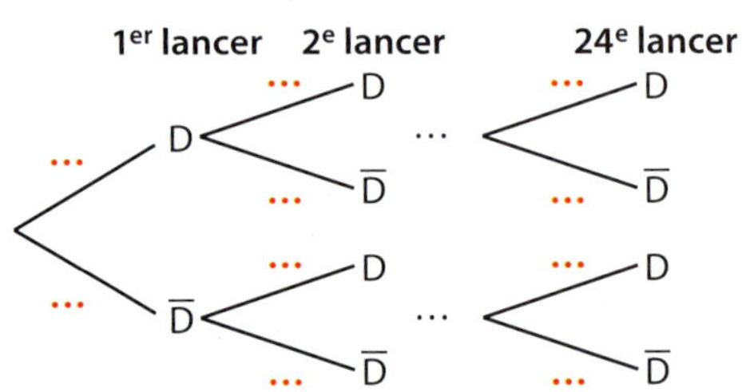

b. Calculer la probabilité p de ne pas obtenir un double six lors des 24 lancers.
Arrondir au centième.

c. Que penser de la conjecture du chevalier de Méré ?

3. La conjecture du chevalier de Méré est-elle correcte si, au lieu de lancer 24 fois deux dés, on les lance 25 fois ?
Justifier par des calculs.

60 Étudier deux situations de jeu

Théorie des jeux

Modéliser **Raisonner** **Communiquer**

Un sac opaque contient les papiers ci-dessous.

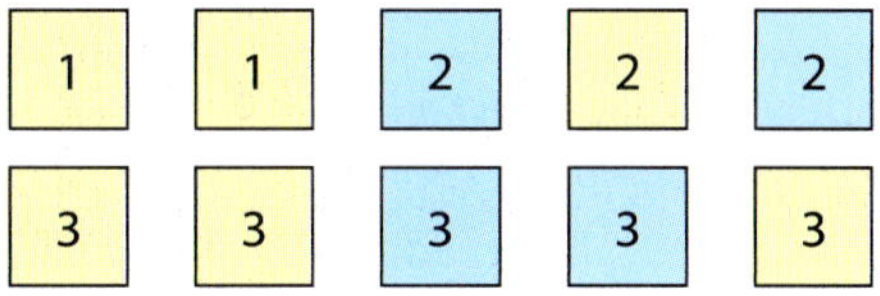

Alicia : « En tirant successivement, au hasard et **sans remise**, deux papiers de ce sac, on a plus de chances d'avoir deux papiers de couleurs différentes que deux numéros identiques. »

A On se propose de vérifier si l'affirmation d'Alicia est vraie ou non.

1. On note J l'événement « Le papier tiré est jaune. » et B l'événement « Le papier tiré est bleu. ».

a. Recopier et compléter l'arbre pondéré ci-dessous.

1er papier **2e papier**

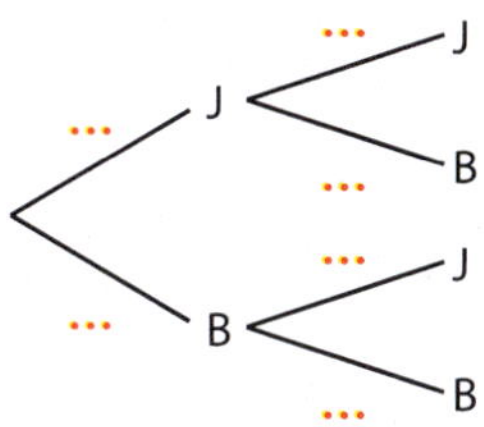

b. Calculer la probabilité de tirer deux papiers de couleurs différentes.

2. On note ❶ (resp. ❷ ; resp. ❸) l'événement « Le papier tiré porte le numéro ❶ (resp. ❷ ; resp. ❸) ».

a. Recopier et compléter l'arbre pondéré ci-dessous.

1er papier **2e papier**

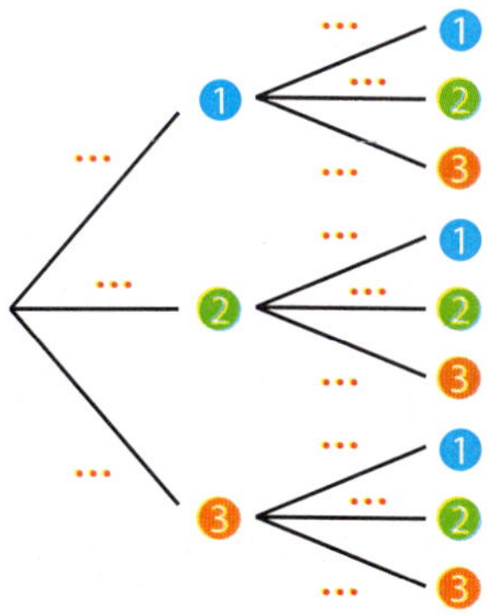

b. Calculer la probabilité de tirer deux numéros identiques.

3. Que penser de l'affirmation d'Alicia ? Justifier.

B Brian affirme : « Si on effectue ces deux tirages **avec remise**, alors on a moins de chances d'avoir deux papiers de couleurs différentes que deux numéros identiques. »

a. Réaliser à nouveau deux arbres pondérés comme à la question **A**.

b. Calculer la probabilité de tirer deux papiers de couleurs différentes et la probabilité de tirer deux numéros identiques.

c. Que penser de l'affirmation de Brian ?

61 Algo Simuler le jeu du « Passe-Dix »

Théorie des jeux

Modéliser | Raisonner | Communiquer

Tombe de Galilée.
Basilique Santa Croce, Florence, Italie

HISTOIRE DES MATHS

Mathématicien, physicien et astronome italien, Galilée (1564-1642) a notamment inventé une lunette astronomique.
Ses travaux confirment que la Terre tourne autour du Soleil, ce qui lui vaut d'être emprisonné pour hérésie.
Dans l'un des premiers écrits sur les probabilités, il résout le paradoxe émit par le Grand Duc de Toscane sur le jeu du « Passe-Dix » présenté ici.

En vogue à la cour de Florence au XVIIe siècle, le jeu du « Passe-Dix » consiste à lancer trois dés équilibrés à six faces et à faire la somme des numéros obtenus. Selon le Grand Duc de Toscane, une somme égale à 10 a plus de chances d'apparaître qu'une somme égale à 9.

A Simulation du jeu

1. Voici un programme écrit en langage Python qui permet, sur 10 000 expériences, d'obtenir la fréquence f d'apparition d'une somme égale à 9.

a. Expliquer le rôle des lignes **(1)** à **(4)**.

b. Saisir et exécuter ce programme.
Indiquer la valeur de f affichée. *Arrondir au millième.*

```
    from random import *

    n=0
    for i in range(10000):
(1)     a=randint(1,6)
(2)     b=randint(1,6)
(3)     c=randint(1,6)
(4)     S=a+b+c
        if S==9:
            n=n+1
    f=n/10000
    print("f=",f)
```

2. a. Que faut-il modifier dans le programme précédent pour obtenir la fréquence g d'apparition d'une somme égale à 10 ?

b. Saisir et exécuter ce nouveau programme.
Indiquer la valeur de g affichée. *Arrondir au millième.*

3. La conjecture du Grand Duc de Toscane semble-t-elle correcte ?

B Démonstration de la conjecture

a. En lançant trois fois de suite un dé équilibré à six faces, on obtient des triplets, par exemple (2 ; 1 ; 6).
Justifier qu'il existe 216 triplets différents.

b. Voici tous les triplets pour lesquels la somme des numéros obtenus est égale à 10.

(1 ; 3 ; 6)	(1 ; 4 ; 5)	(1 ; 5 ; 4)	(1 ; 6 ; 3)	(2 ; 2 ; 6)	(2 ; 3 ; 5)	(2 ; 4 ; 4)	(2 ; 5 ; 3)	(2 ; 6 ; 2)
(3 ; 1 ; 6)	(3 ; 2 ; 5)	(3 ; 3 ; 4)	(3 ; 4 ; 3)	(3 ; 5 ; 2)	(3 ; 6 ; 1)	(4 ; 1 ; 5)	(4 ; 2 ; 4)	(4 ; 3 ; 3)
(4 ; 4 ; 2)	(5 ; 1 ; 4)	(5 ; 2 ; 3)	(5 ; 2 ; 3)	(5 ; 3 ; 2)	(5 ; 4 ; 1)	(6 ; 1 ; 3)	(6 ; 2 ; 2)	(6 ; 3 ; 1)

En déduire la probabilité d'obtenir une somme égale à 10.

c. Procéder de manière analogue pour calculer la probabilité d'obtenir une somme égale à 9.

d. La conjecture du Grand Duc de Toscane est-elle correcte ? Justifier.

HISTOIRE DES MATHS

Pour avoir remarqué cette très légère différence entre f et g, Cosme II, Grand Duc de Toscane, devait avoir observé un grand nombre de parties.

62 Étudier la valeur diagnostique d'un test

Sciences de la vie

Modéliser **Calculer** **Communiquer**

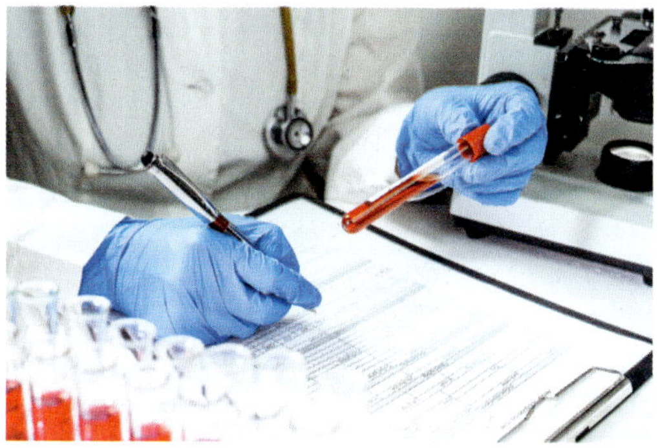

On dispose d'un test pour dépister une maladie.

Le fabricant du test fournit les caractéristiques suivantes :

- la **sensibilité** du test est 0,99 ; c'est la probabilité qu'un individu malade ait un test positif ;
- la **spécificité** du test est 0,99 ; c'est la probabilité qu'un individu non malade ait un test négatif.

La probabilité qu'un individu de la population soit malade est notée p (avec $0 \leqslant p \leqslant 1$).

On choisit au hasard un individu de la population et on note M l'événement « L'individu est malade » et T l'événement « L'individu a un test positif ».

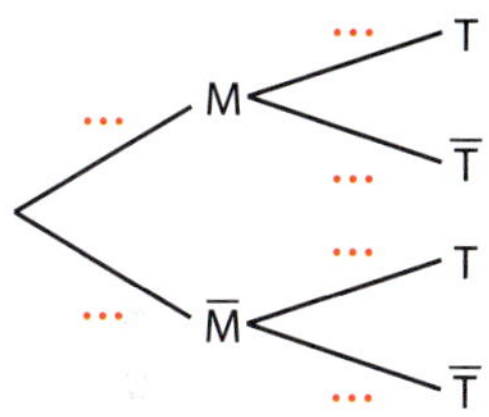

1. Recopier et compléter l'arbre pondéré ci-contre à l'aide des données de l'énoncé.

2. a. On admet que $P(T) = P(M \cap T) + P(\overline{M} \cap T)$. Expliquer pourquoi $P(T) = 0{,}98p + 0{,}01$.

b. On appelle **valeur prédictive positive** (VPP) du test, la probabilité $P_T(M)$ qu'un individu dont le test est positif soit malade. Expliquer pourquoi $P_T(M) = \dfrac{0{,}99p}{0{,}98p + 0{,}01}$.

c. On définit de même la **valeur prédictive négative** (VPN) du test, c'est la probabilité $P_{\overline{T}}(\overline{M})$ qu'un individu dont le test est négatif ne soit pas malade.
Exprimer cette valeur en fonction de p.

3. On étudie différentes situations dans lesquelles la probabilité p de gens malades évolue.

a. Recopier et compléter le tableau ci-dessous. *Arrondir au millième.*

p	0,001	0,01	0,1	0,3	0,5	0,8
$P_T(M)$						
$P_{\overline{T}}(\overline{M})$						

b. Commenter ce tableau.
Quel inconvénient majeur présente, dans une population, le dépistage d'une maladie rare ?

Un métier
Développeur/euse

Quelles nouvelles fonctionnalités pourraient améliorer l'expérience des joueurs de ce jeu en ligne ? Quelles sont les particularités de cette nouvelle technologie, de ce langage de programmation ?

▶ Le/a développeur/euse, également appelé(e) programmeur/euse, est un(e) expert(e) des langages informatiques. Il/Elle traduit la demande d'un client en lignes de code informatique en utilisant des **logiciels de programmation**. Il/Elle peut travailler avec un **graphiste** et un **chef de projet** pour garantir une bonne **expérience utilisateur**.

▶ Le quotidien du/de la développeur/euse consiste à concevoir, programmer, développer et améliorer des **logiciels**, des **sites Web** ou encore des **applications mobiles**. Ce professionnel est très recherché par les banques et les grandes entreprises, ainsi que les SSII (Sociétés de Services et d'Ingénierie Informatique). La révolution numérique et surtout les enjeux de cyber-sécurité en font un métier qui tend à se diversifier.

3 Croissance linéaire

Tester ses automatismes

Représentations graphiques

1 Comprendre un graphique Paragraphe 1, p. 122

Un chat part de sa maison pour se balader avant de rentrer chez lui. Ce graphique représente la distance, en km, qui sépare le chat de sa maison en fonction de la durée, en h, qui s'est écoulée depuis son départ de la maison.

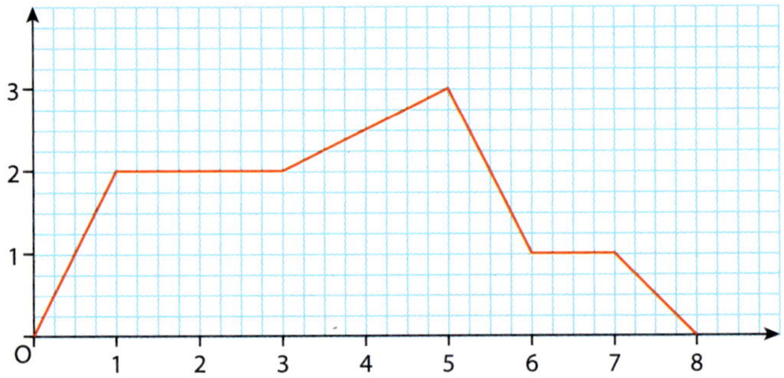

a. Préciser sur quel axe de ce graphique est représentée :
- la distance ;
- la durée.

b. Recopier et compléter chaque phrase.
- 3 h après son départ, le chat est à ... km de sa maison.
- ... h après son départ, le chat atteint le point le plus éloigné de sa maison, il a parcouru alors ... km.

c. Quel est le comportement du chat entre 1 h et 3 h après son départ de la maison ?

2 Lire les variations d'une grandeur Paragraphe 2.a, p. 122

Le graphique ci-contre représente la hauteur par rapport au niveau de la mer d'un dauphin après le début de sa plongée.

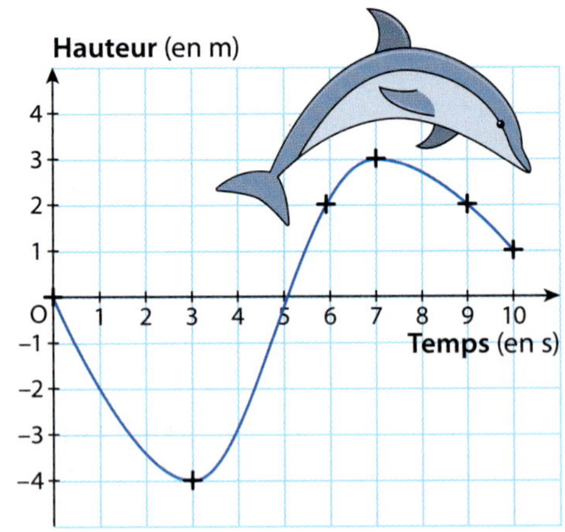

a. Recopier et compléter par l'unité qui convient :
« Au bout de 6 ... le dauphin est 2 ... au-dessus du niveau de la mer. »

b. Sur quel intervalle de temps, le dauphin est-il sous l'eau ?

c. Recopier et compléter chaque phrase.
- La hauteur du dauphin croît entre ... s et ... s.
- La hauteur du dauphin décroît entre ... s et ... s, ainsi qu'entre ... s et ... s.

3 Estimer un seuil Paragraphe 2.b, p. 122

On reprend la situation du dauphin et le graphique ci-dessus. Estimer :

a. la hauteur du dauphin 2 s après sa plongée ;

b. les instants auxquels le dauphin est à 1 m au-dessus de la mer ;

c. l'instant auquel le dauphin est :
- le plus profond ;
- le plus haut au-dessus de la mer.

Traitement de données

4 Comprendre les pourcentages Paragraphe 4, p. 123

a. Dans une classe, 14 élèves ont 16 ans et 11 élèves ont 17 ans.
Calculer le pourcentage d'élèves qui ont 17 ans dans cette classe.

b. Dans cette classe, arrivent une nouvelle élève de 16 ans et un nouvel élève de 17 ans.
L'affirmation « Le pourcentage d'élèves de 17 ans dans la classe ne change pas. » est-elle vraie ou fausse ? Expliquer.

5 Appliquer un pourcentage d'augmentation Paragraphe 5, p. 123

Au 1er janvier 2022 une ville comptait 48 000 habitants. Durant l'année 2022 cette population a augmenté de 3,5 %.
Calculer la population de cette ville au 1er janvier 2023.

Calcul numérique et algébrique

6 Effectuer des calculs simples Paragraphe 8, p. 125

Sans utiliser la calculatrice, calculer l'expression en détaillant.

a. $A = 14{,}5 - 21 - 39 + 6{,}5$ **b.** $B = 10 - 1{,}6 \times 4$ **c.** $C = \frac{3}{5} - \frac{7}{5} + 1$ **d.** $D = \frac{25}{100} \times 4$

7 Passer d'une écriture décimale à une écriture fractionnaire Paragraphe 9, p. 126

Lesquelles de ces fractions sont égales à 1,25 ?

(1) $\frac{125}{10}$ **(2)** $\frac{125}{100}$ **(3)** $\frac{35}{20}$ **(4)** $\frac{5}{4}$ **(5)** $\frac{100}{8}$

8 Utiliser différentes écritures Paragraphe 9, p. 126

Parmi les nombres ci-dessous, reconnaître ceux qui sont égaux.

$\frac{21}{35}$ $\frac{4}{6}$ 0,6 60 % $\frac{20}{12}$

9 Opérer sur les fractions Paragraphe 8.c, p. 125

Dans chaque cas, calculer à la main sous forme fractionnaire. Vérifier à l'aide de la calculatrice.

a. $\frac{17}{6} + \frac{1}{3}$ **b.** $\frac{4}{5} - \frac{1}{3}$ **c.** $\frac{5}{12} - \frac{7}{4}$ **d.** $\frac{1}{4} - \frac{1}{6}$

10 Appliquer une formule de volume Paragraphe 11.b, p. 126

Calculer une valeur approchée du volume $\mathcal{V}$, en m^3, de ce rouleau de paille en prenant 3 pour valeur approchée de π.

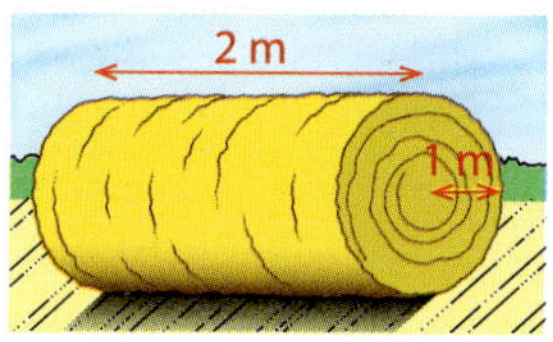

Volume d'un cylindre de rayon *r* et de hauteur *h*
$\mathcal{V} = \pi r^2 h$

11 Appliquer une formule de Physique Paragraphe 11.c, p. 127

La hauteur, en m, à laquelle se trouve une fusée de feu d'artifice, *t* secondes après son lancement est donnée par la formule : $h(t) = -4{,}9t^2 + 15{,}6t + 4$.

a. Calculer la hauteur de la fusée :
- au bout de 2 s ;
- au bout de 3 s.

b. Au bout de 3 s, la fusée est-elle en phase de montée ou de descente ?

12 Résoudre une équation du 1er degré Paragraphe 13.b, p. 128

Résoudre chacune des équations :

a. $5x - 4 = 7x + 9$ **b.** $2 + \frac{1}{3}t = t - 3$

Activités

1 Étudier des remboursements à intérêts simples

Armelle a emprunté 2 000 € à ses grands-parents pour l'aider à acheter une voiture.
Chaque mois, elle leur remboursera 2,5 % de cette somme.

1. Comprendre la situation

a. Combien Armelle remboursera-t-elle chaque mois ?

b. Combien restera-t-il à Armelle à rembourser après : • 1 mois ? • 2 mois ? • 3 mois ? • 5 mois ?

2. Modéliser la situation

On note R(0) = 2 000 et R(1), R(2), R(3), … la somme d'argent, en euros, qu'Armelle devra encore rembourser après respectivement 1 mois, 2 mois, 3 mois, …

a. Donner les valeurs de : • R(1) • R(2) • R(3) • R(4)

b. De façon générale, on note R(n) la somme d'argent qu'Armelle devra encore rembourser après n mois (avec n nombre entier naturel). Expliquer pourquoi $R(n+1) = R(n)$ **−50**.
On dit que la suite (R(n)) est **arithmétique** et que **−50** est sa **raison**.

3. Prévoir

a. Vérifier que R(1), R(2), R(3), R(4) peuvent s'écrire sous la forme R(0) − … × 50.

b. De façon générale, on admet que pour tout entier naturel n, $\mathbf{R(n) = R(0) - 50n}$.
Au bout de combien de mois, Armelle aura-t-elle terminé de rembourser ses grands-parents ?

2 Étudier des motifs géométriques évolutifs

Le motif géométrique ci-contre est constitué par un hexagone régulier bleu et quatre triangles équilatéraux roses. On se propose de compter le nombre de triangles roses lorsqu'on assemble de tels motifs pour former une frise.

1er assemblage

T(1) = 4

2e assemblage

T(2) = 8

3e assemblage

T(3) = 12

1. Comprendre la situation

a. Représenter à main levée les 4e et 5e assemblages puis donner les valeurs de T(4) et T(5).

b. Sans utiliser de représentation, donner T(6) et T(8). Expliquer.

2. Modéliser la situation

On note T(n) le nombre de triangles dans le n-ième assemblage.

a. Comment passe-t-on du nombre T(n) au suivant T(n + 1) ?

b. Que peut-on dire alors pour la suite (T(n)) ?
Quelle est sa raison ?

c. Exprimer T(n) explicitement en fonction de n.

3. Représenter graphiquement

a. Dans un repère orthogonal, représenter graphiquement le nuage des points de coordonnées (n ; T(n)) avec $1 \leqslant n \leqslant 5$.

b. Les termes de cette suite sont-ils rangés par ordre croissant ou décroissant ?

Actualité des sciences

Au Japon, le pavage, ci-contre, dit Kagomé, est utilisé en vannerie.
Les scientifiques ont découvert des métaux de structure proche du pavage Kagomé. Cette recherche pourrait déboucher sur la création de supraconducteurs à haute température pour le transport de l'électricité sans dissipation.

3 Étudier différentes unités de température

En France, la température se mesure en degrés Celsius (°C) et aux États-Unis en degrés Fahrenheit (°F). Ainsi 0 °C correspond à 32 °F et 10 °C correspondent à 50 °F.

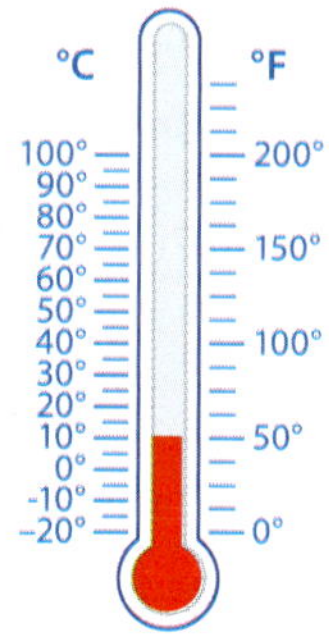

1. Modéliser la situation

C'est une fonction affine f qui à une température t en °C associe la température correspondante en °F. On se propose de déterminer les réels a et b tels que $f(t) = at + b$.

a. Quelle est la valeur de b ? Expliquer.

b. Expliquer pourquoi $10a + 32 = 50$ puis calculer la valeur de a.

c. En déduire l'expression de $f(t)$ explicitement en fonction de t.

2. Représenter graphiquement

a. Tracer un repère orthonormé (*unité* : 1 cm pour 10) et tracer la courbe représentative de la fonction affine f.

b. Estimer graphiquement la température : • en °F correspondant à 15 °C ; • en °C correspondant à 15 °F.

3. Taux d'accroissement et proportionnalité

a. Recopier et compléter ce tableau à l'aide du tableur ou de la calculatrice.

b. Quels que soient les nombres t_1 et t_2, quel semble être le nombre manquant dans l'égalité :

$$f(t_2) - f(t_1) = \ldots (t_2 - t_1) ?$$

t_1	0	5	−2	5	−6	0	5	−10
t_2	1	6	0	8	−3	10	15	−25
$f(t_1)$								
$f(t_2)$								
$t_2 - t_1$								
$f(t_2) - f(t_1)$								

4 Étudier une situation d'offre et de demande

Le responsable d'un site de vente en ligne de vêtements d'occasion a réalisé une étude concernant l'évolution du nombre de vendeurs (offre) et du nombre d'acheteurs (demande) selon le prix de vente d'un T-shirt à édition limitée puis il a réalisé le graphique ci-contre. *Exemple de lecture* : les tracés en pointillés noirs signifient que pour un prix de 25 €, il y aurait 20 T-shirts proposés par les vendeurs et 50 T-shirts demandés par les acheteurs.

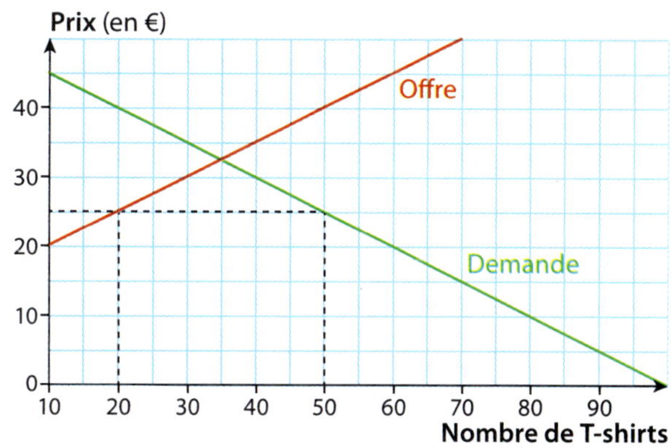

1. Comprendre la situation

a. Pour une quantité de 60 T-shirts, indiquer le prix proposé par les vendeurs et le prix demandé par les acheteurs.

b. Quels sont le prix maximal et le prix minimal d'un T-shirt envisagés par les vendeurs ? Pour chacun de ces prix, indiquer si l'offre est suffisante par rapport à la demande.

2. Modéliser la situation

On note $f(x)$ et $g(x)$ les prix, en €, de x T-shirts respectivement pour les vendeurs et pour les acheteurs.

a. S'aider du graphique pour exprimer $f(x)$ et $g(x)$ explicitement en fonction de x.

b. Le **prix d'équilibre** est le prix d'un T-shirt pour lequel le nombre de T-shirts proposés est égal au nombre de T-shirts demandés. On peut résumer cela par « l'offre est égale à la demande ». Déterminer le nombre de T-shirts correspondant au prix d'équilibre en résolvant une équation et préciser ce prix d'équilibre.

Cours

1 Notion de suite numérique

Intuitivement, une **suite numérique** est une **liste ordonnée** de nombres réels, finie ou infinie.
Ainsi, parmi ces nombres, appelés **termes**, il y a un premier, un deuxième, un troisième, …
Notations : on peut noter $u(1)$, $u(2)$, $u(3)$, … ces termes successifs. On note alors $\boldsymbol{(u(n))}$ cette suite.
Il est parfois commode de noter $u(0)$ le premier terme.

Exemple

0 ; 2 ; 4 ; 6 ; 8 ; 10 ; 12 ; ... est la suite des nombres pairs.
On note $(u(n))$ cette suite. Alors $u(0) = 0$, $u(1) = 2$, $u(2) = 4$, $u(3) = 6$, $u(4) = 8$, $u(5) = 10$, …

Remarque : Au lieu d'écrire $u(n)$, on écrit souvent $\boldsymbol{u_n}$ (lire « ***u* indice *n*** »).

Vocabulaire : Dans un repère, la **représentation graphique** d'une suite $(u(n))$ est le nuage des points de coordonnées $(n\,;u(n))$ pour tout entier naturel n.

2 Différentes façons de définir une suite

Exemple 1

Avec une formule explicite en fonction de *n*
Pour tout entier naturel n, $u_n = 0{,}5n - 1$.
Ainsi : $u_0 = 0{,}5 \times 0 - 1 = -1$; $u_1 = 0{,}5 \times 1 - 1 = -0{,}5$;
$u_2 = 0{,}5 \times 2 - 1 = 0$; $u_3 = 0{,}5 \times 3 - 1 = 0{,}5$;
$u_4 = 0{,}5 \times 4 - 1 = 1$; $u_5 = 0{,}5 \times 5 - 1 = 1{,}5$; … ;
$u_{10} = 0{,}5 \times 10 - 1 = 4$; … ; $u_{100} = 0{,}5 \times 100 - 1 = 49$; …

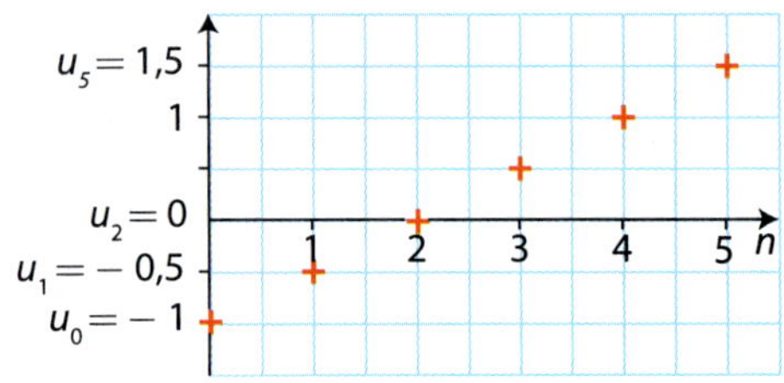

Exemple 2

Avec une relation de récurrence
$v_0 = -1$ et pour tout entier naturel n, $v_{n+1} = 0{,}5v_n - 1$.
On dit que cette suite est définie par une **relation de récurrence**.
Ainsi : $v_1 = v_{0+1} = 0{,}5v_0 - 1 = 0{,}5 \times (-1) - 1 = -1{,}5$;
$v_2 = v_{1+1} = 0{,}5v_1 - 1 = 0{,}5 \times (-1{,}5) - 1 = -1{,}75$;
$v_3 = v_{2+1} = 0{,}5v_2 - 1 = 0{,}5 \times (-1{,}75) - 1 = -1{,}875$; …

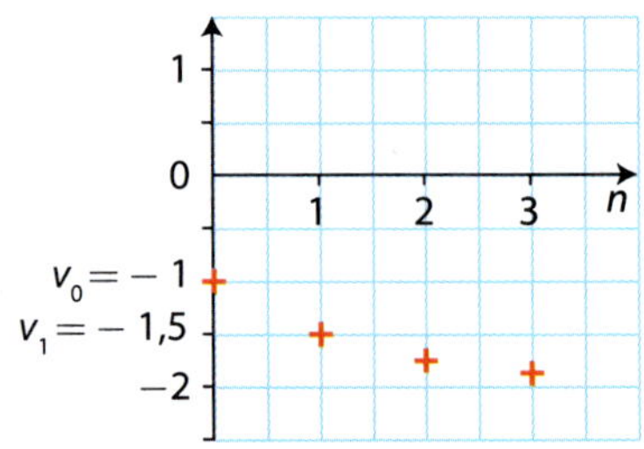

Exemple 3

Avec un programme
Le programme ci-contre calcule et affiche les termes w_0, w_1, …, w_n d'une suite (w_n) où n est la valeur de l'indice saisie en entrée.
Voici les termes de la suite (w_n) affichés par le programme lorsque $n = 6$.

i	0	1	2	3	4	5	6
w_i	10	8	6	4	2	0	−2

```
def W(k):
    w=10-2*k
    return w

n=int(input("n ="))
for i in range(0,n+1):
    print(W(i))
```

Exemple 4

Avec des motifs géométriques évolutifs

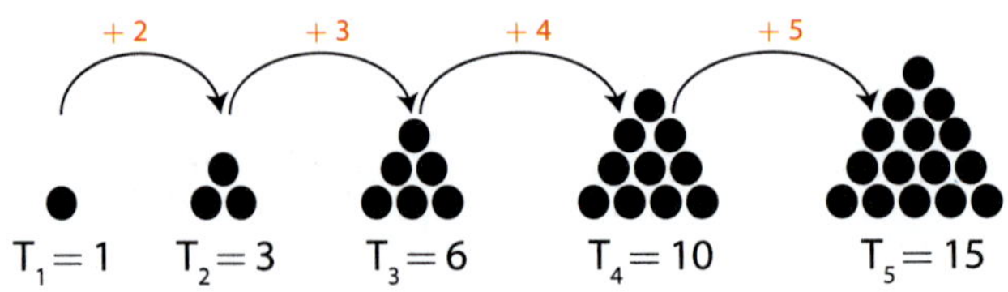

En poursuivant le procédé illustré ci-dessus, on obtient : $T_6 = T_5 + 6 = 15 + 6 = 21$.
On dit que la suite (T_n) est la suite des **nombres triangulaires**.

EXERCICES RÉSOLUS

1 Calculer un terme d'une suite définie par une formule

Pour tout entier naturel n, $u_n = 3n^2 - 5$.
Calculer u_4.

Solution

$u_4 = 3 \times 4^2 - 5$
$u_4 = 3 \times 16 - 5$
$u_4 = 48 - 5$
$u_4 = 43$

Méthode : Pour calculer u_4, on remplace n par 4 dans $3n^2 - 5$.
On effectue ensuite le calcul en respectant les priorités opératoires : on calcule le carré, puis on multiplie par 3 et enfin on retranche 5.

2 Calculer un terme d'une suite définie par récurrence

$v_0 = 4$ et pour tout entier naturel n, $v_{n+1} = -2v_n + 1$.
a. Calculer v_1.
b. Calculer v_3.

Solution

a. $v_1 = -2v_0 + 1$
$v_1 = -2 \times 4 + 1$
$v_1 = -8 + 1$
$v_1 = -7$

Méthode : La relation de récurrence signifie qu'un terme de la suite est égal à −2 fois le terme précédent plus 1. Donc v_1 est égal à −2 fois v_0 plus 1.

b. $v_2 = -2v_1 + 1$
$v_2 = -2 \times (-7) + 1$
$v_2 = 14 + 1$
$v_2 = 15$

$v_3 = -2v_2 + 1$
$v_3 = -2 \times 15 + 1$
$v_3 = -30 + 1$
$v_3 = -29$

Méthode : Avec une suite définie par récurrence pour calculer v_3 connaissant v_1, on calcule d'abord v_2. À l'aide de la relation de récurrence, on exprime v_2 en fonction de v_1, puis on exprime v_3 en fonction de v_2.

AUTOMATISMES

Sur le modèle de l'exercice résolu 1

3 Pour tout entier naturel n,
$$b_n = 6n - 3.$$
Calculer b_5 et b_{100}.

4 Pour tout entier naturel n,
$$h_n = (2n - 1)(1 - n).$$
Calculer h_n pour chacun des entiers naturels n tels que $0 \leqslant n \leqslant 6$.

5 Pour tout entier naturel n,
$$k_n = \frac{1}{2}n^2 - 5n + 7.$$
Amir affirme : « k_2 est égal à k_8. »
A-t-il raison ? Expliquer.

Sur le modèle de l'exercice résolu 2

6 $u_0 = -2$ et pour tout entier naturel n,
$$u_{n+1} = 4u_n - 0{,}5.$$
Calculer u_1 et u_3.

7 $t_0 = 10$ et pour tout entier naturel n,
$$t_{n+1} = -2t_n - 2.$$
Calculer t_n pour chacun des entiers naturels n tels que $1 \leqslant n \leqslant 4$.

8 $z_0 = 10$ et pour tout entier naturel n,
$$z_{n+1} = -z_n - 2.$$
Naomi affirme : « z_2, z_4 et z_6 sont égaux. »
A-t-elle raison ? Expliquer.

Cours

3 Suites arithmétiques : relation de récurrence

Lorsque pour une suite, on passe d'un terme au terme suivant **en ajoutant** toujours le même nombre réel, appelé **la raison**, on dit que la suite est **arithmétique**.

Définition

Dire qu'une suite (u_n) est arithmétique signifie qu'il existe un nombre réel r, tel que pour tout entier naturel n,

$$u_{n+1} = u_n + r.$$

Exemple

(u_n) est la suite arithmétique de raison **2** telle que $u_0 = 1$.

Ainsi : $u_1 = u_0 + 2 = 1 + 2 = 3$, $u_2 = u_1 + 2 = 3 + 2 = 5$, $u_3 = u_2 + 2 = 5 + 2 = 7$, …

On obtient la suite des nombres impairs.

4 Suites arithmétiques : formule explicite

(u_n) est une suite arithmétique de raison r. Ainsi : $u_1 = u_0 + r$, $u_2 = u_1 + r = u_0 + r + r = u_0 + 2r$, $u_3 = u_2 + r = u_0 + 2r + r = u_0 + 3r$, … On peut démontrer de proche en proche la propriété suivante :

Propriété

Si (u_n) est une suite arithmétique de raison r, alors pour tout entier naturel n, $\boldsymbol{u_n = u_0 + nr}$.

Exemple

(u_n) est la suite arithmétique de raison **−0,5** telle que $u_0 = 3$. Pour tout entier naturel n,

$u_n = u_0 + nr = 3 + n \times (-0,5) = \mathbf{3 - 0,5n}$. Ainsi, par exemple, $u_{100} = 3 - 0,5 \times 100 = 3 - 50 = -47$.

5 Suites arithmétiques : représentation graphique et sens de variation

Propriétés (admises)

(u_n) est une suite arithmétique de raison r.

(1) Dans un repère orthogonal, les points de coordonnées $(n\,;\,u_n)$ sont **alignés**.

(2) La suite arithmétique (u_n) est :

- **croissante** lorsque $r > 0$;
- **constante** lorsque $r = 0$;
- **décroissante** lorsque $r < 0$.

$r > 0$

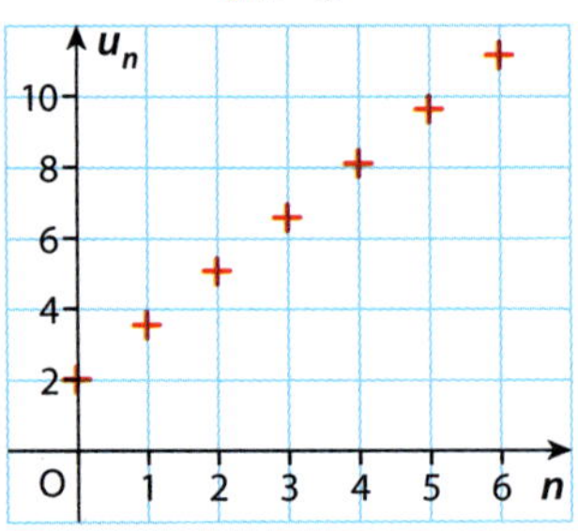

$r = 0$

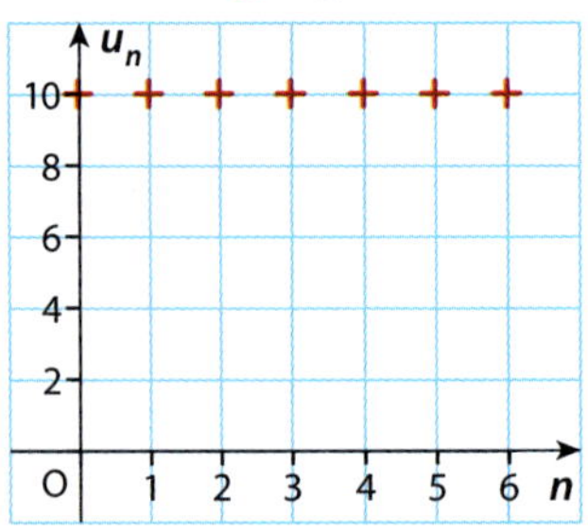

$r < 0$

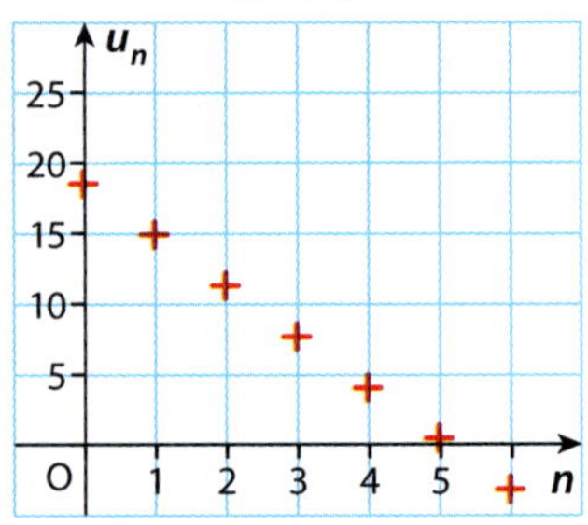

Remarques :

- Toute suite arithmétique de raison r modélise une situation **discrète** (variable entière) dont les données successives ont **des accroissements constants égaux à r**, on dit que ce sont des situations **discrètes à croissance (ou décroissance) linéaire**.
- Les points représentant une suite arithmétique de raison r appartiennent à la droite représentative de la fonction affine $x \mapsto rx + u_0$.

EXERCICES RÉSOLUS

9 Calculer un terme d'une suite arithmétique

(u_n) est la suite arithmétique de raison 4 telle que $u_1 = -3$.

a. Calculer u_0. **b.** Calculer u_{20}.

Solution

a. $u_1 = u_0 + r$, c'est-à-dire $-3 = u_0 + 4$.
Ainsi, $u_0 = -3 - 4 = -7$.

> **Méthode :** Pour calculer un terme d'une suite arithmétique de raison r connaissant le terme suivant (ou précédent), on utilise la relation $u_{n+1} = u_n + r$.

b. $u_{20} = u_0 + nr = -7 + 20 \times 4$
Ainsi, $u_{20} = -7 + 80 = 73$.

> **Méthode :** Pour calculer un terme d'une suite arithmétique connaissant la raison r et u_0, on utilise la relation $u_{n+1} = u_0 + nr$.

10 Modéliser une situation par une suite arithmétique

a_n désigne le chiffre d'affaires, en milliers d'euros, d'une start-up en 2019 + n (avec n nombre entier naturel).
Ce graphique indique les valeurs de a_0, a_1, a_2 et a_3.
Semble-t-il possible de modéliser cette situation par une suite arithmétique ? Expliquer.

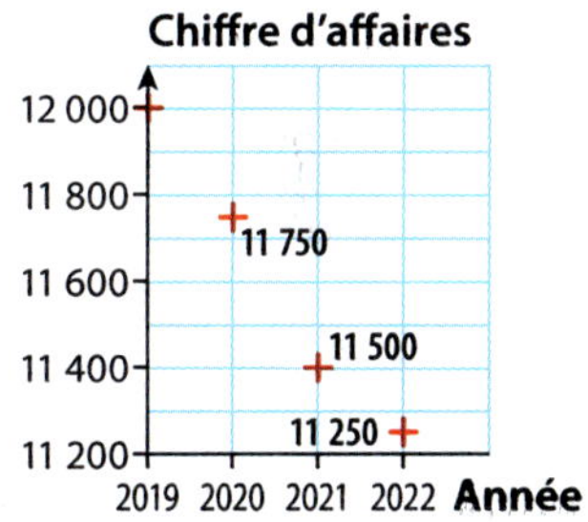

Solution

$a_0 = 12\,000$, $a_1 = 11\,750$, $a_2 = 11\,500$ et $a_3 = 11\,250$.
Ainsi, $a_1 - a_0 = a_2 - a_1 = a_3 - a_2 = 250$.
Il semble donc possible de modéliser cette situation par une suite arithmétique de raison 250.

> **Méthode :** On peut modéliser une situation discrète par une suite arithmétique lorsqu'on passe d'une donnée à la suivante en ajoutant toujours un même nombre.

AUTOMATISMES

Sur le modèle de l'exercice résolu 9

11 (v_n) est la suite arithmétique de raison -2 telle que $v_1 = 5$.

a. Calculer v_0. **b.** Calculer v_{10}.

12 (w_n) est la suite arithmétique de raison -6 telle que $w_2 = -1$.

a. Calculer w_1 puis w_0. **b.** Calculer w_{100}.

13 (t_n) est la suite arithmétique de raison $-2{,}5$ telle que $t_0 = 10$.
Hamid affirme : « L'un des termes de la suite est l'opposé de t_0. »
A-t-il raison ? Expliquer.

Sur le modèle de l'exercice résolu 10

Pour chaque exercice, le graphique indique les chiffres d'affaires, en milliers d'euros, d'un magasin pendant quatre mois.
Semble-t-il possible de modéliser cette situation par une suite arithmétique ? Expliquer.

14

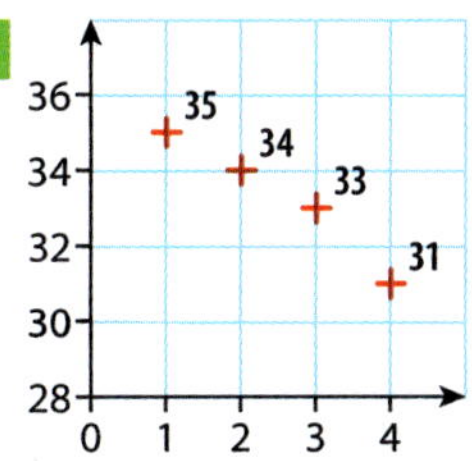

15

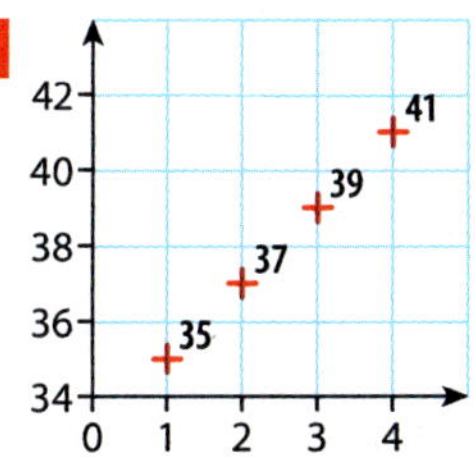

6 Fonctions affines

Définition

Une **fonction affine** est une fonction définie sur $\mathbb{R}$ par $\boldsymbol{f(x) = ax + b}$ où a et b désignent des nombres réels donnés.

Exemples

$x \mapsto -5x + 2$ ($a = -5$, $b = 2$) et $x \mapsto -3 + \frac{1}{2}x$ ($a = \frac{1}{2}$, $b = -3$) sont des fonctions affines.

Cas particulier où $b = 0$: $x \mapsto ax$ est une fonction affine particulière appelée **fonction linéaire**.

Cas particulier où $a = 0$: $x \mapsto b$ est une fonction affine particulière appelée **fonction constante**.

7 Fonctions affines : proportionnalité des accroissements

Propriété

Pour toute fonction affine $f : x \mapsto ax + b$, les accroissements de x et de $f(x)$ sont **proportionnels** :
pour tous nombres réels u et v, $\boldsymbol{f(u) - f(v) = a(u - v)}$.
Le coefficient de proportionnalité est $\boldsymbol{a}$.

Remarque : Dans cette propriété, le mot « accroissement » signifie augmentation ou diminution.

Exemple

f est la fonction affine $x \mapsto -3x + 1$.
Si x augmente de 4, alors $f(x)$ varie de -3×4, c'est-à-dire **diminue de 12**.
En effet, $f(u) - f(v) = -3(u - v) = -3 \times 4 = \boldsymbol{-12}$.

8 Fonctions affines : représentation graphique et sens de variation

Propriété

Dans un repère orthogonal, la représentation graphique d'une fonction affine est **une droite**.

Vocabulaire : Pour une fonction affine $f : x \mapsto ax + b$, on dit que :

- la droite représentative (d) de la fonction affine f a pour **équation $y = ax + b$**, c'est un critère pour savoir si un point de coordonnées $(x ; y)$ appartient ou non à la droite (d) ;
- $\boldsymbol{a}$ est le **coefficient directeur** de la droite (d) ;
- $\boldsymbol{b}$ est **l'ordonnée à l'origine** de la droite (d), c'est l'ordonnée du point d'intersection de la droite (d) avec l'axe des ordonnées.

$\boldsymbol{a > 0}$

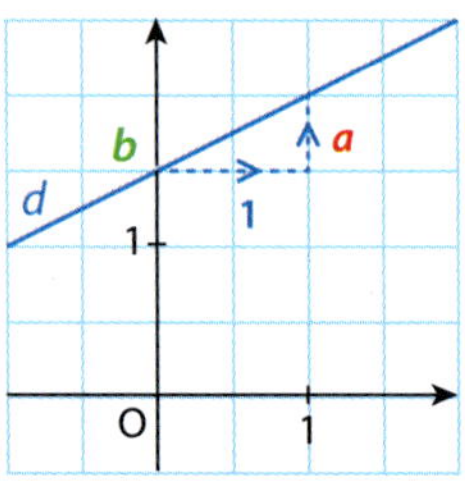

La fonction affine f est **croissante** sur $\mathbb{R}$.

$\boldsymbol{a = 0}$

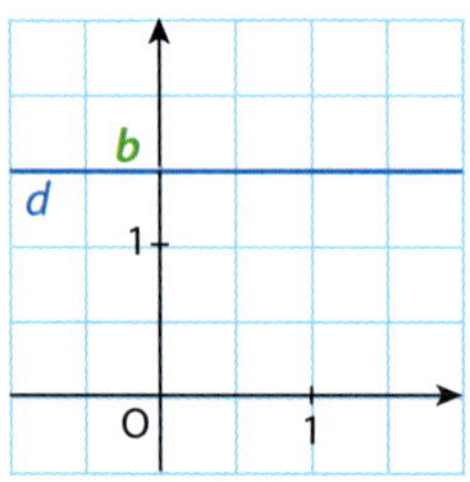

La fonction affine f est **constante** sur $\mathbb{R}$.

$\boldsymbol{a < 0}$

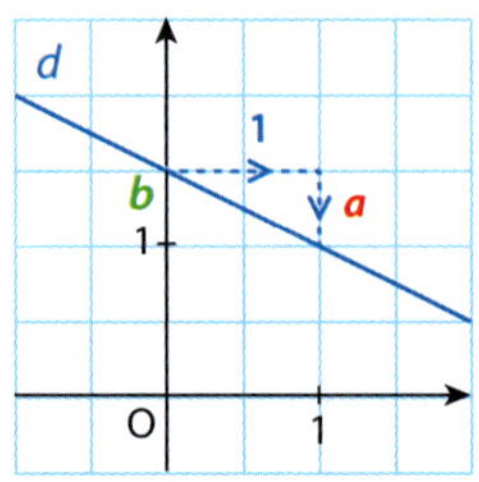

La fonction affine f est **décroissante** sur $\mathbb{R}$.

Remarque : Les fonctions affines permettent de modéliser des **situations continues** (variable réelle) **à croissance (ou décroissance) linéaire**.

EXERCICES RÉSOLUS

16 Reconnaître une situation de croissance linéaire

Diandra loue une voiture pour 25 € la journée et 0,25 € par kilomètre parcouru.
On note M(d) le prix payé, en euros, par Diandra pour d km parcourus (avec d nombre positif).
S'agit-il d'une situation discrète ou continue de croissance linéaire ? Expliquer.

Solution

$M(d) = 25 + 0{,}25d$, cette situation est linéaire car l'expression de M(d) est de la forme $ad + b$ avec $a = 0{,}25$ et $b = 25$.
La variable d prend des valeurs réelles positives, donc cette situation est modélisée par la fonction affine définie sur l'intervalle $[0 ; +\infty[$ par $M(d) = 25 + 0{,}25d$.
Or $0{,}25 > 0$, donc il s'agit d'une situation continue de croissance linéaire.

Méthode : Une situation linéaire peut être modélisée par :
- une suite arithmétique lorsque la variable est un nombre entier naturel (variable discrète) ;
- une fonction affine lorsque la variable est un nombre réel (variable continue).

Le signe de la raison ou du coefficient directeur indique s'il s'agit d'une croissance ou décroissance linéaire.

17 Exploiter la représentation graphique d'une fonction affine

Dans le repère orthogonal ci-contre, la droite (d) représente une fonction affine f.
Exprimer $f(x)$ explicitement en fonction de x.

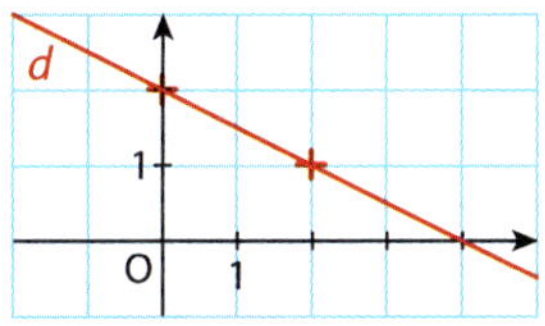

Solution

On cherche des nombres réels a et b tels que pour tout nombre réel x, $f(x) = ax + b$.
- L'ordonnée à l'origine de la droite d est 2, donc $b = 2$.
- Le déplacement en vert ci-contre, indique que lorsque x augmente de 2, alors $f(x)$ diminue de 1. Donc $-1 = 2a$, soit $a = -\frac{1}{2}$.

Ainsi, pour tout réel x,

$$f(x) = -\frac{1}{2}x + 2.$$

Méthode : On détermine l'ordonnée à l'origine puis le coefficient directeur de (d).
Pour le coefficient directeur, on utilise deux points de (d), le trajet vert et la proportionnalité des accroissements.

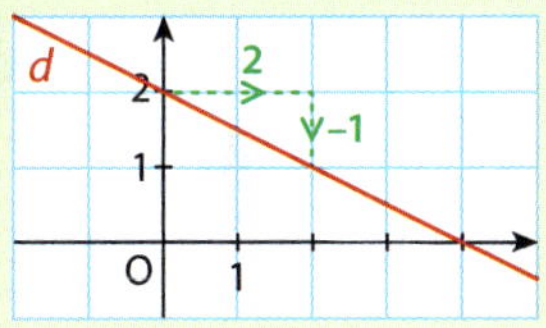

AUTOMATISMES

Sur le modèle de l'exercice résolu 16

18 Une bibliothèque propose au public une cotisation annuelle de 10 € à laquelle s'ajoute 0,50 € par livre emprunté.
On note P(ℓ) le prix payé, en euros, pour ℓ livres empruntés.
S'agit-il d'une situation discrète ou continue de croissance linéaire ? Expliquer.

Sur le modèle de l'exercice résolu 17

Pour chaque exercice, déterminer l'expression de la fonction affine représentée dans le repère.

19

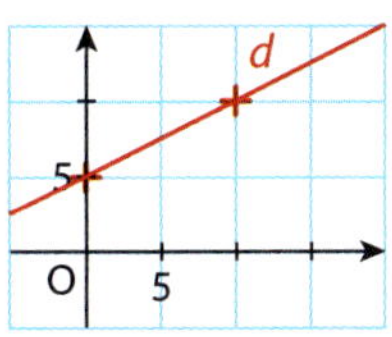

20

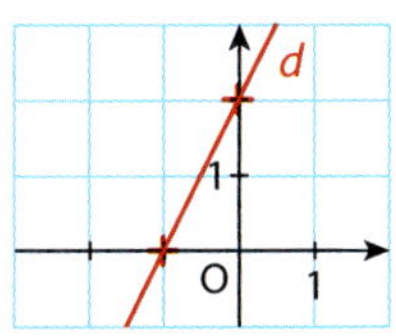

S'entraîner

Notion de suite numérique

Questions flash

21 Le PAL est un parc animalier et d'attractions de l'Allier.
On note V_n le nombre de visiteurs l'année 2015 + n avec n entier naturel.
Ainsi $V_0 = 575\,000$.
a. Lire les nombres V_3 et V_5.
b. Citer un événement en France qui explique la chute de fréquentation en 2020.

Année	Visiteurs
2015	575 000
2016	591 000
2017	600 000
2018	640 000
2019	620 000
2020	370 000
2021	500 000

22 Pour tout entier naturel n, $u_n = 2n^2 + 3$.
Calculer mentalement u_0, u_1, u_2, u_3.

23 $v_0 = 1$ et pour tout entier naturel n,
$$v_{n+1} = 2v_n + 3.$$
Calculer mentalement v_1, v_2, v_3.

24 On définit une suite $(C(n))$ à l'aide de ces motifs.

$C(1) = 1$ $C(2) = 4$ $C(3) = 9$ $C(4) = 16$

a. Représenter $C(5)$. Quel est ce nombre ?
b. Sans dessiner, donner le nombre :
• $C(8)$ • $C(10)$
c. Exprimer $C(n)$ en fonction de n avec n entier naturel.

25 (p_n) est la suite des nombres pairs avec $p_0 = 0$.
a. Quelles sont les valeurs des termes p_1 à p_{10} ?
b. Exprimer p_n explicitement en fonction de n avec n entier naturel.

26 Algo Voici une fonction **u** en langage Python.

```
def u(n):
    u=2*n**2-3*n+5
    return u
```

a. Définir la suite explicite (u_n) dont cette fonction permet de calculer les termes.
b. Saisir cette fonction et l'exécuter pour obtenir u_{10}.

27 **Calcul d'un terme d'une suite explicite**
Pour tout entier naturel n, $u_n = 2n - n^2$.
a. Recopier puis compléter pour calculer u_5.
$$u_5 = 2 \times \ldots - \ldots^2 = \ldots - \ldots = \ldots$$
b. Calculer u_7.

28 On dispose côte à côte des tables rectangulaires et identiques pour former une grande table puis on dispose les chaises.

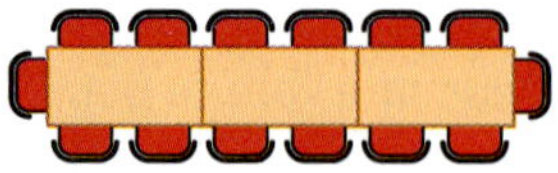

On note C_n le nombre de chaises pour n tables avec n entier naturel supérieur ou égal à 1.
1. Donner : **a.** C_1 **b.** C_3 **c.** C_4 **d.** C_5
2. Exprimer C_n en fonction de n. Expliquer.
3. Calculer C_9 puis interpréter le résultat.

29 **Calcul d'un terme d'une suite récurrente**
$u_0 = 0{,}4$ et pour tout entier naturel n, $u_{n+1} = -0{,}5u_n + 1$.
a. Recopier et compléter : cette relation de récurrence signifie qu'un terme de la suite s'obtient en ... le terme ... par $-0{,}5$ et en ... 1.
b. Calculer : • u_1 • u_2 • u_3

30 $v_0 = 6$ et pour tout entier naturel n,
$$v_{n+1} = 3v_n + 5.$$
Calculer : • v_1 • v_2 • v_3

31 $w_0 = 2$ et pour tout entier naturel n,
$$w_{n+1} = 10w_n - 7.$$
Calculer mentalement w_1 et w_2.

32 CORRIGÉ en vidéo jaicompris.com
$u_1 = 7$ et pour tout entier naturel n,
$$u_{n+1} = 2u_n - 3.$$
a. Calculer u_2. **b.** Calculer u_0.

33 Pour tout entier naturel n, $w_{n+1} = 2w_n - 2$.
Calculer w_1, w_2, w_3 lorsque :
a. $w_0 = 2$ (que conjecture-t-on ?)
b. $w_0 = -4$

34 Algo Voici une fonction **v** en langage Python.

```
def v(n):
    v=-1
    for i in range(1,n+1):
        v=v**2-100*v
    return v
```

a. Définir par récurrence la suite (v_n) dont cette fonction permet de calculer les termes.
b. Saisir cette fonction et l'exécuter pour déterminer v_1, v_2, v_{10}. Que peut-on conjecturer ?

35 $u_2 = 11$ et pour tout entier naturel n,
$$u_{n+1} = 5u_n - 4.$$
a. Expliquer pourquoi $5u_1 - 4 = 11$ puis calculer u_1.
b. Calculer u_0.

Suites arithmétiques

Questions flash

36 Dans chaque cas, dire si les nombres peuvent être des termes consécutifs d'une suite arithmétique.

a. $-2 ; 1 ; 4 ; 7 ; 10$ **b.** $3 ; 9 ; 27 ; 81 ; 243$
c. $-9 ; -7 ; 1 ; 3 ; 5$ **d.** $8 ; 3 ; -2 ; -7 ; -12$

37 (v_n) est la suite arithmétique de raison 3 telle que $v_0 = 5$.
Calculer mentalement v_1, v_2 et v_3.

38 (w_n) est la suite arithmétique de raison -2 telle que $w_0 = 9$.
Donner oralement la liste des six termes de cette suite qui suivent le premier terme w_0.

39 (u_n) est la suite arithmétique de raison 6 telle que $u_0 = 4$.
Exprimer u_n explicitement en fonction de n.

40 (u_n) est la suite arithmétique de raison 7 telle que $u_2 = 1$. Calculer en expliquant :
a. le terme suivant u_2 à savoir u_3 ;
b. le terme précédant u_2 à savoir u_1 ;
c. le terme u_0.

41 Quand on connaît u_0 et la raison r
(u_n) est la suite arithmétique de raison $r = 5$ telle que $u_0 = -10$.
a. Exprimer u_n en fonction de n.
b. Recopier et compléter pour calculer u_{100}.
$u_{100} = u_0 + \dots r = \dots + \dots \times \dots = \dots$

42 (v_n) est la suite arithmétique de raison -4 telle que $v_0 = 5$. Calculer v_{25}.

43 Quand on connaît un terme et la raison r
(a_n) est la suite arithmétique de raison $r = 2{,}5$ telle que $a_2 = 1{,}5$.
a. Recopier et compléter pour calculer a_0.
On sait que $a_2 = a_0 + \dots \times r$, c'est-à-dire $\dots = a_0 + \dots \times \dots$.
Ainsi, $a_0 = \dots - \dots \times \dots = \dots$.
b. Calculer alors a_{10}.

44 CORRIGÉ en vidéo jaicompris.com
(u_n) est la suite arithmétique de raison $r = -3$ telle que $u_{50} = 7$.
Calculer u_0.

45 Quand on connaît u_0 et un autre terme
(u_n) est la suite arithmétique de raison r telle que :
$$u_0 = 2 \text{ et } u_1 = 8.$$
a. Calculer r.
b. Exprimer u_n en fonction de n.
c. Calculer u_8.

46 (u_n) est la suite arithmétique de raison r telle que :
$$u_0 = 1 \text{ et } u_4 = 13.$$
a. Recopier et compléter $u_4 = u_0 + \dots \times r$. En déduire r.
b. Calculer u_{12}.

47 (v_n) est la suite arithmétique de raison r telle que :
$$v_0 = 3 \text{ et } v_5 = -4.$$
Calculer r puis v_{30}.

48 **Algo** Voici une fonction **U** en langage Python.

```python
def U(n):
    u=7
    for i in range (1,n+1):
        u=u+3
    return u
```

Cette suite est-elle arithmétique ? Expliquer.

49 On crée des motifs successifs. Pour passer d'un motif au suivant on utilise toujours le même procédé.

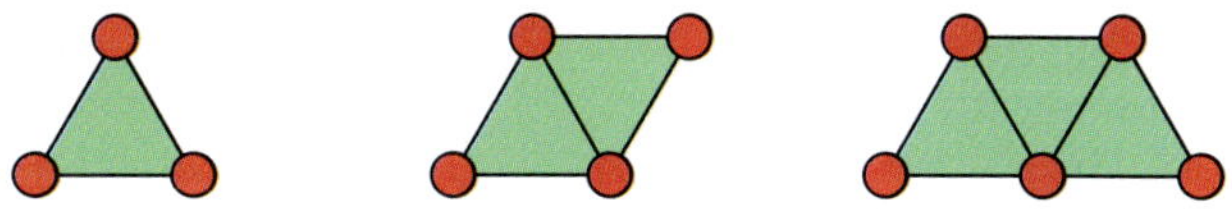

Motif n° 1 **Motif n° 2** **Motif n° 3**

On note $s(n)$ le nombre de segments du motif n° n et on pose $s(0) = 1$.
a. Quels sont les nombres $s(1)$, $s(2)$ et $s(3)$?
b. Dessiner le motif n° 4 et donner $s(4)$.
c. Quel est le nombre $s(100)$? Expliquer.

50 En mai 2022, en Mayenne, le niveau d'une rivière était 1,5 m au-dessus de son niveau normal.

Lors de sa décrue, le niveau a baissé de 30 cm par jour.
a. Modéliser l'évolution quotidienne du niveau de la rivière, en m, par une suite arithmétique (h_n) telle que $h_0 = 1{,}5$.
b. Selon ce modèle, combien de jours seraient nécessaires pour que la rivière retrouve son niveau normal ?

Suites arithmétiques : représentation graphique et sens de variation

Questions Flash

51 Axel affirme : « La suite définie pour tout entier naturel n par $u_n = 1 + 4n$ est décroissante. » A-t-il raison ? Expliquer.

52 Quel est le sens de variation de la suite arithmétique de raison $-0{,}1$ telle que $u_0 = 10\,000$?

53 (v_n) est une suite arithmétique de raison r. Dans chaque cas, dire le sens de variation de (v_n).

a. $r = 3$ **b.** $r = -7$ **c.** $r = \frac{5}{9}$ **d.** $r = -0{,}4$

54 (u_n) est la suite arithmétique de raison $-3{,}4$ telle que $u_0 = 10$.

a. Quel est le sens de variation de cette suite ?

b. Comparer u_{10} et u_{11} sans effectuer de calculs.

55 Les premiers termes d'une suite (u_n) sont représentés ci-contre.

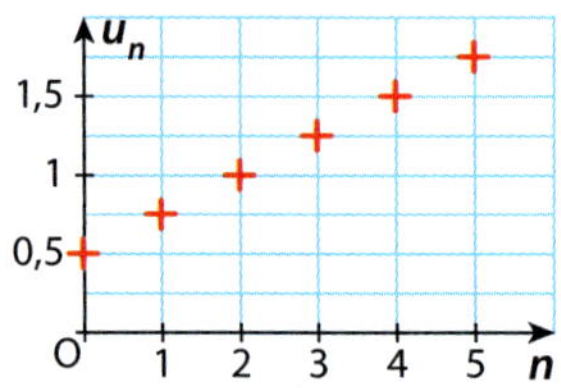

a. Lire graphiquement u_4.

b. Cette suite peut-elle être arithmétique ? Expliquer.

56 CORRIGÉ en vidéo jaicompris.com

Les premiers termes d'une suite (u_n) sont représentés ci-contre.

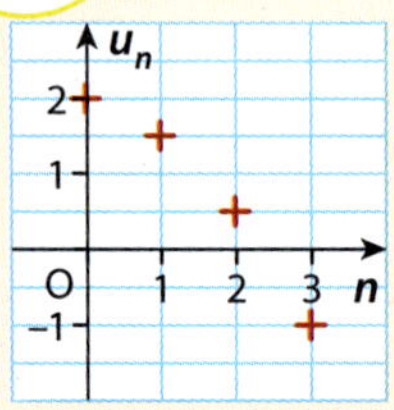

a. Lire graphiquement u_0, u_1, u_2.

b. Cette suite peut-elle être arithmétique ? Expliquer.

57 (a_n) est la suite arithmétique de raison $r = -2$ telle que $a_0 = 10$.

a. Quel est le sens de variation de cette suite ?

b. Dans un repère orthonormé, représenter le nuage de points de coordonnées $(n\,;a_n)$ pour $0 \leqslant n \leqslant 6$.

58 (b_n) est la suite arithmétique de raison 1 telle que $b_0 = -1$.

a. Quel est le sens de variation de cette suite ?

b. Pour tout entier naturel n, exprimer b_n explicitement en fonction de n.

c. Dans un repère orthonormé, représenter le nuage de points de coordonnées $(n\,;b_n)$ pour $0 \leqslant n \leqslant 6$.

Fonctions affines

Questions Flash

59 f est la fonction affine définie sur $\mathbb{R}$ par :

$$f(x) = 4x - 3.$$

a. Calculer mentalement $f(8)$.

b. Déterminer mentalement l'antécédent de 11 par f, c'est-à-dire le nombre x tel que $f(x) = 11$.

60 On note x le nombre choisi et $f(x)$ le nombre obtenu avec ce programme de calcul.

- Choisir un nombre.
- Soustraire 7.
- Multiplier par 4.

La fonction f est-elle affine ? Expliquer.

61 Parmi ces programmes de calcul, lesquels définissent une fonction affine ? Justifier.

Programme 1
- Choisir un nombre.
- Multiplier par −5.
- Ajouter 3.

Programme 2
- Choisir un nombre.
- Diviser par 2.
- Soustraire 6.

Programme 3
- Choisir un nombre.
- Ajouter 3.
- Multiplier par 6.

Programme 4
- Choisir un nombre.
- Élever au carré.
- Ajouter 3.

62 f est la fonction affine définie sur $\mathbb{R}$ par :

$$f(x) = -2x + 5.$$

a. Déterminer l'antécédent de 6 par f.

b. Louise : « Il n'existe pas de nombre x tel que $f(x) = x$. » Cette affirmation est-elle exacte ? Expliquer.

63 CORRIGÉ en vidéo jaicompris.com

g est la fonction affine définie sur $\mathbb{R}$ par : $g(x) = \frac{5}{3}x - 2$.

a. Calculer l'image de 6 par g.

b. Déterminer l'antécédent de 0 par g.

64 **Algo** Voici une fonction **f** écrite en langage Python. Le paramètre x est un nombre réel.

```
def f(x):
    n=x-2
    y=5*n
    return y
```

a. Calculer, à la main, la valeur renvoyée par cette fonction lorsque x = −1,5.

b. Le programme définit une fonction $f : x \mapsto y$. Exprimer $f(x)$ en fonction de x.

c. La fonction f est-elle affine ? Expliquer.

Fonctions affines : proportionnalité des accroissements

Questions flash

65 g est la fonction affine $x \mapsto 3x - \frac{5}{9}$.
Lire en complétant.
a. Lorsque x augmente de 8, $g(x)$ augmente de $\ldots \times 8$, c'est-à-dire de ....
b. Lorsque x diminue de 10, $g(x)$ ....

66 f est la fonction affine $x \mapsto 9x - 3$.
Calculer mentalement.
a. $f(20) - f(13)$ **b.** $f(48) - f(43)$ **c.** $f(73{,}8) - f(74)$

67 f est la fonction affine $x \mapsto ax + b$ telle que $f(3) = 5$ et $f(7) = 13$.
a. Recopier et compléter pour calculer a.
$f(7) - f(3) = a \times (\ldots - \ldots)$, c'est-à-dire $13 - 5 = a \times \ldots$.
Donc $a = \frac{\ldots}{\ldots} = \ldots$.
b. Utiliser l'information $f(3) = 5$ pour calculer b puis donner l'expression de $f(x)$.

68 g est la fonction affine $x \mapsto ax + b$ telle que $g(2) = 9$ et $g(10) = 5$.
a. Calculer a.
b. Calculer b puis donner l'expression de $g(x)$.

Fonctions affines : représentation graphique et sens de variation

Questions flash

69 La droite d représente une fonction affine f dans le repère ci-contre. Lire :
a. l'image de 4 ; **b.** $f(0)$;
c. l'antécédent de 3.

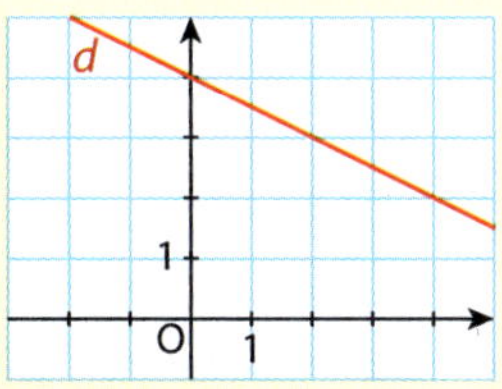

70 Dans ce repère, la droite d représente une fonction affine f telle que $f(x) = ax + b$.
a. Lire b puis a.
b. Donner l'expression de $f(x)$.

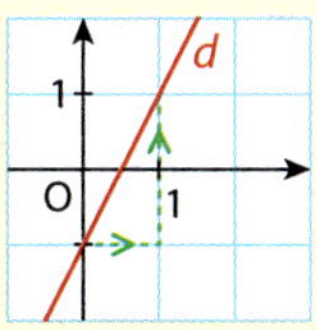

71 Déterminer le sens de variation sur $\mathbb{R}$ de chacune des fonctions affines :
$f : x \mapsto 3x - 7$, $g : x \mapsto -0{,}1x + 100$, $h : x \mapsto 5 - \frac{4}{3}x$.

72 Dans un repère, la droite d représente la fonction affine $g : x \mapsto -\frac{2}{3}x + 1$.
a. Calculer l'image de 3 par g.
b. Tracer la droite d.

73 Dans un repère, tracer les droites représentatives d_1, d_2 et d_3 des fonctions affines respectives :
• $f : x \mapsto -2x + 2$ • $g : x \mapsto 0{,}5x$ • $h : x \mapsto -2$

74 Dans un repère, tracer la droite représentant la fonction affine $f : x \mapsto ax + b$ lorsque $a = -2$ et $f(0{,}5) = 2$.

75 CORRIGÉ en vidéo jaicompris.com
Lire le coefficient directeur et l'ordonnée à l'origine de la droite tracée dans le repère puis indiquer la fonction affine qu'elle représente.

a.
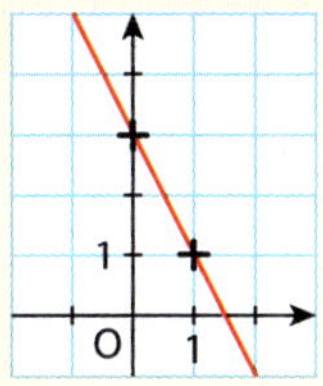

b.
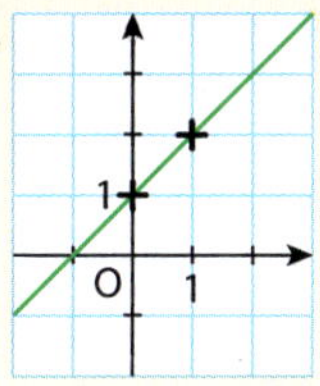

c.
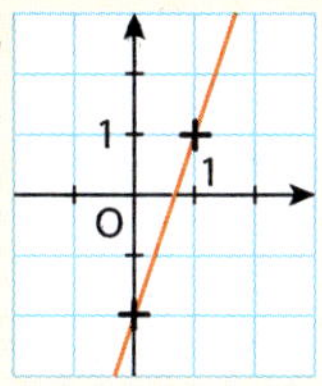

76 Déterminer le coefficient directeur et l'ordonnée à l'origine de chacune des droites d_1, d_2 et d_3 puis indiquer les fonctions affines f, g et h qu'elles représentent.

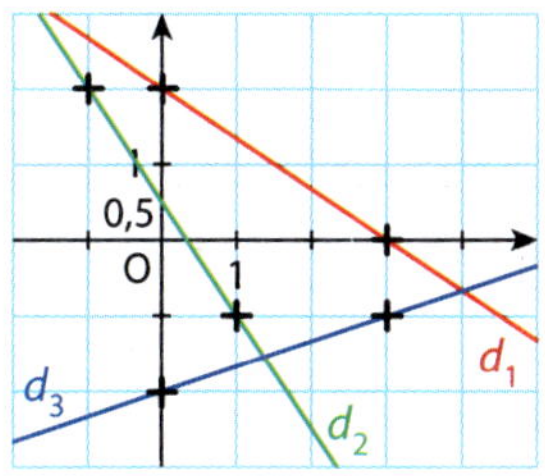

77 f est la fonction affine $f : x \mapsto 2{,}5x - 4{,}5$.
a. Calculer $f(20)$.
b. On sait que $f(u) > 45{,}5$.
Que peut-on dire du nombre u ? Expliquer.

78 g est la fonction affine $g : x \mapsto -0{,}2x + 7$.
a. Calculer $g(30)$.
b. On sait que $g(v) > 1$.
Que peut-on dire du nombre v ? Expliquer.

79 Dans un repère, les points de la représentation graphique d'une suite arithmétique (u_n) de raison r appartiennent à la droite d'équation $y = 2{,}5x + 4$.
Quelle est la valeur de :
• r ? • u_0 ? • u_6 ?

80 **a.** Dans un repère, tracer la représentation graphique de la fonction affine $f : x \mapsto 2x - 3$.
b. (u_n) est la suite arithmétique de raison 2 telle que $u_0 = -3$. Sans aucun calcul, représenter le nuage des points de coordonnées $(n\ ;\ u_n)$ pour $0 \leqslant n \leqslant 5$.

81 $b_2 = -4$ et pour tout entier naturel n,

$$b_{n+1} = -3b_n + 1.$$

a. Calculer b_3.

b. Calculer b_1 et b_0.

82 **Quand on connaît deux termes quelconques**

Une suite arithmétique est telle que $v_2 = 4$ et $v_6 = 28$.

a. Expliquer pourquoi $v_6 = v_2 + 4r$ où r est la raison.

b. Calculer alors r.

83 Une suite arithmétique est telle que $u_0 = 10$ et $u_4 = 90$. Calculer sa raison r.

84 (v_n) est la suite arithmétique telle que :

$$v_0 = -3 \text{ et } v_{10} = 1.$$

Calculer sa raison r puis le terme v_{50}.

85 **Une nouvelle formule**

1. (u_n) est une suite arithmétique de raison r.

Démontrer que pour tous entiers naturels n et p,

$$u_n = u_p + (n - p)r.$$

2. Une suite arithmétique est telle que :

$$a_4 = 2{,}5 \text{ et } a_9 = -10.$$

a. Utiliser la formule précédente pour calculer la raison r.

b. Calculer a_{100}.

86 $v_0 = 1$ et pour tout entier naturel n,

$$\mathbf{v_{n+1} - 3v_n = 3 - 2v_n}.$$

a. Présenter la relation de récurrence en gras sous la forme $v_{n+1} = ... + ... v_n$.

b. Exprimer v_n explicitement en fonction de n.

c. Dans un repère orthogonal, représenter le nuage de points de coordonnées $(n\,;\,v_n)$ pour $0 \leqslant n \leqslant 5$.

87 Dans une famille, les âges des trois enfants (Emma la benjamine, Paul le cadet et Riya l'aînée) sont des termes successifs d'une suite arithmétique et leur somme est égale à 27.

a. Quel est l'âge de Paul ?

b. On sait de plus qu'Emma a 10 ans de moins que Riya. Calculer les âges d'Emma et de Riya.

88 Au 1er janvier 2023, le village Éloigné compte 254 habitants, et le village voisin de Bienhaut en compte 374.

Chaque année, la population de Éloigné gagne 3 habitants alors que celle de Bienhaut en perd 5.

En supposant que l'évolution se poursuive ainsi, est-il possible qu'une année ces deux villages aient la même population ? Si oui, laquelle ?

89 Gaspard réalise des motifs avec des carreaux de mosaïque blancs et gris de la façon indiquée.

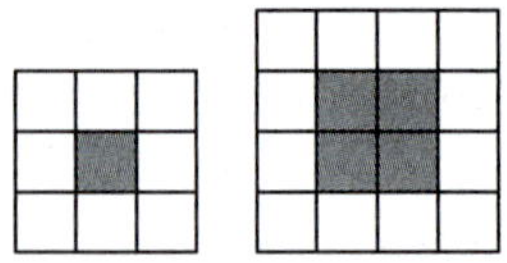

Motif 1 — Motif 2

On note u_n le nombre de carreaux blancs utilisés pour le motif n. On pose $u_0 = 4$.

a. Exprimer u_n en fonction de n.

b. Déterminer le numéro du motif qui comporte 96 carreaux blancs.

90 En répétant un même procédé, Giulia réalise les motifs ci-dessous avec des boutons.

Motif n° 0 — Motif n° 1 — Motif n° 2 — Motif n° 3

Giulia affirme : « Il me faudra 151 boutons pour réaliser le motif n° 50. » A-t-elle raison ? Expliquer.

91 A et B sont deux points sur les rives d'un lac, distants de 140 m.

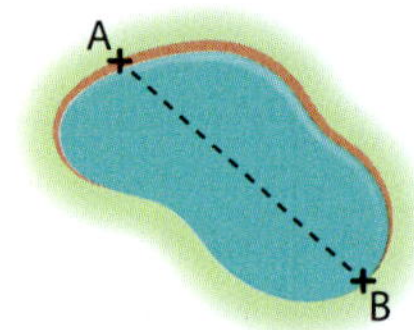

Au même moment, un canoé part de A et se dirige vers B, à la vitesse constante de $2\ \text{m}\cdot\text{s}^{-1}$ et un paddle part de B vers A, à la vitesse constante de $1{,}5\ \text{m}\cdot\text{s}^{-1}$.

On considère les fonctions c et p telles que $c(x)$ et $p(x)$ sont les distances, en m, qui séparent respectivement le canoé et le paddle du point A à l'instant x, en s.

a. Donner les expressions des fonctions c et p.

b. Représenter graphiquement les fonctions c et p pour $0 \leqslant x \leqslant 70$.

c. Déterminer, graphiquement, l'instant où le canoé et le paddle vont se croiser.

d. Retrouver ce résultat en résolvant une équation.

e. Déterminer graphiquement, puis par le calcul, la distance qui séparera les deux embarcations du point A à l'instant où elles se croiseront.

92 **Tice** Mathys a utilisé le tableur pour calculer des valeurs de deux fonctions affines f et g.

	A	B	C	D	E	F	G
1	x	-2	-1	0	1	2	3
2	$f(x)$	-10	-7	-4	-1	2	5
3	$g(x)$	12	7	2	-3	-8	-13

a. f est la fonction affine telle que $f(x) = 3x - 4$.

Quelle formule Mathys a-t-il saisie dans la cellule B2 avant de la recopier vers la droite ?

b. Déterminer l'expression de $g(x)$.

93 Un club de sport commande ses shorts sur Internet.
On note P le prix total, en €, à payer.

Shorts
- 15,90 € l'unité
- Frais de port : 18 €

a. Cette situation est linéaire. Est-elle modélisable par une fonction affine ou par une suite arithmétique ?
b. Donner l'expression du prix total P(n) à payer pour une commande de n shorts.
c. Combien de shorts, le club peut-il commander au maximum avec 500 € ?

94 Anne achète un gâteau à 7 € et du riz en vrac à 2,50 € le kg.
On note P le montant total, en €, de la dépense pour une masse m, en kg, de riz.
a. Cette situation est linéaire. Est-elle modélisable par une fonction affine ou par une suite arithmétique ?
b. Donner l'expression de P(m).
c. Anne paie au total 11 €.
Quelle masse de riz a-t-elle achetée ?

95 **Algo** Voici une fonction **g** écrite en langage Python.
Le paramètre x est un nombre réel.

```
def g(x):
    m=x-3
    n=x-4
    p=x*x
    y= m*n-p
    return y
```

a. Calculer, à la main, la valeur renvoyée par cette fonction lorsque x = 5.
b. Le programme définit une fonction $g : x \mapsto y$.
Justifier que g est une fonction affine.
c. Quel est le sens de variation de la fonction g ?

96 Jade a un garage rectangulaire de 10 m sur 4 m.
Elle veut installer une cloison pour avoir un débarras au fond de son garage comme indiqué ci-dessous.

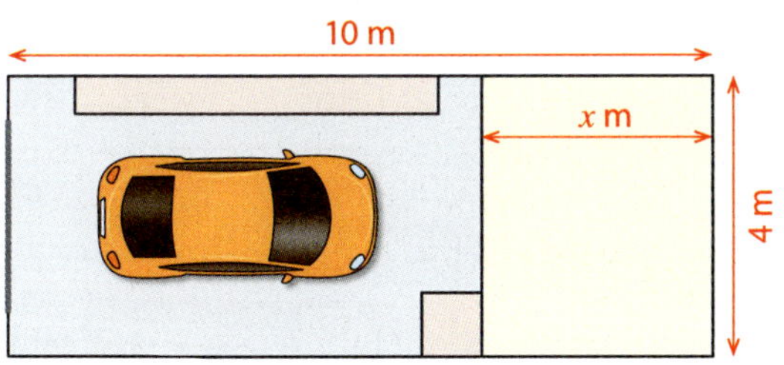

a. On note $s(x)$ l'aire, en m², de la surface de garage dont elle disposera après l'installation de la cloison avec $0 \leqslant x \leqslant 10$. Donner l'expression de $s(x)$.
b. Dans un repère, tracer la représentation graphique de la fonction s.
c. Déterminer graphiquement les nombres x pour lesquels $s(x) \geqslant 22$.
d. Retrouver ce résultat en résolvant une inéquation.

97 Une entreprise construit des boîtiers électriques.
Trois salariés, Félix, Gaëlle et Henry, fabriquent chaque mois le même nombre de boîtiers.
Leur salaire mensuel est calculé de la façon suivante :
- Félix a un salaire fixe de 1 300 € ;
- Gaëlle a un salaire de 900 € augmenté de 2 € par boîtier fabriqué ;
- Henry a un salaire de 5 € par boîtier fabriqué.

Déterminer graphiquement l'ouvrier qui a le meilleur salaire selon le nombre de boîtiers fabriqués.

98 Un site internet vend des masques dont le prix à l'unité est fixe. Au prix des masques s'ajoutent des frais de livraison fixes (qui ne dépendent pas du nombre de masques commandés).
À l'aide des deux factures ci-dessous, déterminer le coût total d'une commande de 3 000 masques.

Quantité : 400 masques
Net à payer : 105 €

Quantité : 750 masques
Net à payer : 189 €

99 Dans ce repère, les droites d_1 et d_2 représentent respectivement des fonctions affines f et g.

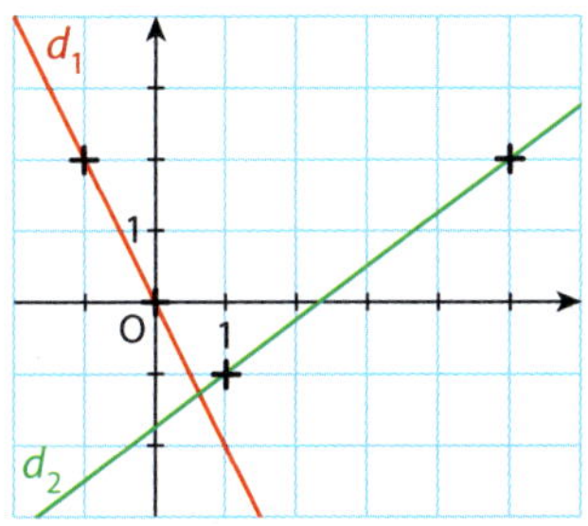

Déterminer :
a. $f(27) - f(11)$
b. $g(43) - g(19)$

Des Défis

100 **Compter les cubes**
Lemi construit des pyramides en empilant des cubes.
En voici à 1 étage, 2 étages et 3 étages.

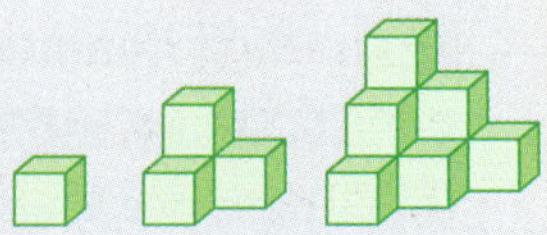

Combien faut-il de cubes à Lemi pour réaliser une pyramide à 10 étages ?

101 **Compter les entiers**
La suite des entiers naturels est écrite dans cette pyramide.
Exemple : 11 figure au 2e rang sur la 4e ligne.
À quelle ligne et à quel rang figure 2 023 ?

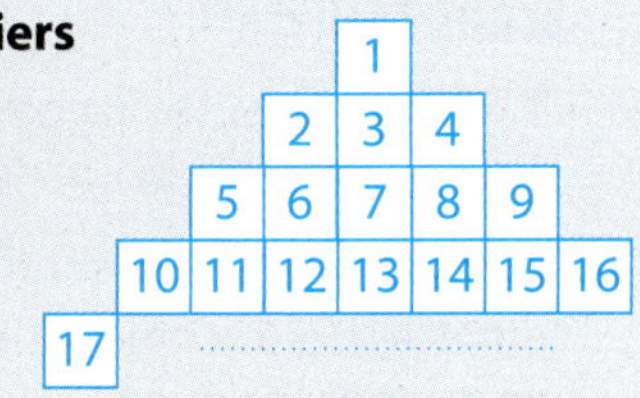

Résoudre des problèmes

102 Étudier les nombres triangulaires

Histoire des sciences

Modéliser **Représenter** **Raisonner**

HISTOIRE DES MATHS

En Grèce, pour Pythagore (VIe siècle av. notre ère) « Tout est nombre. »
Avec ses disciples (les Pythagoriciens), il représentait les nombres par des points ou des cailloux disposés selon des formes géométriques : triangles, carrés, cubes, … Cela leur a permis de découvrir des propriétés abstraites des nombres.

Buste de Pythagore

On se propose ici d'étudier les **nombres triangulaires**.
On note T_n le nombre de points utilisés pour le n-ième nombre triangulaire (avec n entier naturel, $n \geqslant 1$).

a. Voici une représentation des premiers de ces nombres. Lire les valeurs de T_1, T_2, T_3 et T_4.

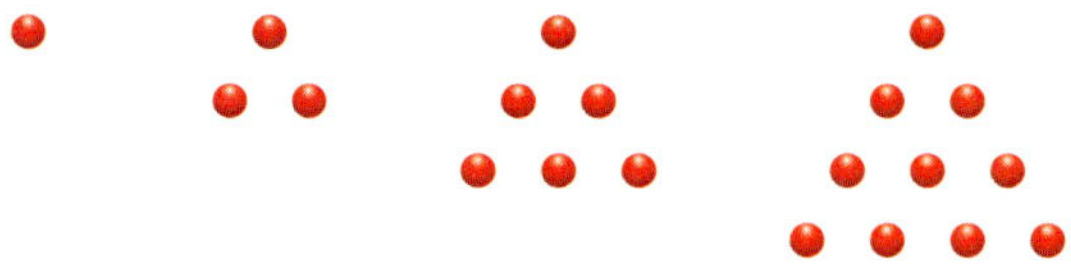

b. Représenter les 5e et 6e nombres triangulaires pour déterminer T_5 et T_6.

c. On constate que le n-ième nombre triangulaire est la somme des nombres entiers de 1 à n, soit :

$$T_n = 1 + 2 + 3 + ... + n.$$

Calculer T_{10}.

d. Avec ce procédé, il est fastidieux de calculer T_{100} le 100e nombre triangulaire.
Les Pythagoriciens ont eu l'idée de présenter les nombres triangulaires à l'aide de triangles rectangles comme ci-contre.

Ensuite pour calculer T_{10} par exemple, ils utilisaient la représentation ci-contre du double de T_{10}.

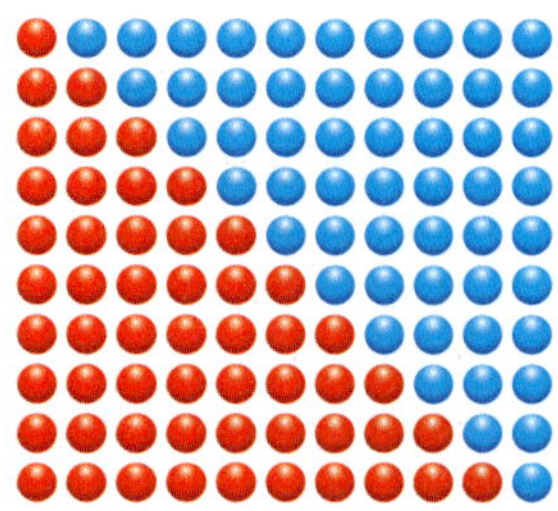

Expliquer alors comment les Pythagoriciens calculaient T_{10}.

e. En imaginant représenter de façon analogue le double du nombre triangulaire T_n, exprimer T_n explicitement en fonction de n.

f. Calculer T_{100}.

103 Algo Compter les allumettes

Dénombrement

Représenter **Raisonner** **Calculer**

On dispose des allumettes selon le principe indiqué ci-contre.

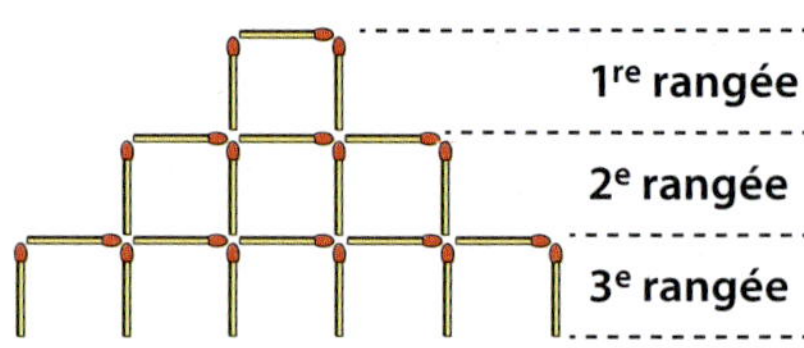

1. a. Combien d'allumettes dispose-t-on sur :
- la 1re rangée ?
- la 2e rangée ?
- la 3e rangée ?

b. Comment passe-t-on d'une rangée à la rangée suivante ?

c. Combien d'allumettes sont nécessaires au total pour compléter 4 rangées ?

2. Emiko souhaite disposer des allumettes sur 10 rangées.
Indiquer à Emiko le nombre d'allumettes dont elle aura besoin.

3. Le programme ci-contre, écrit en langage Python, renvoie le nombre total d'allumettes pour n rangées où n est un nombre entier saisi en entrée.
Saisir ce programme et l'utiliser pour déterminer le nombre de rangées que pourra construire Dylan avec 10 440 allumettes.

```python
n=int(input("n="))
S=0
for i in range(1,n+1):
    u=4*i-1
    S=S+u
print("S=",S)
```

104 Étudier un partage inégal

Chercher | Modéliser | Calculer

Histoire des sciences

Les quelques papyrus mathématiques découverts jusqu'à présent montrent que les Égyptiens utilisaient des suites, en particulier arithmétiques. On se propose ici de résoudre le problème R64 ci-dessous du papyrus Rhind.

> « Exemple de répartition de parts. Si on te dit : (on a) 10 héqat* d'orge pour 10 hommes. Et la différence entre un homme et son voisin se monte à 1/8 de héqat d'orge. Quelle est la part de chacun ? »
>
> * Héquat : une mesure de volume pour les céréales.

a. On note $P_1, P_2, \ldots, P_{10}$ la part, en héqat, de chacun des dix hommes. Pourquoi sait-on que $P_1 + P_2 + \ldots + P_{10} = 10$?

b. Utiliser l'information « la différence entre un homme et son voisin se monte à $\frac{1}{8}$ de héqat » pour exprimer $P_2, P_3, \ldots, P_{10}$ en fonction de P_1.

c. En déduire que $10\,P_1 + \left(\frac{1}{8} + \frac{2}{8} + \ldots + \frac{9}{8}\right) = 10$.

d. En déduire P_1 puis la part de chacun des autres hommes.

HISTOIRE DES MATHS

En 1858, **Alexander Henry Rhind**, un avocat écossais, achète à un antiquaire de Louxor (Égypte) un papyrus récemment découvert.

Ce document d'environ 1650 avant notre ère, serait une copie d'un original effectuée par le **scribe Ahmès**.

Ce papyrus contient 87 problèmes résolus d'arithmétique, d'algèbre, de géométrie et d'arpentage, sur plus de 5 m de longueur (à l'origine) et 32 cm de large.

105 Étudier une situation géométrique

Chercher | Raisonner | Calculer

Application dans un autre contexte

Voici un triangle rectangle en A où a et b désignent des nombres positifs tel que :
- $0 < b < a$;
- 1, b, a sont les trois premiers termes d'une suite arithmétique de raison r.

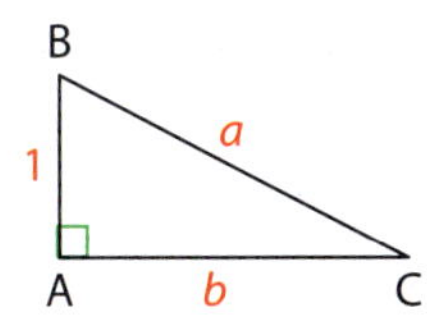

a. Exprimer b puis a en fonction de r.

b. Écrire l'égalité de Pythagore pour ce triangle rectangle et en déduire à l'aide de l'écran de calcul formel ci-contre que $3r^2 + 2r - 1 = 0$.

c. Utiliser l'écran de calcul formel ci-contre pour déterminer les côtés du triangle ABC.

1	$3r^2 + 2r - 1$
	Factoriser: $(r+1)(3r-1)$

1	$(1+r)^2$
	Développer: $r^2 + 2r + 1$
2	$(1+2r)^2$
	Développer: $4r^2 + 4r + 1$

106 Interpréter des informations

Modéliser | Raisonner | Représenter

Sciences de la vie

Ce tableau donne l'évolution des espérances de vie des femmes et des hommes, à la naissance, d'un pays imaginaire, de 2017 à 2021.

Année	2017	2018	2019	2020	2021
Femme	84,6	84,9	85,2	85,5	85,8
Homme	78	78,8	79,6	80,4	81,2

En supposant que les espérances des femmes et des hommes évoluent de la même façon dans l'avenir, déterminer en quelle année l'espérance des hommes dépassera celle des femmes.

107 Étudier l'impôt sur le revenu

Modéliser | Raisonner | Calculer

Formation du citoyen

Le barème de l'impôt sur le revenu est progressif.
Cela signifie que le revenu imposable est réparti dans différentes tranches.
Voici les trois étapes à appliquer pour déterminer le taux moyen d'imposition.

- Déterminer la fraction (F) du revenu imposable pour une part :

$$F = \frac{\text{Revenu net imposable } (x)}{\text{Nombre de parts de votre foyer}}.$$

- Appliquer ce résultat au barème progressif :

Fraction du revenu imposable (pour une part)	Taux d'imposition à appliquer sur la tranche
Jusqu'à 10 225 €	0 %
De 10 226 € à 26 070 €	11 %
De 26 071 € à 74 545 €	30 %
De 74 546 € à 160 336 €	41 %
Supérieur à 160 336 €	45 %

- Déterminer le taux moyen d'imposition (m) :

$$m = \frac{\text{Montant de l'impôt dû par le foyer (M)}}{\text{Revenu imposable } (x)} \times 100.$$

1. On considère un couple qui dispose d'un revenu net imposable total x de 84 000 € pour 2 parts.

a. Recopier et compléter pour calculer F : $F = \frac{\ldots €}{\ldots} = \ldots €$.

b. Recopier et compléter pour calculer l'impôt dû pour une part :
- de 0 à 10 225 € : … €
- de 10 225 € à 26 070 € : 26 070 € – 10 226 € = … € et $\frac{11}{100} \times \ldots € = \ldots €$;
- de 26 071 € à 42 000 € : 42 000 € – 26 071 € = … € et $\frac{\ldots}{\ldots} \times \ldots € = \ldots €$.

c. Expliquer pourquoi l'impôt sera de 6 522 € pour une part et de 13 044 € pour deux parts.

d. Déterminer le taux d'imposition moyen m du foyer.

2. Pour calculer le montant de l'impôt d'un célibataire, Lou a réalisé le graphique ci-contre.
On note x le montant, en euros, du revenu imposable d'un célibataire (1 part) et M(x) le montant de l'impôt de cette personne.

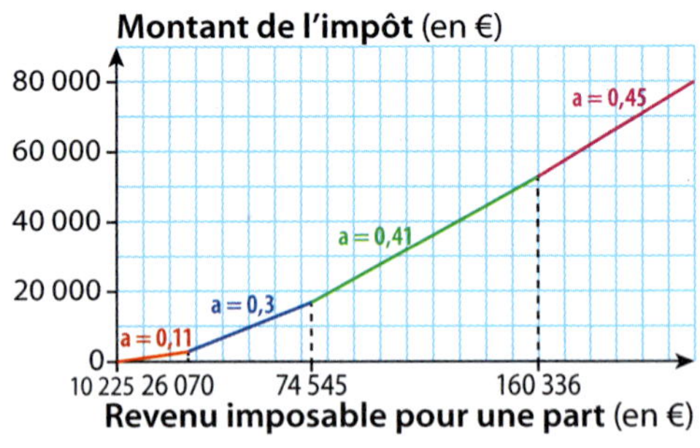

a. Sur l'intervalle [10 225 ; 26 070],

$$M(x) = 0{,}11x + b$$

et M(26 070) = 1 743 (d'après **1. b**).
Déterminer b puis donner l'expression de M(x).

b. Donner l'expression de M(x) sur l'intervalle [26 070 ; 74 545].

Coup de pouce
M(42 000) = 6 522.

c. Donner l'expression de M(x) sur chacun des intervalles [74 545 ; 160 336] et [160 336 ; + ∞[.

3. On considère une personne célibataire dont le revenu imposable est de 84 000 €.
Est-il vrai, pour un même revenu imposable, que le taux moyen d'imposition de cette personne est supérieur de plus de 50 % à celui du couple de la question **1** ?

108 Étudier l'évolution du niveau moyen des océans

Développement durable

Modéliser **Raisonner** **Communiquer**

Des scientifiques ont émis deux scénarios concernant l'élévation du niveau des océans à partir de 2030.

Scénario 1 : élévation de 4,5 mm par an.

Scénario 2 : élévation de 11,8 mm par an.

On modélise l'élévation, en cm, des océans par une fonction s_1 (resp. s_2) pour le scénario 1 (resp. 2) selon la durée x, en années, à partir de 2030.

a. Donner les expressions de $s_1(x)$ et $s_2(x)$.

b. Déterminer l'élévation, en cm, prévue avec chacun de ces scénarios en 2100.

c. On note $e(x)$ l'écart d'élévation, en cm, entre ces deux scénarios pour une durée x, en années.

Donner l'expression de $e(x)$.

d. En quelle année l'écart d'élévation entre les deux scénarios serait-il, pour la première fois, supérieur à 35 cm ?

ACTUALITÉ DES SCIENCES

Le 26 mars 2022, Simon Kofé, ministre des Affaires étrangères de Tuvalu (archipel des îles Pacifique), a adressé un message à la COP26 (en Égypte), les pieds dans l'eau, afin d'alerter le monde sur la montée des océans qui menace son archipel.

Info

Selon une étude de l'ONU la hausse du niveau des océans pourrait à terme engendrer 280 millions de réfugiés climatiques.

109 Étudier la hausse des températures

Développement durable

Modéliser **Raisonner** **Communiquer**

Le graphique ci-contre illustre l'évolution des températures moyennes sur les terres émergées et sur les océans.

On suppose que depuis 1975 ces évolutions peuvent être modélisées par des fonctions affines.

Prévoir l'augmentation de la température entre 1975 et 2060 sur les terres émergées puis sur les océans.

On utilisera les valeurs suivantes :

– pour les terres émergées :

- 1975 : + 0,4 °C
- 2020 : + 1,7 °C

– pour les océans :

- 1975 : + 0,25 °C
- 2020 : + 0,79 °C

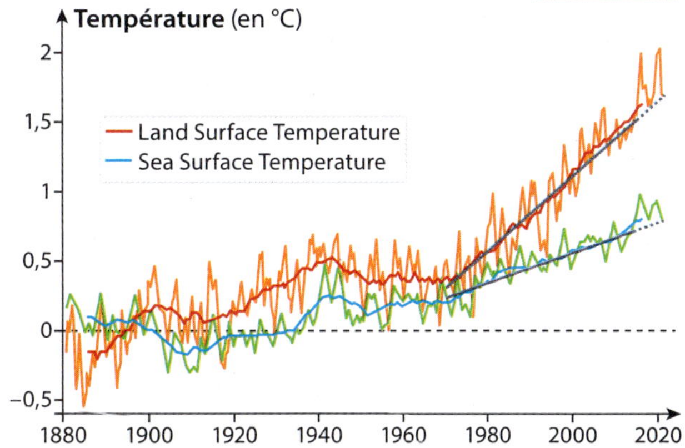

Source : lemonde.fr

Un métier Infirmier/ière

Quel doit être le débit de la perfusion, pour qu'avec ce dosage, le patient ait la bonne quantité de médicament ?

▶ Intervenant sur **prescription médicale**, l'infirmier/ière contribue à la mise en œuvre des traitements les plus adaptés. Les calculs de dose, qui mettent en jeu la proportionnalité, engagent alors sa responsabilité. **Communiquer** fait partie intégrante du métier : dialoguer avec le malade et sa famille permet d'évaluer l'état de santé et le **moral** du patient. L'infirmier/ière doit aussi échanger avec le médecin et l'aide-soignant(e), l'administration et les autres services.

Mêlant technique et théorie, ce métier nécessite une forte conscience professionnelle, une résistance physique et nerveuse et un sens de la psychologie.

▶ Sur 637 000 infirmiers, 64 % exercent à l'hôpital et 19 % en libéral (en établissement scolaire, en entreprise ou en tant que convoyeur de l'air dans l'armée). Après quelques années, différentes spécialisations sont possibles : infirmier anesthésiste, infirmier de bloc opératoire ou infirmier de puériculture.

4 Croissance exponentielle

Tester ses automatismes

Représentations graphiques

1 Estimer un seuil Paragraphe 1, p. 122

Le graphique ci-contre représente le nombre d'abonnés au compte Instagram d'une influenceuse depuis le 1er janvier 2017.

Estimer :

a. le nombre d'abonnés au 1er janvier 2021 ;

b. le nombre d'abonnés au 1er mars 2018 ;

c. au bout de combien d'années à partir du 1er janvier 2017 le nombre d'abonnés a dépassé 8 000 ;

d. le nombre maximal d'abonnés sur la période allant du 1er janvier 2017 au 1er janvier 2022.

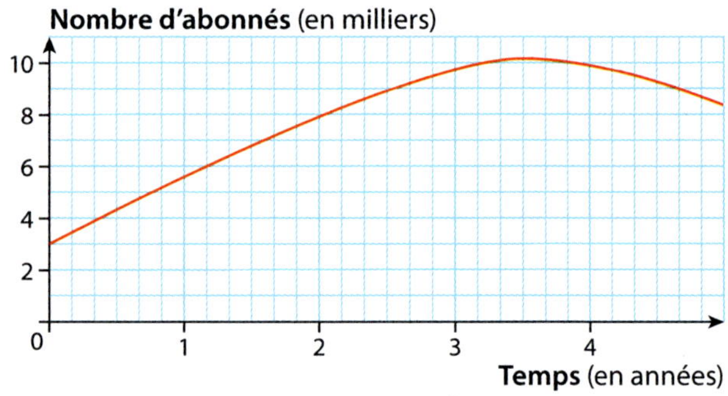

2 Lire les variations d'une grandeur
Paragraphe 2.a, p. 122

On reprend la situation et le graphique ci-contre.

Recopier et compléter chaque phrase.

- Le nombre d'abonnés croît du 1er janvier 2017 au ….
- Le nombre d'abonnés décroît du … au ….

3 Lire un temps de doublement
Paragraphe 3, p. 123

Le graphique ci-contre représente les variations de la population d'une ville entre 2000 et 2020.

a. Quel est l'effectif de la population en l'an 2000 ?

b. Recopier et compléter chaque phrase.

- Sur la période …-2020, la population est passée de 45 000 habitants à ….
- La population initiale a doublé entre les années … et ….

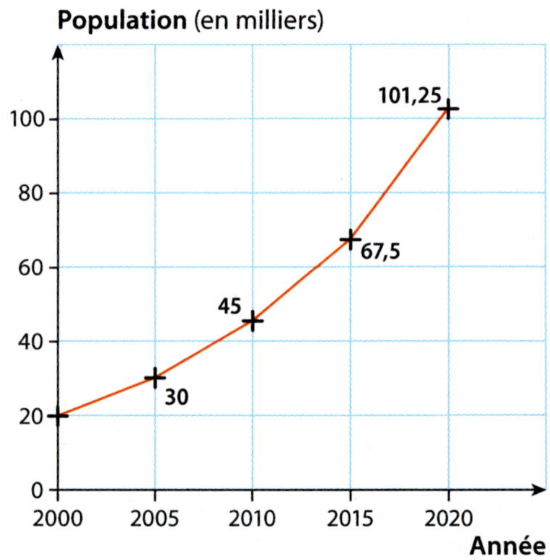

4 Lire la vitesse de croissance Paragraphe 2.b, p. 122

On reprend la situation et le graphique ci-contre.

Sur laquelle des périodes 2000-2005, 2005-2010, 2010-2015 ou 2015-2020 la croissance de la population est-elle la plus rapide ?

Traitement de données

5 Appliquer un pourcentage de diminution, d'augmentation ▶ Paragraphe 5, p. 123

a. Un ballon de basket coûte 20 €. Pendant les soldes son prix est diminué de 15 %.
Calculer son prix soldé.

b. On augmente la production de ballons de 20 %.
Par lequel (ou lesquels) de ces nombres la production est-elle multipliée ?

(1) 0,2 **(2)** 1,2 **(3)** $1+\dfrac{20}{100}$ **(4)** 1,02

6 Calculer un taux d'évolution global ▶ Paragraphe 6, p. 124

Entre 2020 et 2022, le nombre de clients d'un restaurant a augmenté successivement de 15 % puis de 30 %.
Lequel de ces nombres donne le taux d'évolution global du nombre de clients entre 2020 et 2022 ?

(1) 4,5 % **(2)** 14,95 % **(3)** 49,5 % **(4)** 45 %

Calcul numérique et algébrique

7 Déterminer un ordre de grandeur ▶ Paragraphe 10, p. 126

Indiquer la bonne réponse.

a. 51×19 a pour ordre de grandeur : **(1)** 100 **(2)** 200 **(3)** 1 000 **(4)** 2 000

b. $4{,}9 \times 30{,}6$ a pour ordre de grandeur : **(1)** 300 **(2)** 150 **(3)** 120 **(4)** 30

8 Utiliser la calculatrice ▶ Paragraphe 8.a, p. 125

La concentration, en mg·L^{-1}, d'un médicament injecté par voie intraveineuse dans le sang d'un patient, en fonction du temps écoulé, en h, depuis l'injection, est modélisée par la fonction g définie sur l'intervalle [0 ; 7] par :

$$g(t) = 60 \times 0{,}75^t.$$

Utiliser la calculatrice pour déterminer la concentration de médicament dans le sang du patient 2 h après l'injection.

9 Opérer avec des puissances ▶ Paragraphe 8.e, p. 126

Pour chaque égalité, dire si elle vraie ou fausse, puis justifier sans utiliser la calculatrice.

a. $2^3 = 8$ **b.** $5 \times 4^2 = 400$ **c.** $5^2 \times 2^2 = 10^2$ **d.** $7^2 + 5^2 = 12^2$

10 Calculer une expression ▶ Paragraphe 8.a, p. 125

Sans utiliser la calculatrice, calculer en détaillant :

$$A = 0{,}5^2 - \frac{1}{0{,}4} + 0{,}1^3.$$

11 Appliquer numériquement une formule ▶ Paragraphe 11.c, p. 127

a désigne un réel non nul, *n* et *m* des entiers relatifs.

$a^n \times a^m = a^{n+m}$ $\dfrac{a^n}{a^m} = a^{n-m}$ $(a^n)^m = a^{n \times m}$

Dans chaque cas, écrire sous la forme a^n.

a. $2^5 \times 2^3$ **b.** $\dfrac{5^6}{5^2}$ **c.** $(2^3)^2$ **d.** $\dfrac{5^3 \times 5^6}{5^4}$

12 Se ramener à une équation du type $x^2 = a$ ▶ Paragraphe 15, p. 128

Quels sont les nombres réels x tels que $4x^2 = 36$?

Activités

① Étudier l'évolution d'une population

Originaire d'Amérique du Sud, la grenouille taureau s'est répandue à l'état sauvage en divers endroits d'Europe où elle met en danger l'équilibre des écosystèmes aquatiques.
Dans une région du Sud-Ouest de la France, on comptabilise 1 200 grenouilles en 2021 puis 1 800 grenouilles en 2022.
On note P(n) le nombre de grenouilles taureaux dans cette région l'année 2021 + n (où $n \in \mathbb{N}$).

1. Comprendre la situation

a. Donner les valeurs P(0) et P(1).

b. Calculer le taux d'évolution, en pourcentage, de P(0) à P(1). En déduire la variation absolue P(1) – P(0) en fonction de P(0).

2. Modéliser la situation

On suppose qu'à partir de 2021, le taux d'évolution reste constant d'une année à la suivante.

a. Que représente le quotient $\dfrac{P(n+1) - P(n)}{P(n)}$? Donner sa valeur.

b. Expliquer pourquoi $P(n+1) = \mathbf{1{,}5}\ P(n)$.
On dit que la suite (P(n)) est **géométrique** et que **1,5** est sa **raison**.

c. Calculer P(2), P(3) et P(4), puis interpréter P(4) dans le contexte de la situation.

d. En quelle année y aura-t-il plus de 10 000 grenouilles taureaux dans cette région ? *Utiliser la calculatrice.*

② Étudier le triangle de Sierpiński

On colorie un triangle équilatéral d'aire 1 (unité).
À l'étape 1, on joint les milieux des côtés du triangle, on obtient ainsi quatre triangles équilatéraux de même aire et on supprime le triangle central.
À l'étape 2, on applique le même procédé à chacun des trois triangles coloriés. Et ainsi de suite.

On se propose d'étudier l'aire A(n) de la partie coloriée et le nombre T(n) de triangles orange à l'étape n (avec $n \in \mathbb{N}$).

1. Comprendre la situation

a. Recopier et compléter le tableau ci-contre.

	Étape 0	Étape 1	Étape 2
A(n)	1		
T(n)	1	3	

b. Dessiner le triangle obtenu à l'étape 3 et donner A(3) et T(3).

2. Modéliser

a. Comment passe-t-on de A(n) à A(n+1) ? de T(n) à T(n+1) ?

b. Quelle est la nature des suites (A(n)) et (T(n)) ?
Préciser la raison puis le sens de variation de chacune.

3. Prévoir

a. Exprimer T(1), T(2), T(3) et T(4) en fonction de T(0).

b. De façon générale, on admet que pour tout entier naturel n, $T(n) = 3^n \times T(0)$. Au bout de combien d'étapes, aura-t-on plus de 2 022 triangles ? *Utiliser la calculatrice.*

Actualité des sciences

Sur un substrat de cuivre, **Cristiane Morais Smith** (Pays-Bas) et son équipe ont disposé des molécules de monoxyde de carbone de façon à former un triangle de Sierpiński.
Les chercheurs ont alors montré que le caractère fractal du triangle de Sierpiński se reflète sur le comportement des électrons dans le système.
Ces travaux inaugurent un vaste champ d'étude : les propriétés quantiques des systèmes fractals pourraient se révéler très surprenantes.

3 Étudier la proportion de noyaux radioactifs

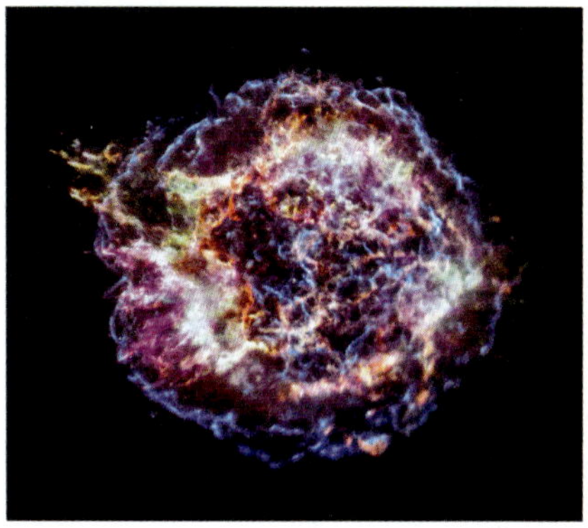

La demi-vie d'un noyau radioactif est la durée nécessaire pour que la moitié des noyaux initialement présents dans l'échantillon macroscopique se soit désintégrée.
On note $p(n)$ la proportion de noyaux radioactifs restants dans l'échantillon au bout de n demi-vies.
Ainsi, pour tout entier naturel n, $p(n) = 0{,}5^n$.

1. Représentation graphique de la suite

a. Quelle est la nature de la suite $(p(n))$?

b. Quelle proportion, en pourcentage, de noyaux radioactifs reste-t-il au bout de 3 demi-vies ?

c. Dans un repère orthogonal (*unités :* 1 cm pour 1 en abscisse et 1 cm pour 0,1 en ordonnée), représenter graphiquement le nuage de points de coordonnées $(n\,;\,p(n))$ avec $0 \leqslant n \leqslant 6$.

2. Prolongement de la suite

a. La suite $(p(n))$ permet-elle de calculer la proportion de noyaux radioactifs restants au bout du quart d'une demi-vie ?

b. La **fonction exponentielle de base 0,5** est la fonction $f : x \mapsto 0{,}5^x$ définie sur $[0\,;+\infty[$.
Cette fonction prolonge la suite géométrique $(0{,}5^n)$ à des valeurs non entières positives de l'exposant.
Calculer alors la proportion de noyaux radioactifs restants au bout du quart d'une demi-vie ?

c. Utiliser la calculatrice pour tabuler la fonction f sur l'intervalle $[0\,;6]$ avec le pas 0,5 pour tracer la courbe représentative de la fonction f dans le repère précédent.

3. Sens de variation de la fonction exponentielle

a. Quel est le sens de variation de la suite $(p(n))$?

b. Conjecturer le sens de variation de la fonction f sur l'intervalle $[0\,;+\infty[$.

c. Utiliser la calculatrice pour déterminer au bout de combien de demi-vies la proportion de noyaux radioactifs devient inférieure ou égale à 0,01. *Arrondir à l'unité.*

4. Propriétés algébriques de la fonction exponentielle

a. Comparer en utilisant la calculatrice.

- $f(1{,}2) \times f(0{,}8)$ et $f(2)$;
- $\dfrac{f(5{,}1)}{f(1{,}1)}$ et $f(4)$;
- $(f(1{,}5))^2$ et $f(3)$.

b. Recopier et compléter les formules ci-dessous par le signe qui semble convenir.

- $0{,}5^{1,2} \times 0{,}5^{0,8} = 0{,}5^{1,2\,\dots\,0,8}$
- $\dfrac{0{,}5^{5,1}}{0{,}5^{1,1}} = 0{,}5^{5,1\,\dots\,1,1}$
- $(0{,}5^{1,5})^2 = 0{,}5^{1,5\,\dots\,2}$

c. g est la fonction exponentielle de base 1,4 définie sur $[0\,;+\infty[$.
Comparer en utilisant la calculatrice.

- $f(2{,}6) \times g(2{,}6)$ et $(0{,}5 \times 1{,}4)^{2,6}$;
- $\dfrac{g(0{,}1)}{f(0{,}1)}$ et $\left(\dfrac{1{,}4}{0{,}5}\right)^{0,1}$.

d. Recopier et compléter les formules ci-dessous par le nombre qui semble convenir.

- $(0{,}5 \times 1{,}4)^{2,6} = 0{,}5^{\cdots} \times 1{,}4^{\cdots}$
- $\left(\dfrac{1{,}4}{0{,}5}\right)^{0,1} = \dfrac{1{,}4^{\cdots}}{0{,}5^{\cdots}}$

Info

Les propriétés algébriques des fonctions exponentielles sont admises par extension des propriétés des puissances entières.

Cours

1 Suites géométriques : relation de récurrence

Lorsque pour une suite, on passe d'un terme au suivant en **multipliant** toujours par le même nombre réel, appelé **raison**, on dit que la suite est **géométrique**.

Définition

Dire qu'une suite (u_n) est **géométrique** signifie qu'il existe un nombre réel q, appelé **raison**, tel que pour tout entier naturel n,

$$u_{n+1} = q \times u_n.$$

Exemple

(u_n) est la suite géométrique de raison **2** telle que $u_0 = 6$.

Ainsi : $u_1 = 2 \times u_0 = 2 \times 6 = 12$, $u_2 = 2 \times u_1 = 2 \times 12 = 24$, $u_3 = 2 \times u_2 = 2 \times 24 = 48$, …

Remarque : (u_n) est une suite géométrique de raison q à termes non nuls.

Alors d'après la définition, pour tout entier naturel n, $\dfrac{u_{n+1}}{u_n} = q$, soit $\dfrac{u_{n+1} - u_n}{u_n} = \dfrac{u_{n+1}}{u_n} - 1 = q - 1$.

Ainsi, une suite géométrique à termes non nuls de raison q, modélise une situation **discrète** dont les données ont des **taux de variation**, entre deux termes consécutifs, **constants** égaux à $q - 1$.

2 Suites géométriques : formule explicite

(u_n) est une suite géométrique de raison q. Ainsi,

- $u_1 = q \times u_0$,
- $u_2 = q \times u_1 = q \times q \times u_0 = q^2 \times u_0$,
- $u_3 = q \times u_2 = q \times q^2 \times u_0 = q^3 \times u_0$, …

On peut démontrer de proche en proche la propriété suivante.

Propriété

Si (u_n) est une suite géométrique de raison q, alors pour tout entier naturel n, $u_n = u_0 \times q^n$.

Exemple

(u_n) est la suite géométrique de raison **1,1** telle que $u_0 = 3$.

Pour tout entier naturel n, $u_n = u_0 \times q^n = 3 \times 1{,}1^n$.

Ainsi, par exemple, $u_4 = 3 \times 1{,}1^4 = 4{,}392\,3$.

3 Suites géométriques : représentation graphique et sens de variation

Propriétés (admises)

(u_n) est une suite géométrique de raison q à termes strictement positifs.

La suite (u_n) est :

- **croissante** lorsque $q > 1$;
- **constante** lorsque $q = 1$;
- **décroissante** lorsque $0 < q < 1$.

$q > 1$

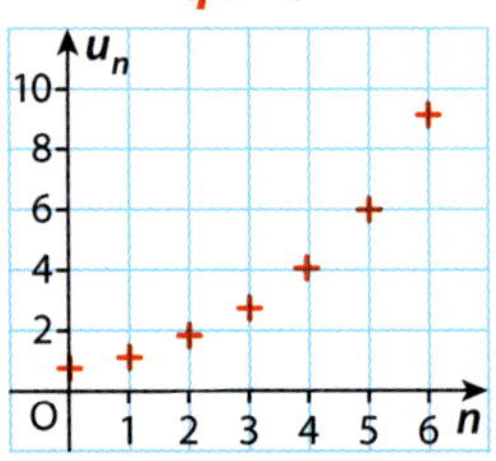

$q = 1$

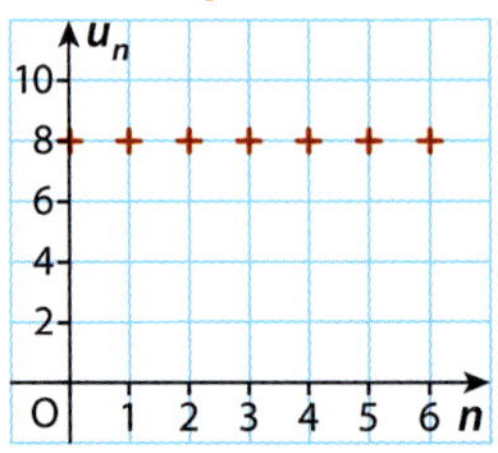

$0 < q < 1$

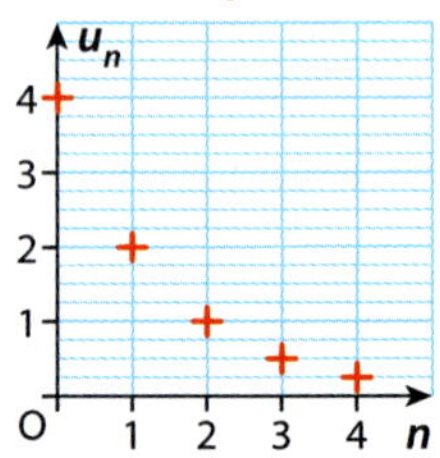

Les suites géométriques modélisent des situations **discrètes à croissance (ou décroissance) exponentielle**.

EXERCICES RÉSOLUS

1 Calculer un terme d'une suite géométrique

(u_n) est la suite géométrique de raison 0,25 telle que $u_1 = 2\,048$.

a. Calculer u_0. **b.** Calculer u_8.

Solution

a. $u_1 = u_0 \times q$, c'est-à-dire $2\,048 = u_0 \times 0{,}25$.

Ainsi, $u_0 = \dfrac{2\,048}{0{,}25} = 8\,192$.

b. $u_8 = u_0 \times q^8 = 8\,192 \times 0{,}25^8$.

Ainsi, $u_8 = 0{,}125$.

Méthode : Pour calculer un terme d'une suite géométrique de raison q connaissant le terme suivant (ou précédent), on utilise la relation $u_{n+1} = q \times u_n$.

Méthode : Pour calculer un terme d'une suite géométrique connaissant la raison q et u_0, on utilise la relation $u_n = u_0 \times q^n$.

2 Modéliser une situation par une suite géométrique

Dans un bassin d'élevage, un virus mortel touche la population de poissons.

p_n désigne le nombre de poissons morts le jour numéro n (avec n nombre entier naturel).

Le graphique ci-contre indique les valeurs de p_0, p_1, p_2 et p_3.

Semble-t-il possible de modéliser cette situation par une suite géométrique ? Expliquer.

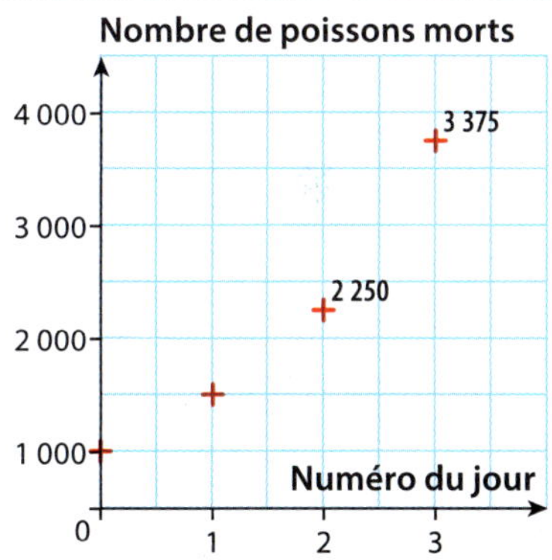

Solution

$p_0 = 1\,000$, $p_1 = 1\,500$, $p_2 = 2\,250$ et $p_3 = 3\,375$.

Ainsi, $\dfrac{p_1}{p_0} = \dfrac{p_2}{p_1} = \dfrac{p_3}{p_2} = 1{,}5$.

Il semble donc possible de modéliser cette situation par une suite géométrique de raison 1,5.

Méthode : On peut modéliser une situation discrète par une suite géométrique lorsqu'on passe d'une donnée à la suivante en multipliant toujours par un même nombre.

AUTOMATISMES

Sur le modèle de l'exercice résolu 1

3 (v_n) est la suite géométrique de raison 0,8 telle que $v_1 = 2\,000$.

a. Calculer v_0. **b.** Calculer v_{10}.

4 (w_n) est la suite géométrique de raison 4 telle que $w_2 = 8$.

a. Calculer w_1 puis w_0. **b.** Calculer w_{12}.

5 (t_n) est la suite géométrique de raison 1,4 telle que $t_0 = 2$. Inès affirme : « L'un des termes de la suite dépassera 2 022 .»

A-t-elle raison ? Expliquer.

Sur le modèle de l'exercice résolu 2

Pour chaque exercice, le graphique indique les populations, en milliers, d'une espèce animale durant quatre jours.

Semble-t-il possible de modéliser cette situation par une suite géométrique ? Expliquer.

6

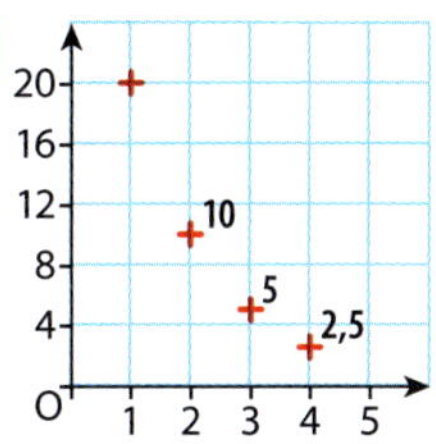

7

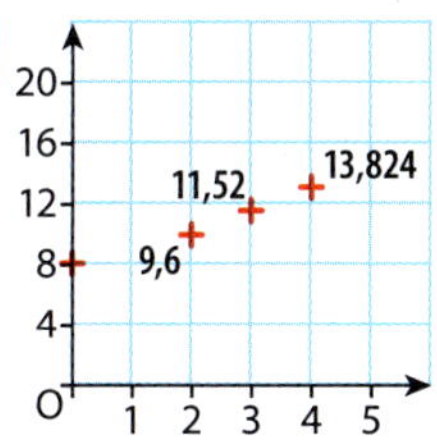

4 Fonctions exponentielles : définition

a désigne un nombre réel strictement positif.

Définition

La fonction $x \mapsto a^x$ définie sur l'intervalle [0 ; +∞[est appelée **fonction exponentielle** de base a.

Exemple

$f : x \mapsto 1{,}4^x$ est la fonction exponentielle de base 1,4 : • $f(0) = 1{,}4^0 = 1$ • $f(1) = 1{,}4^1 = 1{,}4$

• $f(2{,}5) = 1{,}4^{2{,}5}$. À l'aide de la touche puissance de la calculatrice, x^y ou ^, on obtient $f(2{,}5) \approx 2{,}3$.

Remarque : Pour tout nombre réel a strictement positif, $\boldsymbol{a^0 = 1}$ et $\boldsymbol{a^1 = a}$.

5 Fonctions exponentielles : propriétés algébriques

a et b désignent des nombres réels strictement positifs, x et y des nombres réels positifs.

Propriétés

- $a^x \times a^y = a^{x+y}$
- $\dfrac{a^x}{a^y} = a^{x-y}$ avec $x \geqslant y$
- $(a^x)^y = a^{x \times y}$
- $(ab)^x = a^x \times b^x$
- $\left(\dfrac{a}{b}\right)^x = \dfrac{a^x}{b^x}$

Exemples

- $1{,}7^{0{,}8} \times 1{,}7^{0{,}6} = 1{,}7^{0{,}8+0{,}6} = 1{,}7^{1{,}4}$
- $\dfrac{0{,}2^{7{,}1}}{0{,}2^{3{,}1}} = 0{,}2^{7{,}1-3{,}1} = 0{,}2^4$
- $(5^{3{,}2})^4 = 5^{3{,}2\times4} = 5^{12{,}8}$
- $(0{,}5 \times 1{,}2)^{2{,}6} = 0{,}5^{2{,}6} \times 1{,}2^{2{,}6}$
- $\left(\dfrac{9{,}3}{5}\right)^{0{,}5} = \dfrac{9{,}3^{0{,}5}}{5^{0{,}5}}$

6 Fonctions exponentielles : représentation graphique et sens de variation

a désigne un nombre réel strictement positif et k un nombre réel non nul.

Propriétés (admises)

Sur l'intervalle [0 ; +∞[, la fonction $x \mapsto a^x$ est :
- **croissante** lorsque $a > 1$;
- **constante** lorsque $a = 1$;
- **décroissante** lorsque $0 < a < 1$.

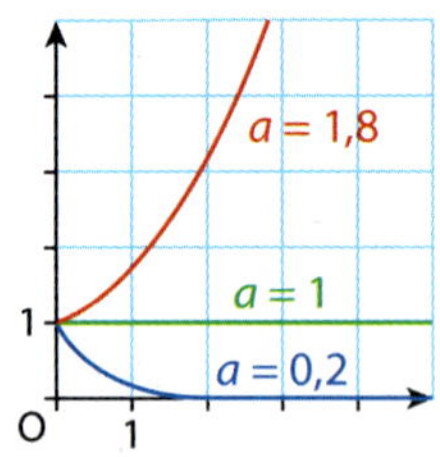

Exemples

- La fonction $x \mapsto 1{,}8^x$ est croissante sur l'intervalle [0 ; +∞[car $1{,}8 > 1$.
- La fonction $x \mapsto 0{,}2^x$ est décroissante sur l'intervalle [0 ; +∞[car $0 < 0{,}2 < 1$.

Remarque : Les fonctions exponentielles permettent de modéliser des **situations continues** (variable réelle) **à croissance (ou décroissance) exponentielle**.

Propriétés (admises)

- Si $k > 0$, les fonctions $x \mapsto k \times a^x$ et $x \mapsto a^x$ ont **même sens de variation** sur l'intervalle [0 ; +∞[.
- Si $k < 0$, les fonctions $x \mapsto k \times a^x$ et $x \mapsto a^x$ ont des **sens de variation contraires** sur l'intervalle [0 ; +∞[.

Exemples

- La fonction $x \mapsto -7{,}1 \times 6{,}3^x$ est décroissante sur l'intervalle [0 ; +∞[car $6{,}3 > 1$ et $-7{,}1 < 0$.
- La fonction $x \mapsto 4 \times 0{,}2^x$ est décroissante sur l'intervalle [0 ; +∞[car $0 < 0{,}2 < 1$ et $4 > 0$.

EXERCICES RÉSOLUS

8 Simplifier une expression

$$A = \frac{3{,}1^{0{,}6} \times 3{,}1^{3{,}9}}{(3{,}1^{0{,}25})^2}$$

Écrire A sous la forme $3{,}1^x$ où x désigne un réel positif.

Solution

$$A = \frac{3{,}1^{0{,}6+3{,}9}}{3{,}1^{0{,}25\times 2}}$$

$$A = \frac{3{,}1^{4{,}5}}{3{,}1^{0{,}5}}$$

$$A = 3{,}1^{4{,}5-0{,}5}$$

$$A = 3{,}1^4$$

Méthode : On peut commencer par simplifier le numérateur et le dénominateur en utilisant les formules $a^x \times a^y = a^{x+y}$ et $(a^x)^y = a^{x\times y}$.
On utilise ensuite la formule $\frac{a^x}{a^y} = a^{x-y}$.

9 Utiliser le sens de variation d'une fonction exponentielle

f est la fonction définie sur l'intervalle $[0\,;+\infty[$ par $f(x) = -5 \times 0{,}6^x$.
Déterminer le sens de variation de la fonction f.

Solution

La fonction $x \mapsto 0{,}6^x$ est décroissante sur l'intervalle $[0\,;+\infty[$ car $0 < 0{,}6 < 1$.
Or $-5 < 0$, donc f est croissante sur l'intervalle $[0\,;+\infty[$.

Méthode : Pour étudier le sens de variation sur $[0\,;+\infty[$ d'une fonction $x \mapsto \boldsymbol{k} \times \boldsymbol{a}^x$, on observe si $\boldsymbol{a}$ est plus grand ou plus petit que 1 et on observe le signe de $\boldsymbol{k}$.

AUTOMATISMES

Sur le modèle de l'exercice résolu 8

10 $B = \frac{0{,}6^{1{,}9} \times 0{,}6^{3{,}1}}{(0{,}6^{1{,}25})^{0{,}4}}$

Écrire B sous la forme $0{,}6^x$ où x désigne un réel positif.

11 $C = 2^{3{,}4} \times (2^{0{,}1})^2 \times \frac{1}{2^{3{,}6}}$

Justifier que $C = 1$.

12 Simplifier pour écrire sous la forme 3^x où x désigne un réel positif.

a. $D = 3^6 \times 3^{1{,}1} \times \left(\frac{1}{3^{2{,}8}}\right)^{0{,}5}$

b. $E = \left(\frac{2}{3}\right)^{0{,}8} \times \frac{(2\times 3)^{2{,}2}}{2^3}$

13 Simplifier pour écrire sous la forme 5^x où x désigne un réel positif.

a. $F = 5^{12{,}4} \times 25^{0{,}3}$ **b.** $G = \frac{5 \times 25^{2{,}5}}{5^{2{,}1}}$

Sur le modèle de l'exercice résolu 9

14 f est la fonction définie sur l'intervalle $[0\,;+\infty[$ par $f(x) = -2 \times 1{,}65^x$.
Déterminer le sens de variation de la fonction f.

15 Dans chaque cas, déterminer le sens de variation de la fonction définie sur l'intervalle $[0\,;+\infty[$ par :

a. $f(x) = 13{,}01^x$ **b.** $g(y) = 0{,}99^y$
c. $h(t) = 0{,}76 \times 0{,}01^t$ **d.** $i(x) = -10 \times 0{,}4^x$

16 f est la fonction exponentielle de base 1,85.
Recopier et utiliser le sens de variation de la fonction f pour compléter par le symbole $<$ ou $>$.

a. $f(2)$ … $f(3{,}6)$ **b.** $f(0{,}1)$ … 1

17 g est la fonction définie sur l'intervalle $[0\,;+\infty[$ par $g(x) = 0{,}7 \times 0{,}2^x$.
Sans calculer, comparer $g(2{,}75)$ et $g(2{,}6)$. Expliquer.

7 Cas particulier de l'exposant $\frac{1}{n}$

a désigne un nombre réel **strictement positif** et n un entier naturel **non nul**.

Propriété (admise)

L'équation $x^n = a$ admet une unique solution strictement positive,

$$x = \boldsymbol{a^{\frac{1}{n}}}$$

Remarque : Ainsi, $a^{\frac{1}{n}}$ est le seul nombre réel strictement positif dont la puissance n-ième est a, c'est-à-dire le seul nombre réel strictement positif tel que $\boldsymbol{\left(a^{\frac{1}{n}}\right)^n = a}$.

Exemple

L'équation $x^5 = 2{,}7$ admet pour unique solution positive, $x = 2{,}7^{\frac{1}{5}}$.
À l'aide de la calculatrice, on obtient $x \approx 1{,}22$.

```
2.7^(1/5)
                1.219755409
```

Définition

La **racine n-ième** d'un nombre réel a positif ou nul est :

- $a^{\frac{1}{n}}$ si $a > 0$;
- 0 si $a = 0$.

Notation : La racine n-ième de a est notée $\boldsymbol{\sqrt[n]{a}}$.

Ainsi : • $\boldsymbol{\sqrt[n]{a} = a^{\frac{1}{n}}}$ **si** $\boldsymbol{a > 0}$; • $\boldsymbol{\sqrt[n]{0} = 0}$.

Remarque : En particulier, pour tout nombre réel a strictement positif, $\boldsymbol{a^{\frac{1}{2}} = a^{0,5} = \sqrt{a}}$.

Exemple

$0{,}09^{\frac{1}{2}} = \sqrt{0{,}09} = 0{,}3$

8 Taux d'évolution moyen

Définition

Une quantité subit n évolutions de taux global T.
Le **taux moyen** de ces n évolutions est le taux $\boldsymbol{t}$, qui appliqué n fois, est équivalent au taux T.

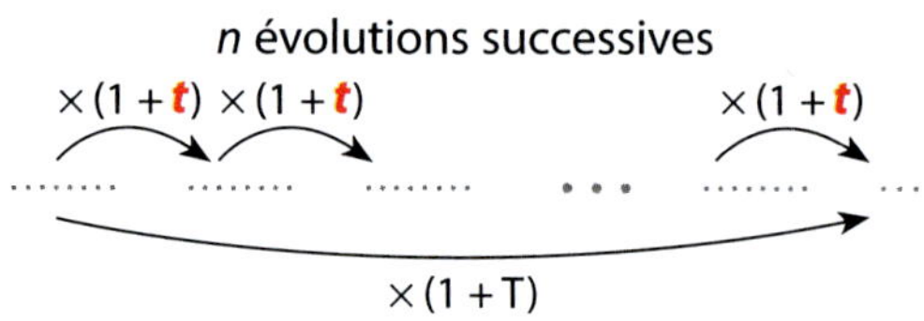

Propriété

Le taux moyen $\boldsymbol{t}$ de n évolutions successives de taux global T vérifie $\boldsymbol{(1 + t)^n = 1 + \mathrm{T}}$.

Exemple 1

Le prix d'un article a augmenté de 30 % en 5 ans.
Ici, T = 30 % = 0,3.
Le taux d'évolution annuel moyen t du prix de cet article vérifie donc $(1 + t)^5 = 1 + 0{,}3$, c'est-à-dire d'après la propriété énoncée au paragraphe 7, $1 + t = 1{,}3^{\frac{1}{5}}$.
Ainsi, $t = 1{,}3^{\frac{1}{5}} - 1$, soit $t \approx 0{,}054$.
Le prix de l'article a donc augmenté en moyenne d'environ 5,4 % par an.

Exemple 2

Amélie dispose d'un livret bancaire rémunéré à 3,1 % d'intérêts par an. Les intérêts sont calculés par quinzaine.
Ici, T = 3,1 % = 0,031.
Le taux d'intérêt moyen t par quinzaine vérifie donc $(1 + t)^{24} = 1 + 0{,}031$, c'est-à-dire $1 + t = 1{,}031^{\frac{1}{24}}$.
Ainsi, $t = 1{,}031^{\frac{1}{24}} - 1$, soit $t \approx 0{,}001\,3$.
Le taux d'intérêt moyen pratiqué par la banque est d'environ 0,13 % par quinzaine.

EXERCICES RÉSOLUS

18 Utiliser l'exposant $\frac{1}{n}$

t désigne un nombre réel tel que $(1+t)^{12} = 1{,}7$.
Déterminer la valeur exacte de t puis son arrondi au centième.

Solution

$(1+t)^{12} = 1{,}7$

$1 + t = 1{,}7^{\frac{1}{12}}$

$t = 1{,}7^{\frac{1}{12}} - 1$

$t \approx 0{,}05$

```
1.7^(1/12)-1
                0.045211253
```

Méthode : Pour résoudre une équation du type $(1+t)^{■} = •$, on écrit d'abord $1 + t = •^{\frac{1}{■}}$, puis on isole t et on en calcule une valeur approchée à l'aide de la calculatrice.

19 Calculer un taux d'évolution moyen

En France, la proportion de déchets recyclés, exprimée en pourcentage des déchets d'emballages ménagers, est passée de 45,5 % en 2002 à 64,9 % en 2012.
Calculer, en pourcentage, le taux d'évolution annuel moyen de la proportion de déchets recyclés entre 2002 et 2012. *Arrondir au centième.*

Solution

Le taux d'évolution annuel moyen t de la proportion de déchets recyclés entre 2002 et 2012 vérifie :

$$45{,}5(1+t)^{2012-2002} = 64{,}9.$$

$(1+t)^{10} = \frac{64{,}9}{45{,}5}$

$t = \left(\frac{64{,}9}{45{,}5}\right)^{\frac{1}{10}} - 1$

$t \approx 0{,}036\,2$

```
(64.9/45.5)^(1/10)-1
                0.0361516669
```

Le taux d'évolution annuel moyen est donc d'environ 3,62 %.

Méthode : On commence par traduire la situation par une équation d'inconnue le taux d'évolution annuel moyen t.
Puis on la résout en utilisant une racine n-ième.

AUTOMATISMES

Sur le modèle de l'exercice résolu 18

20 t désigne un nombre réel tel que :

$$(1+t)^7 = 10{,}2.$$

Déterminer la valeur exacte de t puis son arrondi au centième.

21 t désigne un nombre réel tel que :

$$56(1+t)^3 = 84.$$

Déterminer la valeur exacte de t puis son arrondi au millième.

22 t désigne un nombre réel tel que :

$$6{,}1(1+t)^9 = 3{,}8.$$

Déterminer la valeur exacte de t puis son arrondi au millième.

Sur le modèle de l'exercice résolu 19

23 Le salaire d'un commercial est passé de 2 075 € en janvier 2022 à 2 466 € en décembre 2022.
Calculer, en pourcentage, le taux d'évolution mensuel moyen du salaire de ce commercial durant l'année 2022.
Arrondir au centième.

24 Le chiffre d'affaires d'une entreprise de nouvelles technologies a augmenté de 254 % entre 2016 et 2022.
Calculer, en pourcentage, le taux d'évolution annuel moyen de ce chiffre d'affaires entre 2016 et 2022.
Arrondir au centième.

S'entraîner

Suites géométriques

Questions flash

25 (u_n) est une suite géométrique de raison 4 telle que $u_1 = 5$.
Laquelle de ces affirmations est exacte ?
(1) Pour calculer u_0, on divise 5 par 4.
(2) Pour calculer u_0, on multiplie 5 par 4.
(3) Pour calculer u_0, on soustrait 4 à 5.

26 Dans chaque cas, dire si les nombres peuvent être des termes consécutifs d'une suite géométrique.
a. 4 ; 8 ; 16 ; 30 ; 60 ; 120 **b.** 100 ; 10 ; 1 ; 0,1 ; 0,01
c. 1 ; 5 ; 25 ; 125 ; 625 **d.** 243 ; 81 ; 27 ; 9 ; 3 ; 1

27 (v_n) est la suite géométrique de raison 10 telle que $v_0 = 0{,}02$.
Calculer mentalement v_1, v_2, v_3, v_4.

28 (t_n) est la suite géométrique telle que $t_4 = 5$ et $t_5 = 7{,}5$.
Calculer mentalement sa raison.

29 Voici les premiers termes d'une suite.

n	1	2	3	4	5
u_n	32	8	2	0,5	0,125

Recopier et compléter :
- $\frac{8}{32} = \ldots$
- $\frac{2}{8} = \ldots$
- $\frac{0{,}5}{2} = \ldots$
- $\frac{0{,}125}{0{,}5} = \ldots$

Cette suite peut être .... Dans ce cas, sa raison est ....

30 Voici les premiers termes d'une suite.

n	0	1	2	3
v_n	8	12	18	30

Justifier que cette suite n'est pas géométrique.

31 Quand on connaît u_0 et la raison
(w_n) est la suite géométrique de raison 0,8 telle que $w_0 = 4$. Calculer :
a. w_1 **b.** w_2 **c.** w_3 **d.** w_4

32 CORRIGÉ en vidéo jaicompris.com
(u_n) est une suite géométrique de raison q.
Dans chaque cas, déterminer u_1, u_2 et u_3.
a. $u_0 = 8$ et $q = 2$; **b.** $u_0 = 8$ et $q = -0{,}5$.

33 Quand on connaît un terme et la raison
(u_n) est la suite géométrique de raison 3 telle que $u_3 = 9$.
Calculer :
a. le terme suivant u_3, à savoir u_4 ;
b. le terme précédant u_3, à savoir u_2 ;
c. le terme u_1.

34 (b_n) est la suite de raison positive q telle que $b_0 = 1$ et $b_6 = 4\,096$.
Calculer q puis b_{10}. *Penser à calculer 4^6.*

35 Quand on connaît deux termes quelconques
Une suite géométrique de raison q positive est telle que $v_2 = 4$ et $v_6 = 324$.
a. Expliquer pourquoi $v_6 = v_2 \times q^4$.
b. Calculer alors la raison q de cette suite.
c. Calculer v_0.

36 Une suite géométrique de raison q positive est telle que $w_2 = 18$ et $w_4 = 162$.
Calculer q puis w_9.

37 (v_n) est la suite géométrique de raison 3,4 telle que $v_0 = 5$.
a. Quel est le sens de variation de cette suite ? Expliquer.
b. Comparer v_3 et v_4 sans effectuer de calcul.
c. Vérifier la réponse précédente par le calcul.

38 (a_n) est la suite géométrique de raison 2 telle que $a_0 = 0{,}5$.
Représenter graphiquement dans un repère orthonormé le nuage de points $(n\,;a_n)$ avec $0 \leqslant n \leqslant 4$.

39 Les premiers termes d'une suite (u_n) sont représentés ci-contre.
a. Par lecture graphique, lire u_3.
b. Cette suite peut-elle être géométrique ?
Expliquer.

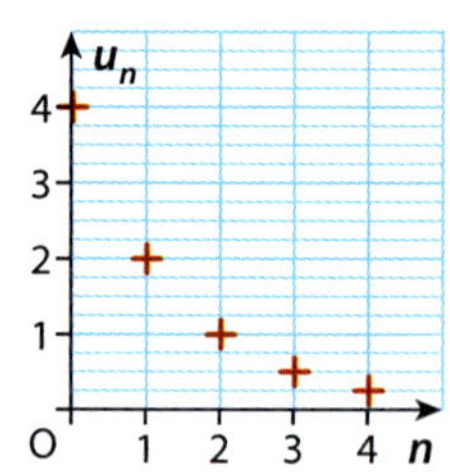

40 (t_n) est la suite géométrique à termes positifs de raison 0,75 telle que $t_0 = 4$.
a. Quel est le sens de variation de cette suite ?
b. Pour tout entier naturel n, exprimer t_n en fonction de n.
c. Dans un repère orthonormé, représenter le nuage de points de coordonnées $(n\,;t_n)$ pour $0 \leqslant n \leqslant 4$.
d. Tabuler la suite (t_n) à l'aide de la calculatrice et déterminer le 1er terme tel que $t_n < 0{,}1$.

Fonctions exponentielles : propriétés

Questions flash

41 f est la fonction définie sur $[0\,;+\infty[$ par :

$$f(x)=0{,}25^x.$$

En utilisant au besoin la calculatrice, calculer :

a. $f(0)$ **b.** $f(1)$ **c.** $f(0{,}5)$

42 Dans chaque cas, compléter oralement par le nombre qui convient.

a. $1{,}3^{2,1}\times 1{,}3^2=1{,}3^{\cdots}$

b. $\dfrac{0{,}8^{2,11}}{0{,}8^{1,01}}=0{,}8^{\cdots}$

c. $(9{,}25^{1,1})^3=9{,}25^{\cdots}$

43 Indiquer oralement lequel de ces nombres est égal à $9^{2,5}$ sans utiliser la calculatrice.

(1) 3^5 **(2)** $3^{4,5}$ **(3)** $2^{7,5}$

44 Calculer une image

f est la fonction exponentielle de base 1,5.

Recopier et compléter pour calculer $f(2)$.

Pour tout réel x positif, $f(x)=1{,}5^{\cdots}$.

Ainsi $f(2)=1{,}5^{\cdots}=\ldots$

45 f est la fonction exponentielle de base 4.

En utilisant au besoin la calculatrice, calculer en détaillant :

a. $f(0{,}5)$ **b.** $f(1{,}5)$ **c.** $f(7)$

46 f est la fonction définie sur $[0\,;+\infty[$ par :

$$f(x)=0{,}5\times 9^x.$$

En utilisant au besoin la calculatrice, calculer en détaillant :

a. $f(0)$ **b.** $f(0{,}5)$ **c.** $f(1)$

47 f est la fonction définie sur $[0\,;+\infty[$ par :

$$f(x)=-0{,}2\times 16^x.$$

En utilisant au besoin la calculatrice, calculer en détaillant :

a. $f(0)$ **b.** $f(2)$ **c.** $f(0{,}25)$

48 Simplifier une expression

Recopier et compléter pour écrire l'expression sous la forme 2^x où x est un réel positif.

$$A=\frac{2^5\times 2^{1,8}}{2^{0,8}}=\frac{2^{\cdots}}{2^{0,8}}=2^{\cdots}$$

$$a=\frac{4^3\times 4^5}{2^6\times 8}=\frac{4^{\cdots}}{2^6\times 2^{\cdots}}=\frac{(2^{\cdots})^{\cdots}}{2^{\cdots}}=2^{\cdots}$$

49 CORRIGÉ en vidéo jaicompris.com

Dans chaque cas, écrire l'expression sous la forme 3^x où x désigne un réel positif.

a. $B=\dfrac{3^{2,3}\times 3^{0,6}}{3^{1,5}}$ **b.** $C=3\times\dfrac{1}{3^{0,3}\times 3^{0,1}}$

50 Dans chaque cas, écrire l'expression sous la forme 5^x où x désigne un réel positif.

a. $D=(5^{2,1})^2\times 5^{0,3}$ **b.** $E=\dfrac{5^{10,1}\times 5}{(5^{0,3})^{0,1}}$

51 Dans chaque cas, écrire l'expression sous la forme $\blacksquare^x$ où x désigne un réel positif.

a. $F=(0{,}3^{4,1})^3\times 0{,}3$

b. $G=\dfrac{1{,}2^3}{1{,}2^{2,1}}\times\dfrac{1}{1{,}2^{0,5}}$

c. $H=\left(\dfrac{7}{3}\right)^{4,1}\times\left(\dfrac{3}{7}\right)^{1,1}\times 3^3$

52 Recopier et compléter pour écrire A sous la forme $0{,}5^x$ où x désigne un réel positif.

$A=0{,}5^{10,6}\times 0{,}25^3=0{,}5^{10,6}\times(0{,}5^{\cdots})^3$

$A=0{,}5^{10,6}\times 0{,}5^{\cdots}=0{,}5^{\cdots}$

53 Dans chaque cas, écrire l'expression sous la forme $\blacksquare^x$ où x désigne un réel positif.

a. $B=0{,}81^{0,2}\times(0{,}9^{0,6})^3$

b. $C=16^{10}\times 2^3\times\dfrac{1}{8^{0,1}}$

54 $D=\dfrac{4^{0,3}\times 6^{0,4}}{3^{0,2}\times 9^{0,1}}$. Justifier que $D=2$.

55 f est une fonction exponentielle de base a où a est un réel strictement positif telle que $f(2)=1{,}44$.

Recopier et compléter pour exprimer pour tout réel x positif, $f(x)$ en fonction de x.

Pour tout réel x positif, $f(x)=\ldots$.

Or $f(2)=1{,}44$, donc $a^{\cdots}=\ldots$.

Ainsi, $a=\ldots$ ou $a=\ldots$. Or $a>0$, donc $a=\ldots$.

Pour tout réel x positif, $f(x)=\ldots$.

56 f est une fonction exponentielle de base a où a désigne un nombre réel strictement positif.

On sait que $f(2)=0{,}09$.

Exprimer pour tout réel x positif, $f(x)$ en fonction de x.

57 La fréquence cardiaque, en battements par minute (bpm), d'un individu pendant une phase de récupération après un effort, à l'instant t, en min, est modélisée par la fonction g définie sur l'intervalle $[8\,;13]$ par : $g(t)=660\times 0{,}85^t$.

Utiliser la calculatrice pour calculer sa fréquence cardiaque au bout de 11 min 30 s. *Arrondir à l'unité.*

Fonctions exponentielles : sens de variation et représentation graphique

Questions flash

58 Déterminer, en justifiant oralement, le sens de variation de chacune des fonctions ci-dessous.

a. $f : x \mapsto 1{,}3^x$ **b.** $g : x \mapsto 0{,}4^x$

c. $h : x \mapsto 0{,}99^x$ **d.** $i : x \mapsto 2{,}01^x$

59 f est la fonction définie sur $[0\,;+\infty[$ par :

$$f(x) = 10 \times 4^x.$$

Compléter oralement.

$f(0{,}5) =$ ... donc, dans un repère, le point A(0,5 ; ...) appartient à la courbe représentative de la fonction f.

60 Déterminer le sens de variation

f est la fonction définie sur $[0\,;+\infty[$ par :

$$f(x) = 0{,}3 \times 0{,}7^x.$$

Recopier et compléter pour déterminer le sens de variation de f.

La fonction f est ... car $\ldots < 0,7 < \ldots$ et $0,3 > \ldots$.

61 f est la fonction définie sur $[0\,;+\infty[$ par :

$$f(x) = 3{,}7 \times 55^x.$$

Déterminer le sens de variation de f.

Pour les exercices 62 à 64, déterminer le sens de variation de chaque fonction définie sur $[0\,;+\infty[$.

62 **a.** $x \mapsto 4^x$ **b.** $x \mapsto 0{,}3^x$

63 **a.** $x \mapsto 2 \times 1{,}9^x$ **b.** $x \mapsto -5 \times 2{,}6^x$

64 **a.** $x \mapsto 0{,}5 \times 0{,}9^x$ **b.** $x \mapsto -6 \times 0{,}6^x$

Pour les exercices 65 à 68, on note $\mathscr{C}$ la courbe représentative de la fonction f dans un repère.

65 Reconnaître un point d'une courbe

f est la fonction exponentielle de base 0,16.

Recopier et compléter pour justifier l'appartenance ou non du point A(0,5 ; 0,6) à la courbe $\mathscr{C}$.

$f(0{,}5) = \ldots^{0{,}5} = \ldots$.

Or $\ldots \neq 0{,}6$.

Donc le point A ... à la courbe $\mathscr{C}$.

66 f est la fonction exponentielle de base 4.

À l'aide de la calculatrice, déterminer le point de la courbe $\mathscr{C}$ qui a pour abscisse 10,5.

67 f est la fonction définie sur $[0\,;+\infty[$ par :

$$f(x) = -6 \times 0{,}25^x.$$

Le point A (2 ; −3) appartient-il à $\mathscr{C}$? Justifier.

68 f est la fonction définie sur $[0\,;+\infty[$ par :

$$f(x) = 0{,}1 \times 25^x.$$

Le point B (1,5 ; −12,5) appartient-il à $\mathscr{C}$? Justifier.

69 CORRIGÉ en vidéo jaicompris.com

Laquelle des expressions suivantes est celle de la fonction représentée dans le repère ci-contre ?

Justifier.

$f(x) = 4 \times 0{,}5^x$

$g(x) = 4 \times 1{,}2^x$

$h(x) = 0{,}5^x$

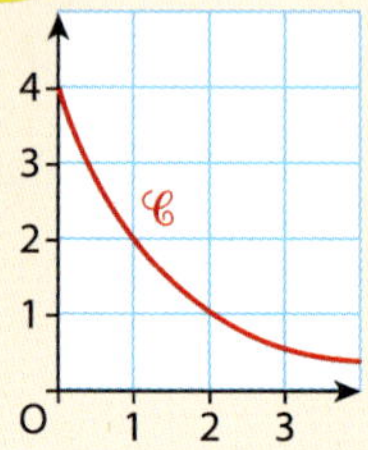

70 Tracer une courbe

g est la fonction définie sur l'intervalle [0 ; 5] par :

$$g(t) = 6 \times 0{,}75^t.$$

a. Déterminer le sens de variation de la fonction g.

b. Recopier et compléter le tableau de valeurs ci-dessous en arrondissant au besoin au dixième.

t	0	1	2	3	4	5
$g(t)$						

c. Tracer dans un repère la courbe représentative $\mathscr{C}$ de la fonction g.

71 f est la fonction définie sur l'intervalle [0 ; 5] par :

$$f(x) = 0{,}4 \times 1{,}6^x.$$

a. Déterminer le sens de variation de la fonction f.

b. Recopier et compléter le tableau de valeurs ci-dessous en arrondissant au besoin au dixième.

x	0	1	2	3	4	5
$f(x)$						

c. Tracer dans un repère la courbe représentative $\mathscr{C}$ de la fonction f.

d. Déterminer à l'aide de la calculatrice l'arrondi au centième du nombre x_0 tel que $f(x_0) = 2$.

72 h est la fonction définie sur l'intervalle [0 ; 5] par :

$$h(x) = -5 \times 0{,}2^x.$$

Dans un repère, $\mathscr{C}$ est la courbe représentative de h.

a. À l'aide de la calculatrice, tabuler la fonction h sur l'intervalle [0 ; 5] avec le pas 0,5.

b. Dans un repère, placer les points de $\mathscr{C}$ obtenus au **a.** Tracer alors l'allure de la courbe $\mathscr{C}$.

Cas particulier de l'exposant $\frac{1}{n}$

Questions flash

73 Indiquer oralement la bonne réponse.
L'équation $x^5 = 6$ a pour unique solution positive :
(1) $x = 6^5$ **(2)** $x = 5^{\frac{1}{6}}$ **(3)** $x = 6^{\frac{1}{5}}$

74 De 2000 à 2016, le nombre de catastrophes naturelles dans le monde a diminué de 43,5 %.
Indiquer oralement la bonne réponse.
Le taux d'évolution annuel moyen t sur cette période vérifie :
(1) $(1 + t)^{16} = 0{,}435$ **(2)** $(1 + t)^{16} = 0{,}565$
(3) $(1 + t)^{16} = 1{,}435$ **(4)** $(1 + t) \times 16 = 1{,}435$

75 t désigne un nombre réel tel que :
$$(1 + t)^5 = 1{,}67.$$
Déterminer à l'aide de la calculatrice l'arrondi au centième de t.

76 Calculer sans calculatrice
$$A = 9^{2{,}5}$$
Recopier et compléter pour calculer A sans utiliser la calculatrice.
$$A = 9^2 \times 9^{\cdots} = \ldots \times \sqrt{\ldots} = \ldots.$$

77 Calculer sans utiliser la calculatrice.
a. $A = 16^{0{,}5}$ **b.** $B = 25^{1{,}5}$ **c.** $C = 4^{2{,}5}$

78 Justifier que $4^{1{,}5} + 9^{0{,}5}$ est un nombre entier.

79 Utiliser l'exposant $\frac{1}{n}$
t désigne un nombre réel tel que :
$$(1 + t)^3 = 0{,}6.$$
Recopier et compléter pour déterminer la valeur exacte de t puis son arrondi au centième.
$1 + t = 0{,}6^{\cdots}$, soit $t = \ldots$. Ainsi, $t \approx \ldots$.

80 x désigne un réel tel que $(1 + x)^5 = 1{,}2$.
Déterminer la valeur exacte de x puis son arrondi au centième.

81 Dans chaque cas, déterminer la valeur exacte du nombre réel t puis son arrondi au centième.
a. $(1 + t)^5 = 3{,}5$
b. $34 \times (1 + t)^3 = 100$
c. $5{,}2 \times (1 + t)^7 = 2{,}8$
d. $7 - 6 \times (1 + t)^9 = 2$
e. $\left(1 - \frac{t}{100}\right)^3 = 0{,}5$

Taux d'évolution moyen

Questions flash

82 La population d'une ville a augmenté de 10 % en 6 ans.
Laquelle de ces équations vérifie le taux d'évolution mensuel moyen t ?
(1) $(1 + t)^6 = 0{,}1$ **(2)** $(1 + t)^6 = 1{,}1$
(3) $(1 + t)^{1{,}1} = 6$

83 De 2020 à 2022, le nombre d'internautes d'un village a augmenté de 100 %.
Lequel de ces nombres donne le taux d'évolution annuel moyen ?
(1) $2^{\frac{1}{2}}$ **(2)** $\sqrt{2} - 1$ **(3)** $1 - 2^{\frac{1}{2}}$ **(4)** $\sqrt{101} - 1$

84 Calculer un taux d'évolution moyen
Une quantité a augmenté de 67 % en 4 mois.
Recopier et compléter pour calculer le taux d'évolution, en pourcentage, mensuel moyen t.
Arrondir à l'unité.
t vérifie $(1 + t)^{\cdots} = \ldots$, soit $1 + t = \ldots$,
c'est-à-dire $t = \ldots$. Ainsi, $t \approx \ldots$.
Cette quantité a augmenté en moyenne d'environ … % par mois.

85 Un prix a baissé de 12 % en 3 mois.
Calculer le taux d'évolution, en pourcentage, mensuel moyen t. *Arrondir au dixième.*

86 CORRIGÉ en vidéo jaicompris.com
Le prix du gasoil en France a augmenté de 14,7 % du 1er janvier au 1er avril 2022.
De quel pourcentage le prix du gasoil a-t-il augmenté en moyenne par mois du 1er janvier au 1er avril 2022 ?
Arrondir au dixième.

87 Le nombre d'habitants d'un village est passé de 800 à 680 en dix ans.
De quel pourcentage le nombre d'habitants a-t-il baissé en moyenne par an durant ces dix ans ? *Arrondir au dixième.*

88 Le prix d'une montre de collection augmente de 5 % la 1re année et de 10 % la 2e année.
a. Calculer le taux global d'augmentation.
b. Calculer le taux d'augmentation annuel moyen.

89 (p_n) est la suite des puissances de 3 avec $p_0 = 1$.
a. Écrire la liste des termes p_1 à p_9.
b. Exprimer explicitement p_n en fonction de n ($n \in \mathbb{N}$).
c. Cette suite est-elle géométrique ?

90 **Algo** Voici une fonction **u** écrite en langage Python.

```
def u(n):
    u=3*1.1**n
    return u
```

a. Définir la suite explicite (u_n) dont cette fonction permet de calculer les termes.
b. Saisir cette fonction et l'exécuter pour déterminer le terme u_6.

91 **Algo** Voici une fonction **v** écrite en langage Python.

```
def v(n):
    v=2
    for i in range(1,n+1):
        v=5*v
    return v
```

a. Définir la suite récurrente (v_n) dont cette fonction permet de calculer les termes.
b. Saisir cette fonction et l'exécuter pour déterminer v_1, v_2 et v_{10}.
Que peut-on dire sur le chiffre des unités ?

92 On place un capital de 2 000 € à intérêts composés au taux annuel de 2,5 %. Cela signifie que chaque année, sans y toucher, le capital augmente de 2,5 %. Ainsi, les intérêts d'une année rapportent à leur tour des intérêts l'année suivante.
On note C_n le capital, en euros, au bout de n années (avec $n \in \mathbb{N}$).
a. Expliquer pourquoi la suite (C_n) est géométrique et préciser sa raison.
b. Si cette évolution se poursuit, quel sera le capital au bout de 8 ans ? *Arrondir à l'unité.*

93 **Une nouvelle formule**
(u_n) est une suite géométrique de raison q.
1. Démontrer que pour tous entiers naturels n et p avec $n > p$:
$$u_n = u_p \times q^{n-p}.$$
2. (a_n) est une suite géométrique telle que :
$$a_{20} = 45 \text{ et } a_{23} = 5\,625.$$
a. Utiliser la formule précédente pour calculer la raison q.
b. Calculer a_{30}.

94 On partage un carré de côté 1 en 9 carrés identiques et on enlève celui du milieu. Puis, on répète cette opération aux carrés restants, et ainsi de suite. On note C_n l'aire, en unités d'aire, de la partie coloriée à l'étape n (avec $n \geqslant 1$).

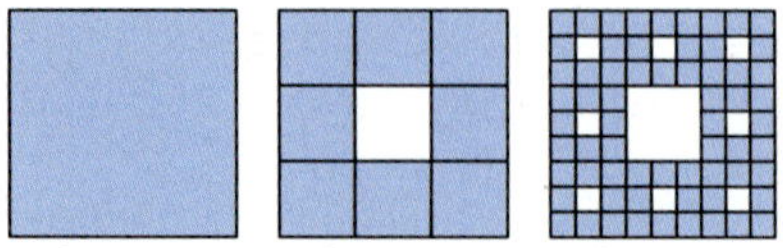

Étape 1 **Étape 2** **Étape 3**

a. Quels sont les nombres C_1, C_2 et C_3 ?
b. Exprimer C_3 en fonction de C_2 et en déduire C_3 sous la forme a^n où a désigne un nombre réel et n un entier naturel.
c. Quel est le nombre C_{25} ? Expliquer.

95 Sur le cercle n° n (avec $n \geqslant 1$), on place n points régulièrement espacés et on compte le nombre u_n de parties délimitées par les segments à l'intérieur du cercle. Ainsi $u_1 = 1$.

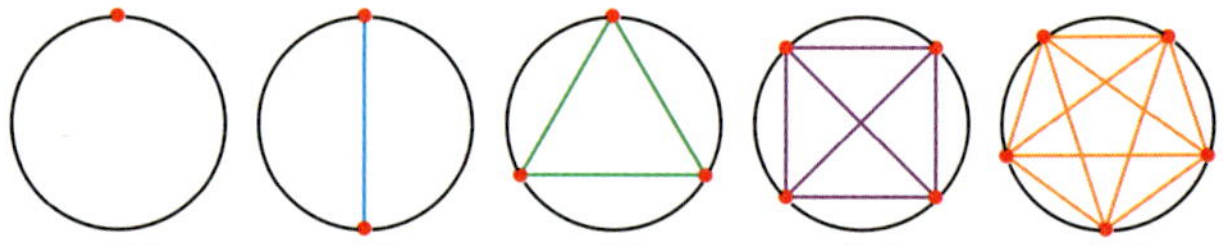

n° 1 **n° 2** **n° 3** **n° 4** **n° 5**

a. Donner u_2, u_3, u_4 et u_5.
b. Conjecturer l'expression de u_n en fonction de n.
c. Construire la figure n° 6 et compter le nombre de parties.
Que peut-on en déduire ?

96 Un capital A, en euros, est placé à intérêts composés pendant 3 ans. La somme disponible au bout de 2 ans s'élève à 8 112 € et, l'année suivante, la somme disponible est 8 436,48 €.
a. Quel est le taux annuel, en pourcentage, du placement ?
b. Quel est le capital initial A ?
c. En imaginant poursuivre ce placement au-delà de 3 ans, au bout de combien d'années la somme disponible sera-t-elle d'au moins 10 000 € ?

97 Une voiture neuve coûte 40 000 €.
Sa valeur se déprécie chaque année de 25 %.
On note V_n sa valeur n années après son achat (avec n nombre entier naturel).
a. Exprimer V_n explicitement en fonction de n.
b. Dans un repère orthogonal (*unités :* 1 cm pour 1 année en abscisse et 2 cm pour 5 000 € en ordonnée), représenter graphiquement le nuage de points de coordonnées $(n\,;V_n)$ pour $0 \leqslant n \leqslant 5$.

98 Une région a un fort taux de natalité. Le nombre d'habitants de cette région est modélisé par la fonction f définie sur l'intervalle $[0 ; 25]$ par $f(t) = 12 \times 1{,}051\,3^t$, où $f(t)$ représente le nombre d'habitants, en millions, l'année $2020 + t$.

a. Calculer le nombre d'habitants en 2020.

b. Déterminer le sens de variation de la fonction f sur l'intervalle $[0 ; 25]$.

c. Cette région ne pourra pas nourrir plus de 18 millions d'habitants.
À l'aide de la calculatrice, déterminer à partir de quelle année cette région ne pourra plus subvenir aux besoins des habitants si cette croissance est maintenue.

d. Interpréter pour cette situation le fait que $f(21) < 36$ et $f(22) > 36$.

99 Pour évaluer l'isolation thermique d'une pièce, on étudie l'évolution de sa température après arrêt du chauffage.
f est la fonction définie sur l'intervalle $[0 ; 10]$ par :

$$f(t) = 19 \times 0{,}95^t.$$

On admet que la fonction f modélise la température de la pièce, en °C, en fonction du temps t, en h, à partir de l'arrêt du chauffage, pour t variant de 0 à 10.

a. Déterminer le sens de variation de la fonction f.

b. Quelle est la température de la pièce :
- à l'arrêt du chauffage ?
- 2 h après l'arrêt du chauffage ? *Arrondir au dixième.*

c. Dans un repère, tracer la courbe représentative de la fonction f en plaçant quelques points.

d. Estimer graphiquement, à une demi-heure près, au bout de combien de temps la température est égale à 15 °C.

e. Estimer graphiquement, à une demi-heure près, le temps nécessaire pour que la température passe de 15 °C à 12 °C.

100 **Prendre des initiatives**

f est la fonction définie sur l'intervalle $[1 ; +\infty[$ par :

$$f(x) = 8 \times 2^x \times 0{,}5^{x-1}.$$

Que peut-on conjecturer pour les images de cette fonction ?
Démontrer cette conjecture.

101 La fréquentation d'un parc animalier a augmenté de 38 % entre 2018 et 2021.
Le parc a enregistré 1,9 millions d'entrées en 2021.
Combien d'entrées le parc peut-il prévoir en 2024 si l'évolution annuelle moyenne se poursuit ainsi ?

102 Tous les ans, des volontaires d'une organisation parcourent les côtes de la Californie pour estimer le nombre de papillons monarques.
Ils ont recensé 1 300 milliers de papillons monarques en 1997 et 50 milliers en 2019.

a. Calculer le taux d'évolution global, en pourcentage, du nombre de papillons monarques entre 1997 et 2019. *Arrondir au dixième.*

b. Montrer que le taux d'évolution annuel moyen, en pourcentage, du nombre de papillons monarques entre 1997 et 2019 est environ de –13,8 %.

c. On suppose qu'à partir de l'année 2019, le nombre de papillons monarques baisse de 14 % chaque année.
Estimer, selon ce modèle, le nombre de papillons monarques en 2029.
Arrondir au millier.

Des Défis

103 **Connaître la hauteur d'une attraction**

Dans ce repère, la courbe rouge modélise l'allure d'une partie d'une descente d'un circuit de sommet le point S d'une future attraction.

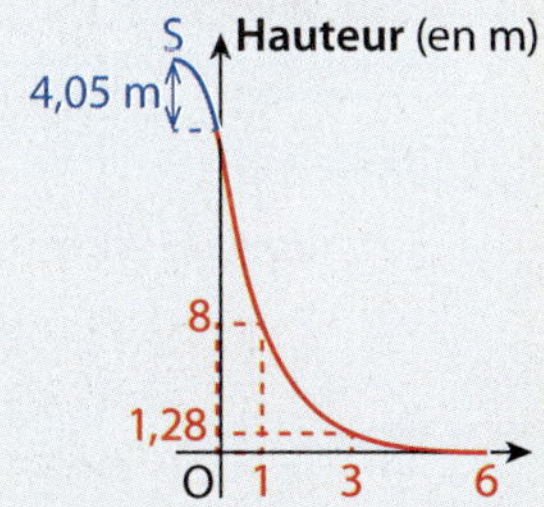

Elle représente graphiquement la fonction f définie sur l'intervalle $[0 ; 6]$ par $f(x) = k \times a^x$ où $k \in \mathbb{R}$ et $a \in]0 ; +\infty[$.
À quelle hauteur se situe le sommet S ?

104 **Recouvrir un étang**

Le nombre de plantes aquatiques d'un étang de 100 m^2 double chaque semaine. Une plante couvre une surface qui mesure 1 cm^2.
Sachant qu'il y a au départ une seule plante, au bout de combien de semaines l'étang sera-t-il recouvert ?

Résoudre des problèmes

105 Étudier le modèle de Harrod-Domar

Économie

Modéliser **Raisonner** **Calculer**

EN ÉCONOMIE

À partir de l'entre-deux-guerres, les premiers travaux scientifiques sur la croissance économique apparaissent. La crise des années 1930 conduit à mettre la priorité sur l'équilibre ou le déséquilibre du marché.
En 1939, dans « *An Essay in dynamic theory* », l'économiste anglais **Roy Forbes Harrod** étudie les conditions d'une croissance équilibrée sur le long terme.
En 1947, dans « *Expansion and Employment* », l'économiste américano-russe **Evsey Domar** détermine formellement les conditions d'une croissance équilibrée.
Ces travaux ont donné naissance au modèle de **Harrod-Domar** ; ce modèle a ouvert la voie aux modèles modernes de la croissance (en particulier au modèle de Solow).

L'épargne d'un pays correspond à la partie du revenu qui n'est pas consommée ; cette épargne permet ainsi de financer les investissements.
Pour un pays fictif et pour une année n (avec $n \in \mathbb{N}$), on note S_n l'épargne, Y_n le revenu et I_n l'investissement, en milliards d'euros.
En l'année 2022 (année 0), le revenu Y_0 est égal à 1 000.
On admet que chaque année, l'épargne S_n est égale à 15 % du revenu Y_n.

a. Traduire la dernière phrase par une égalité.

b. De plus, on admet que pour tout entier naturel $n \geqslant 1$,
$$I_n = 2{,}15(Y_n - Y_{n-1}).$$
Traduire cette égalité par une phrase.

c. On dit qu'il y a équilibre lorsque l'épargne est égale à l'investissement.
Lorsque l'équilibre est réalisé, exprimer Y_n en fonction de Y_{n-1} (avec $n \geqslant 1$).

d. Dans une situation d'équilibre, donner l'arrondi au milliard du revenu en 2030.

e. Déterminer à l'aide de la calculatrice, à partir de quelle année le revenu dépassera, selon ce modèle, 3 000 milliards d'euros.

106 Algo Étudier l'élimination d'un médicament dans le sang

Sciences de la vie

Modéliser **Raisonner** **Calculer**

Un certain médicament a une demi-vie d'environ 2 h dans le sang.
Le médicament est destiné à être administré en doses de D mg toutes les quatre heures.

Info

La demi-vie est le temps nécessaire au corps pour éliminer la moitié de la quantité d'une substance.

On note d_n le nombre de mg de médicament dans le sang après la n-ième injection.

a. Expliquer pourquoi $d_{n+1} = D + \frac{1}{4}d_n$.

b. Voici la fonction **Quantite** écrite en langage Python permettant d'obtenir la valeur de d_n pour une valeur donnée du paramètre n et correspondant à une dose D = 150 mg.
Quelle instruction a été effacée à la ligne 4 ?

```
1 def Quantite(n):
2     d=150
3     for i in range(1,n+1):
4         ..........................
5     return d
```

c. Saisir ce programme et l'exécuter pour $n = 5$, $n = 10$, $n = 30$. Que peut-on conjecturer ?

d. On admet que la conjecture est vraie quelle que soit la valeur de D.
Une quantité de plus de 500 mg dans le sang est considérée comme dangereuse.
Calculer la dose maximale qui peut être prescrite régulièrement pendant une grande période.

107 Étudier la loi de Moore

Sciences de l'ingénieur

Chercher **Calculer** **Communiquer**

La loi de Moore, énoncée en 1975 par l'ingénieur américain Gordon Moore, cofondateur de la société Intel, prévoit que le nombre de transistors des microprocesseurs proposés à la vente au grand public double tous les 2 ans. Les microprocesseurs fabriqués en 1975 comportaient 9 000 transistors.

Pour modéliser cette loi de Moore, on considère la suite (u_n) définie par $u_0 = 9\,000$ et pour tout entier naturel n, $u_{n+1} = 2u_n$.

Un terme u_n de cette suite correspond au nombre de transistors prévus par la loi de Moore pour un microprocesseur fabriqué lors de l'année $1975 + 2n$ où n est un entier naturel.

ACTUALITÉS

Aujourd'hui, la loi de Moore ne s'applique plus.

Depuis 2015, la croissance du nombre de transistors sur une puce décline. En effet, la taille minimale des transistors, quelques nanomètres, est atteinte et la fréquence des transistors stagne en raison des difficultés à dissiper la chaleur.

En 2022, Apple a présenté sa puce *M1 Ultra* qui possède 20 cœurs au total et contient 114 milliards de transistors.

a. Calculer u_1 et u_2, puis interpréter ces nombres dans le contexte de cette situation.

b. Quelle est la nature de la suite (u_n) ? Exprimer u_n en fonction de n.

c. Déterminer le nombre de transistors prévus par la loi de Moore pour un microprocesseur fabriqué en 2001.

d. Selon ce modèle, à partir de quelle année les microprocesseurs intégreront-ils plus de 100 milliards de transistors ?

108 Algo Étudier un placement à intérêts composés

Éducation économique et financière

Chercher **Calculer** **Communiquer**

Thomas a 13 ans et demi. Il dispose de 800 € d'économies.

Ses parents décident de placer cet argent sur un compte rémunéré à intérêts composés au taux annuel de 4,5 %. Cela signifie que les intérêts d'une année s'ajoutent au capital et que l'année suivante ils rapportent eux aussi des intérêts.

Par la suite, arrondir les résultats au centième si besoin.

a. Calculer le capital, en euros, dont disposera Thomas au bout de trois ans, c'est-à-dire sa valeur acquise au bout de trois ans.

b. On considère la fonction f définie sur l'intervalle $[0\,;\,18]$ par :

$$f(x) = 800 \times 1{,}045^x.$$

$f(x)$ représente la valeur acquise d'un capital de 800 € placé à intérêts composés pendant x années au taux annuel de 4,5 %.

Déterminer le sens de variation de la fonction f sur l'intervalle $[0\,;\,18]$.

c. Calculer la valeur acquise, en euros, par le capital lorsque Thomas atteindra sa majorité.

d. Calculer la valeur acquise, en euros, par le capital lorsque Thomas aura 14 ans et 2 mois.

e. Combien d'années Thomas devra-t-il patienter pour voir doubler son capital initial ? Justifier.

f. Voici une fonction **s** écrite en langage Python.

```python
def s(c):
    x=0
    while 800*1.045**x<c:
        x=x+1/4
    return x
```

Saisir cette fonction et l'exécuter pour déterminer **s**(1 000).

Interpréter la valeur renvoyée dans le contexte de la situation.

109 Étudier la loi de Malthus

Économie, géographie

Chercher | Raisonner | Communiquer

INFO HISTORIQUE

En 1798, l'économiste anglais **Thomas Malthus** publie « *An essay on the principle of population* » dans lequel il émet l'hypothèse que l'accroissement de la population, beaucoup plus rapide que celui des ressources alimentaires, conduira son pays à la famine.
Il écrit : *« Nous pouvons donc tenir pour certain que, lorsque la population n'est arrêtée par aucun obstacle, elle va doublant tous les vingt-cinq ans, et croît de période en période selon une progression géométrique. [. . .] Nous sommes donc en état de prononcer, en partant de l'état actuel de la terre habitée, que les moyens de subsistance, dans les circonstances les plus favorables de l'industrie, ne peuvent jamais augmenter plus rapidement que selon une progression arithmétique. »*

En 1800, la population de l'Angleterre était estimée à 8 millions d'habitants et l'agriculture anglaise pouvait nourrir 10 millions de personnes. L'économiste Thomas Malthus émet l'hypothèse que la population augmente de 2,8 % chaque année et que l'agriculture permet de nourrir 0,4 million de personnes de plus chaque année.

a. Quelle aurait été, en millions d'habitants, la population de l'Angleterre en 1810 ?
Arrondir au millième.

b. Combien de personnes l'Angleterre aurait-elle pu nourrir en 1810 ?

c. Pour tout réel t de l'intervalle $[0 ; 50]$, on note $f(t)$ (resp. $g(t)$) le nombre d'habitants (resp. le nombre d'habitants pouvant être nourris par l'agriculture) en Angleterre, en millions d'habitants, en $1800 + t$.
Exprimer $f(t)$ et $g(t)$ en fonction de t.

d. Déterminer le sens de variation de chacune des fonctions f et g sur l'intervalle $[0 ; 50]$.

e. À partir de quelle année la population de l'Angleterre serait-elle devenue trop grande pour ne plus être suffisamment nourrie par son agriculture ?

110 Étudier la propagation d'une rumeur

Sciences sociales

Chercher | Modéliser | Communiquer

En arrivant à son travail, Faustine transmet une information.
Ainsi, de 9 h à 10 h, elle informe trois personnes. Les heures suivantes, chacune des personnes informées, informe à son tour trois nouvelles personnes.
On note $f(x)$ le nombre de personnes **nouvellement** informées x heures après 9 h.

a. Exprimer pour tout nombre réel x positif, $f(x)$ en fonction de x.

b. Déterminer le nombre de personnes informées :
- à 9 h ;
- entre 9 h et 10 h ;
- entre 10 h et 11 h ;
- entre 11 h et 12 h ;
- entre 12 h et 12 h 30.

c. En déduire le nombre de personnes susceptibles d'être informées lorsque Faustine prend sa pause méridienne à 12 h 30.

111 Prendre des initiatives

Physique

Modéliser | Raisonner | Communiquer

Une balle est lâchée d'une hauteur de 3,6 m et on note la hauteur des rebonds suivants.

Rebond n°	0	1	2	3
Hauteur (en cm)	360	270	202,5	151,875

En supposant que les rebonds évoluent de la même façon, déterminer à quel rebond la balle sera au repos, c'est-à-dire qu'elle rebondit à moins de 1 cm.

112 Dater par le carbone 14

Physique, sciences de la vie et de la Terre

Chercher | Raisonner | Communiquer

Les organismes vivants contiennent naturellement du carbone 14 qui est constamment renouvelé et qui se maintient à la valeur de 15,3 unités. On note $f(t)$ la concentration en carbone 14 présent dans un organisme t milliers d'années après sa mort.

On admet que la fonction f est définie sur l'intervalle [0 ; 60] par :

$$f(t) = 15{,}3 \times 0{,}883^t.$$

a. Étudier le sens de variation de la fonction f.

b. Des archéologues ont trouvé des fragments d'os présentant une concentration en carbone 14 égale à 7,3 unités.

Justifier que l'on peut estimer l'âge de ces fragments d'os à 6 000 ans.

c. Lorsque la concentration en carbone 14 d'un organisme devient inférieure à 0,3 % de sa valeur initiale on ne peut plus dater raisonnablement à l'aide du carbone 14.

Déterminer l'âge à partir duquel un organisme ne peut plus être daté au carbone 14.

Info

Pour un fossile de moins de 50 000 ans environ, on utilise la datation par le carbone 14.

Pour les fossiles plus anciens, on mesure le potassium contenu dans les os. Avec le temps, il se transforme en argon. En fonction de la proportion de ces deux éléments, on peut dater le fossile.

113 Algo Étudier le taux de reproduction d'un virus lors d'une épidémie

Sciences de la vie

Chercher | Modéliser | Raisonner

On constate qu'au début d'une épidémie, dans une population sans aucune immunité, une personne contaminée en contamine en moyenne 4 autres par semaine.

On dit que le taux de reproduction R_0 est 4.

Initialement, on suppose qu'une seule personne est contaminée.

Écrire un programme en langage Python afin de déterminer au bout de combien de jours le nombre de personnes nouvellement contaminées devient strictement plus grand que 10 000.

Un métier
Technicien(ne) en radiologie

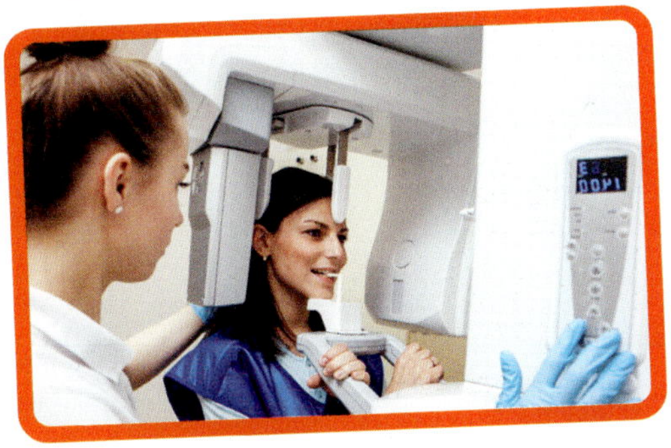

Comment diagnostiquer des maladies et des lésions affectant le squelette et les organes du corps humain?

▶ Le/a technicien(ne) en radiologie est un/e professionnel/le médical(e) chargé(e) de l'utilisation de l'équipement de radiologie pour l'**imagerie diagnostique** : il/elle prépare et met en fonction les différents appareils qui permettent d'obtenir des images de la structure interne du corps humain (organes, tissus et os).

▶ Ils/Elles prennent certaines précautions afin d'éviter d'être exposés à des quantités excessives de rayon X. Les écrans de plomb permettent de bloquer ces rayons. On peut modéliser l'épaisseur minimale recommandée pour bloquer des rayons X selon leur intensité à l'aide d'une fonction exponentielle.

5 Variation instantanée

Tester ses automatismes

Représentations graphiques

1 Préciser les grandeurs en jeu Paragraphe 1, p. 122

Le graphique ci-contre donne la hauteur d'eau, en m, dans le port de La Rochelle une journée du mois d'août.

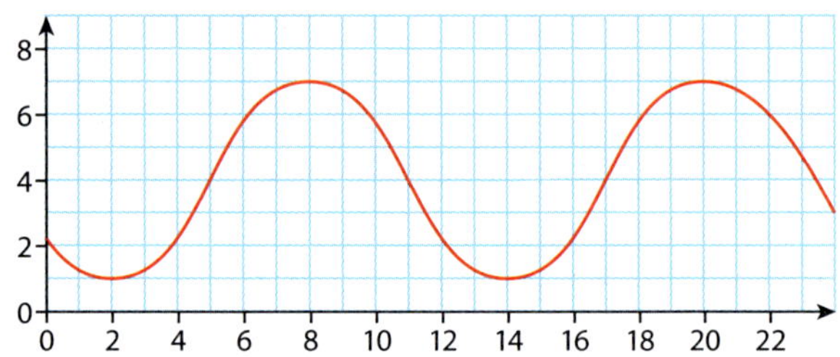

a. Sur quel axe lit-on :

- l'heure de la journée ?
- la hauteur d'eau dans le port ?

b. Recopier et compléter la phrase en indiquant un sens de variation.

« Entre 2 h et 8 h, la hauteur d'eau ... et entre 10 h et 14 h, elle .... »

c. À combien de moments de la journée, la hauteur d'eau dans le port est-elle de 5 m ?

2 Lire des informations Paragraphe 1, p. 122

Sur route sèche, la distance de freinage d'une voiture jusqu'à l'arrêt dépend de sa vitesse au moment du début du freinage.

Dans chaque cas, donner la réponse exacte.

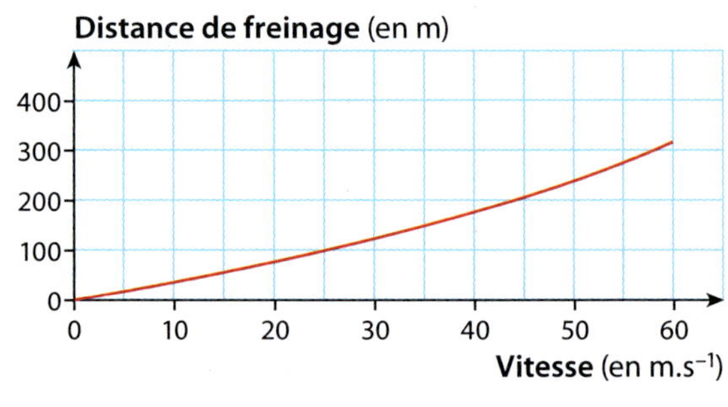

a. À une vitesse de 25 $m \cdot s^{-1}$, la distance de freinage est :

(1) 50 m **(2)** 100 m **(3)** 250 m

b. Une voiture depuis le début du freinage a parcouru 175 m avant de s'immobiliser.

Sa vitesse au début du freinage était :

(1) 30 $m \cdot s^{-1}$ **(2)** 40 $m \cdot s^{-1}$ **(3)** 45 $m \cdot s^{-1}$

3 Lire graphiquement un seuil Paragraphe 2, p. 122

Alice s'entraîne au tir à l'arc, elle a tiré une flèche.

Le graphique ci-contre représente la hauteur de la flèche, en m, en fonction de la distance horizontale, en m, qu'elle a parcourue.

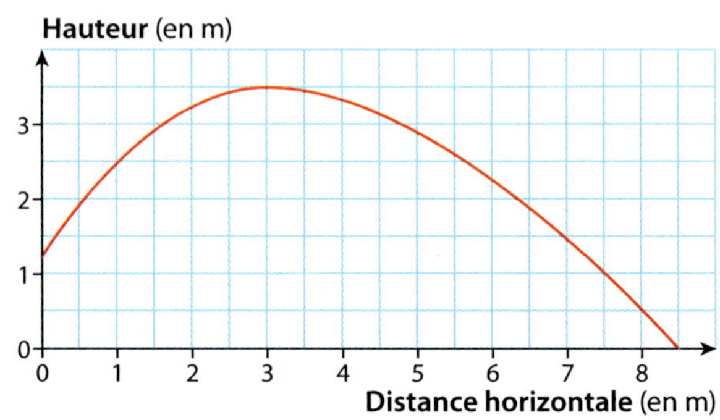

a. Quelle est la hauteur maximale atteinte par la flèche ?

b. À partir de quelle distance horizontale d'Alice, la hauteur de la flèche :

- décroît-elle ?
- devient-elle inférieure à 1 m ?

Traitement de données

4 Calculer un pourcentage Paragraphe 4, p. 123

Un boulanger a préparé 180 baguettes. À 11 h, il lui reste 81 baguettes.
Calculer le pourcentage de baguettes qu'il a vendues.

5 Exprimer une diminution à l'aide d'un pourcentage Paragraphe 5, p. 123

En 40 ans, la superficie de la forêt amazonienne est passée de 6,25 millions à 5,5 millions de km^2.
Exprimer cette diminution sous forme d'un pourcentage.

Calcul numérique et algébrique

6 Effectuer mentalement des calculs Paragraphe 8.a, p. 125

Dans chaque cas, calculer mentalement la valeur de l'expression $x^2 - 3x + 5$ pour la valeur indiquée de x et donner la bonne réponse parmi celles proposées.

• $x = 1$:	**(1)** −5	**(2)** 8	**(3)** 3	**(4)** 9
• $x = 0$:	**(1)** 5	**(2)** 3	**(3)** 1	**(4)** −3
• $x = 5$:	**(1)** 45	**(2)** 15	**(3)** 0	**(4)** −5
• $x = -3$:	**(1)** −13	**(2)** 5	**(3)** 8	**(4)** 23

7 Donner un ordre de grandeur Paragraphe 10, p. 126

Donner, sans la calculatrice, un ordre de grandeur du nombre 99,5 − 108,9 + 501,3.

8 Appliquer une formule de calcul de vitesse Paragraphe 11.c, p. 127

Lorsqu'un randonneur parcourt une distance d, en km, pendant une durée t, en h, sa vitesse moyenne, en km·h^{-1}, est donnée par la formule $v = \frac{d}{t}$.

a. Chloë a parcouru 12 km en 2 h 30 min.
Déterminer sa vitesse moyenne, en km·h^{-1}, sur son parcours.

b. De son côté, Léa a parcouru 9 km en 2 h 15 min.
Déterminer sa vitesse moyenne, en km·h^{-1}, sur son parcours.

9 Appliquer une formule de calcul d'un coefficient directeur Paragraphe 11.c, p. 127

Dans un repère orthogonal, on considère les points A(−2 ; 7) et B(3 ; −5).

Le coefficient directeur a de la droite (AB) est donné par la formule $a = \frac{y_B - y_A}{x_B - x_A}$.

Appliquer cette formule ; quelle valeur obtient-on ?

10 Utiliser une identité remarquable Paragraphe 8.d, p. 125

Calculer mentalement $101^2 - 99^2$. Expliquer.

11 Développer une expression Paragraphe 12.a, p. 127

Dans chaque cas, développer, réduire et ordonner.

a. $(x - 5)(x + 1)$ **b.** $(4 - x)(x - 7)$ **c.** $-2(x - 1)(x + 6)$

12 Résoudre une équation du 1er degré Paragraphe 13.b, p. 128

Résoudre chacune des équations.

a. $5x - 3 = 7$ **b.** $1 - 3x = 8$ **c.** $1 + 2t = 5 - t$

1 Tice Visualiser la position limite de sécantes

Les parents de Lola ont suivi la croissance de la taille de leur fille de 1 mois à 3 ans.
Voici la courbe $\mathscr{C}$ qu'ils ont obtenue.

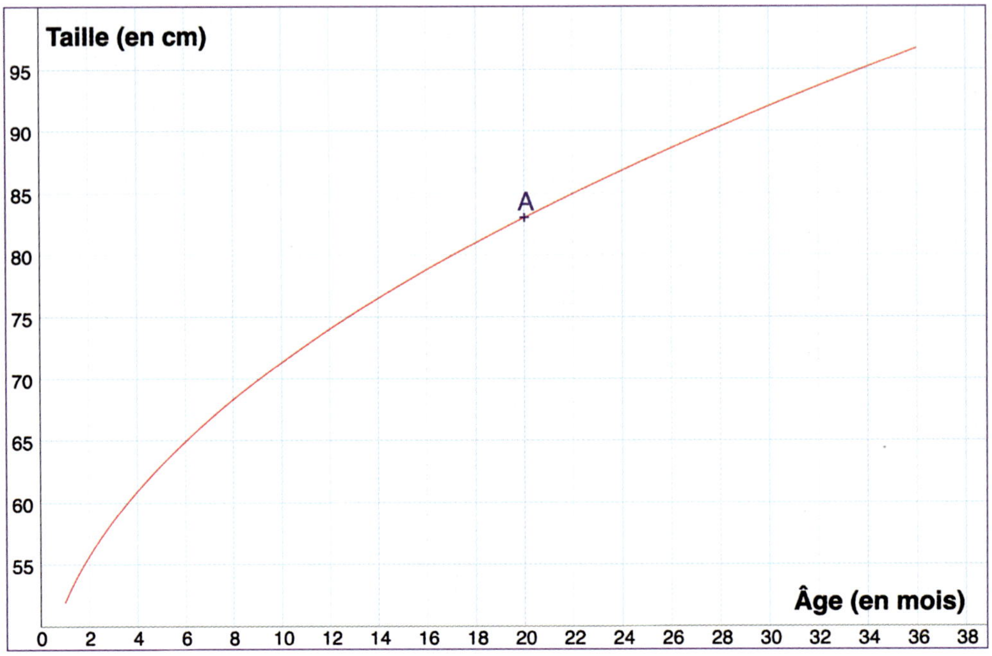

1. Réaliser des zooms successifs sur un point de la courbe

a. Ouvrir un logiciel de géométrie et télécharger le fichier **chapitre5-activité1** sur le site compagnon afin d'obtenir la courbe précédente à l'écran.
On a placé sur cette courbe le point A d'abscisse 20.

b. Lire graphiquement :
- l'ordonnée du point A et interpréter la valeur lue ;
- le nombre de centimètres dont Lola a grandi entre 6 mois et 20 mois.

c. Réaliser des agrandissements successifs sur le point A (utiliser Agrandissement et Déplacer Graphique).
Que peut-on dire de la partie de courbe obtenue à l'écran lors de ces agrandissements successifs ?

2. Construire une sécante (AM)

a. Créer un point M, distinct du point A, variable sur la courbe $\mathscr{C}$ (utiliser Point sur Objet).

b. Créer la sécante (AM) et afficher le coefficient directeur de cette droite (utiliser Pente), il apparaît sur le graphique.

c. Situer le point M sur la courbe $\mathscr{C}$ de telle façon que son abscisse soit égale à 6.
Lire alors le coefficient directeur de la sécante (AM) et interpréter cette valeur.

3. Approcher le point M du point A

Déplacer le point M sur la courbe $\mathscr{C}$ et l'approcher de plus en plus près du point A.
La sécante (AM) se rapproche alors d'une droite T.
Quel est le coefficient directeur de cette droite T ?

Info

La droite T position limite de la sécante (AM) lorsque M s'approche de A sur $\mathscr{C}$ est appelée **tangente à la courbe $\mathscr{C}$ au point A.**
Si f est la fonction définie par la courbe $\mathscr{C}$, le coefficient directeur de cette droite T est appelé **nombre dérivé de la fonction f en 20**, abscisse du point A. On note $f'(20) = 1$.

2 Tice Définir la vitesse instantanée d'un mobile

Une voiture effectue des essais de freinage sur une portion rectiligne d'un circuit. Entre l'instant $t = 0$, début du freinage, et l'instant $t = 5$ où elle s'arrête, la distance parcourue par la voiture, en m, est donnée par :

$$d(t) = -4t^2 + 40t.$$

Le temps t est exprimé en s.
Voici la courbe représentative $\mathscr{C}$ de la fonction d obtenue à l'aide d'un logiciel de géométrie.
Le point A de la courbe a pour abscisse 2.

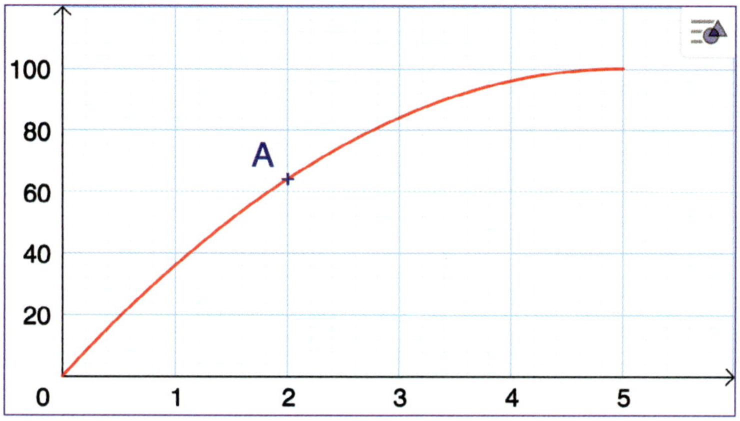

1. Calculer des vitesses moyennes

a. Calculer la distance parcourue par la voiture, puis sa vitesse moyenne entre les instants $t = 1{,}9$ et $t = 2$.

b. La vitesse moyenne précédente peut être interprétée comme le coefficient directeur d'une sécante (AM) où M est un point de la courbe $\mathscr{C}$.
Quelles sont les coordonnées du point M ?

c. Calculer de même la vitesse moyenne de la voiture entre les instants $t = 2$ et $t = 2{,}1$.

2. Utiliser un logiciel de géométrie

Avec un logiciel de géométrie, dans la fenêtre **Algèbre**, saisir :

d(t) = Fonction(–4t² + 40t, 0, 5)

Dans le tableur associé, réaliser la feuille de calcul dont le début est donné ci-contre.
La colonne A contient les valeurs de t : 1,9 ; 1,91 ; ... jusqu'à 2,1.
Pour chacune de ces valeurs, on détermine $d(t)$ et la vitesse moyenne de la voiture entre les instants 2 et t (ou t et 2) pour $t \neq 2$.

	A	B	C
1	1.9	61.56	24.4
2	1.91	61.81	24.36
3	1.92	62.05	24.32

Coup de pouce

B1 : =d(A1) C1 : =(64 – B1) / (2 – A1) C12 : =(B12 – 64) / (A12 – 2)

3. Interpréter graphiquement ces vitesses

a. De quelle valeur la vitesse moyenne entre les instants 2 et t (ou t et 2) s'approche-t-elle lorsque t est de plus en plus proche de 2 ?

Info
Cette valeur limite de la vitesse moyenne est **la vitesse instantanée de la voiture à l'instant $t = 2$ s.**

b. Expliquer pourquoi cette vitesse instantanée est le coefficient directeur de la tangente T à la courbe $\mathscr{C}$ au point A d'abscisse 2, c'est-à-dire le nombre dérivé de la fonction d en 2.

Cours

f est une fonction définie sur un intervalle et $\mathscr{C}$ est sa courbe représentative dans un repère orthogonal.
A est un point de la courbe $\mathscr{C}$ d'abscisse a.

1 Tangente à la courbe représentative d'une fonction

M est un point de la courbe $\mathscr{C}$ distinct du point A. On trace la sécante (AM).

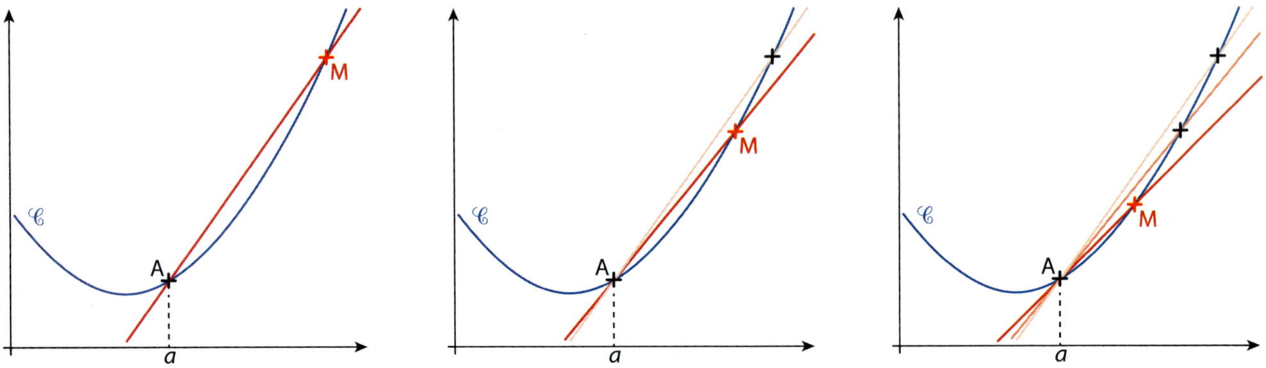

Définition

Lorsque le point M se rapproche de plus en plus du point A, la sécante (AM) se rapproche d'une droite T qui est appelée, lorsqu'elle existe, **tangente à la courbe $\mathscr{C}$ au point A.**

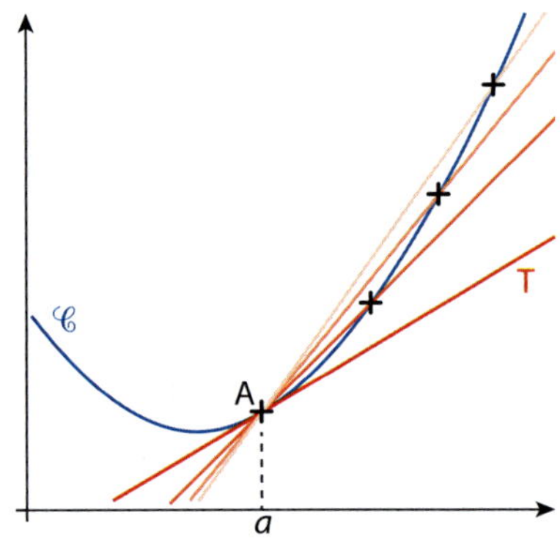

Remarque : Lorsqu'on effectue des agrandissements successifs autour du point A, on observe que la partie de courbe obtenue est presque confondue avec la tangente.

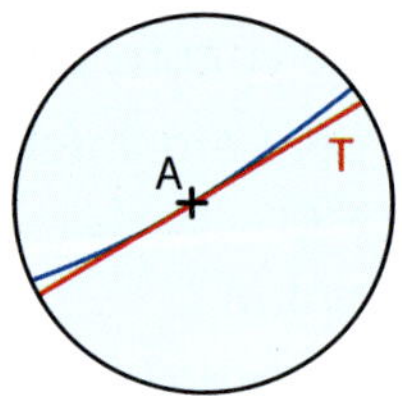

2 Nombre dérivé d'une fonction en un point

Définition

Le coefficient directeur de la tangente T à la courbe $\mathscr{C}$ au point A est appelé, lorsqu'il est défini, **nombre dérivé de la fonction f en a.**
On le note $f'(a)$.

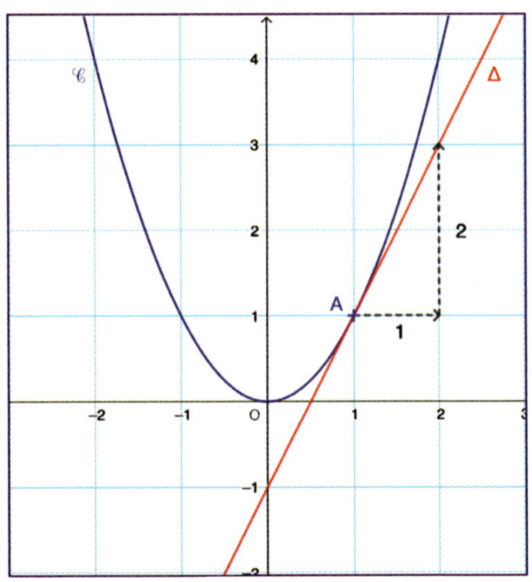

Exemple

À l'aide d'un logiciel de géométrie, on a tracé ci-contre, dans un repère, la courbe représentative $\mathscr{C}$ de la fonction $g : x \mapsto x^2$ et la tangente Δ à la courbe $\mathscr{C}$ au point A d'abscisse 1.
On lit graphiquement que le coefficient directeur de la tangente Δ est égal à 2, ainsi le nombre dérivé de la fonction g en 1 est 2 et on écrit $g'(1) = 2$.

EXERCICES RÉSOLUS

1 Calculer un nombre dérivé

Dans le repère orthogonal ci-contre, $\mathscr{C}$ est la courbe représentative d'une fonction f et T est la tangente à cette courbe au point A d'abscisse 2.

a. Lire les coordonnées des points A et B.

b. Calculer le coefficient directeur de la droite T.

c. En déduire le nombre dérivé de la fonction f en 2.

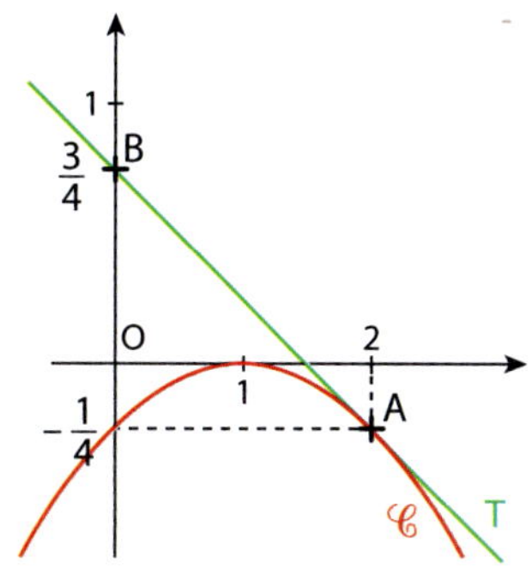

Solution

a. On lit sur le graphique : $A\left(2\,;-\frac{1}{4}\right)$ et $B\left(0\,;\frac{3}{4}\right)$.

b. Le coefficient directeur de la droite T est :

$$\frac{y_B - y_A}{x_B - x_A} = \frac{\frac{3}{4} - \left(-\frac{1}{4}\right)}{0-2} = -\frac{1}{2}.$$

c. Le nombre dérivé de la fonction f en 2 est le coefficient directeur de la tangente T, ainsi $f'(2) = -\frac{1}{2}$.

Méthode : Pour déterminer le nombre dérivé de f en 2, on détermine le coefficient directeur de la tangente T au point d'abscisse 2, c'est-à-dire ici $\frac{y_B - y_A}{x_B - x_A}$.

2 Tracer une tangente

g est la fonction définie sur $\mathbb{R}$ par $g(x) = -x^2 + 2$.
Voici sa courbe représentative $\mathscr{C}$ dans un repère orthonormé.
Avec un logiciel de calcul formel, on a obtenu $g'(-1) = 2$.
Tracer la tangente T à $\mathscr{C}$ au point A d'abscisse -1.

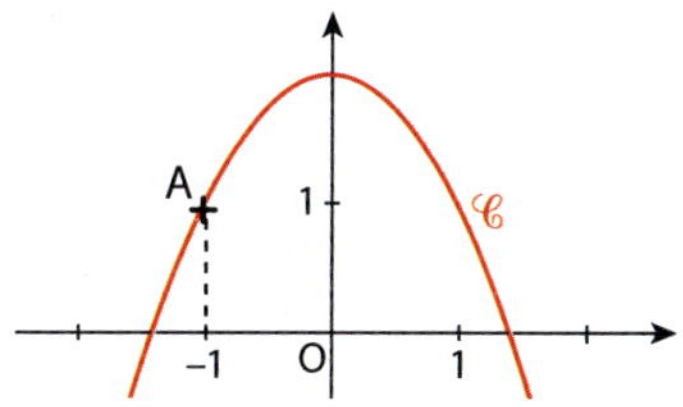

Solution

$g(-1) = -(-1)^2 + 2 = 1$

Donc le point A a pour coordonnées $(-1\,;1)$.

La tangente T est la droite passant par A et de coefficient directeur $g'(-1) = 2$.

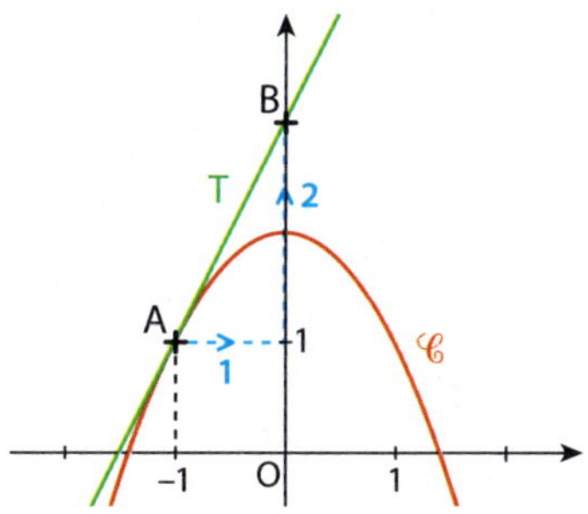

Méthode : En partant du point A, on se décale d'une unité vers la droite puis de deux unités vers le haut, on atteint le point B de coordonnées $(0\,;3)$.
La tangente T est la droite (AB).

AUTOMATISMES

Sur le modèle de l'exercice résolu 1

3 Dans ce repère, T est la tangente au point A d'abscisse 1 à la courbe représentative $\mathscr{C}$ d'une fonction f.

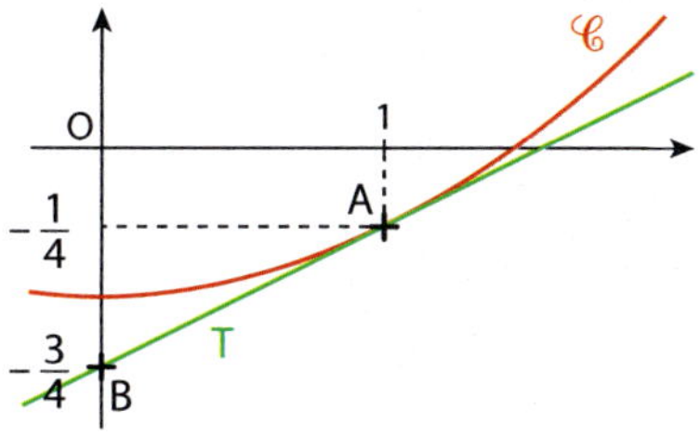

a. Calculer le coefficient directeur de la droite T.

b. En déduire le nombre dérivé de f en 1.

Sur le modèle de l'exercice résolu 2

4 Dans ce repère, $\mathscr{C}$ est la courbe représentative de la fonction g définie sur $\mathbb{R}$ par $g(x) = \frac{1}{2}x^2$.

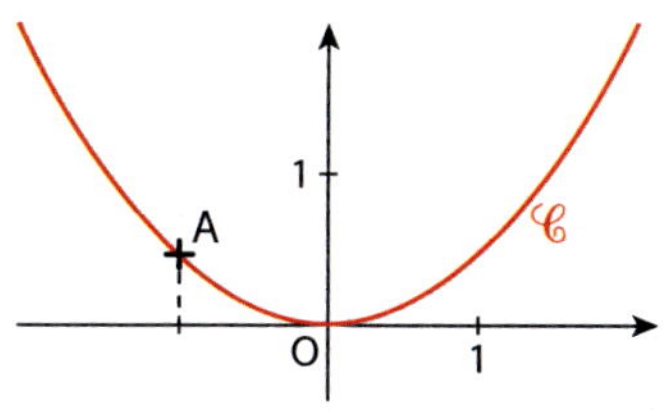

Avec un logiciel, on a obtenu $g'(-1) = -1$.
Réaliser la figure ci-dessus et tracer la tangente T à $\mathscr{C}$ au point A d'abscisse -1.

f est une fonction définie sur un intervalle et $\mathscr{C}$ est sa courbe représentative dans un repère orthogonal.
A est un point de la courbe $\mathscr{C}$ d'abscisse a et T est la tangente à la courbe $\mathscr{C}$ au point A.

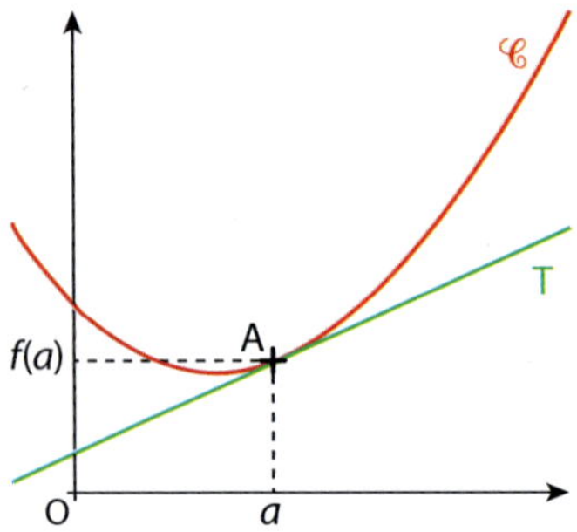

3 Équation réduite d'une tangente

Propriété

Lorsque la tangente T n'est pas parallèle à l'axe des ordonnées, son équation réduite est $y = mx + p$ où m est son coefficient directeur.

Remarque : On détermine le réel p à l'aide des coordonnées d'un point de T, par exemple le point A.

Exemple

Dans le repère orthonormé ci-contre, T est la tangente à la courbe $\mathscr{C}$ au point A.
On lit graphiquement que le coefficient directeur de la droite T est –2, donc son équation réduite s'écrit $y = -2x + p$.
Le point A de coordonnées (1 ; 2) appartient à la droite T donc $2 = -2 \times 1 + p$ et $p = 4$.
Ainsi, une équation réduite de la tangente T est $y = -2x + 4$.

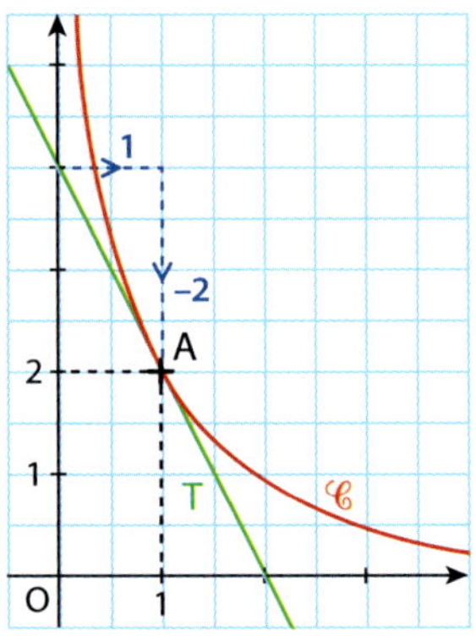

4 Formule générale

Propriété

Lorsque la tangente T n'est pas parallèle à l'axe des ordonnées, une équation de T est :

$$y = f'(a)(x - a) + f(a).$$

Démonstration

Le coefficient directeur de la tangente T à la courbe $\mathscr{C}$ au point A est $f'(a)$, donc son équation réduite s'écrit $y = f'(a)x + p$.
Le point A de coordonnées $(a\,;f(a))$ appartient à la droite T donc $f(a) = f'(a) \times a + p$ et $p = f(a) - f'(a) \times a$.
Ainsi, une équation de T est $y = f'(a)(x - a) + f(a)$.

Exemple

Dans un repère orthonormé, $\mathscr{C}$ est la courbe représentative de la fonction f définie sur $\mathbb{R}$ par $f(x) = x^2 + x$.
T est la tangente à la courbe $\mathscr{C}$ au point A d'abscisse 1.
Avec un logiciel de calcul formel, on a obtenu $f'(1) = 3$ et, d'autre part, $f(1) = 1^2 + 1 = 2$.
Une équation de T s'écrit $y = f'(1)(x - 1) + f(1)$, soit $y = 3(x - 1) + 2$, c'est-à-dire $y = 3x - 1$.

EXERCICES RÉSOLUS

5 Déterminer l'équation réduite d'une tangente

On a utilisé un logiciel de géométrie pour tracer la courbe représentative de la fonction $f : x \mapsto \dfrac{1}{x}$ et la tangente à cette courbe au point A d'abscisse 2.
Justifier l'équation de la tangente affichée par le logiciel.

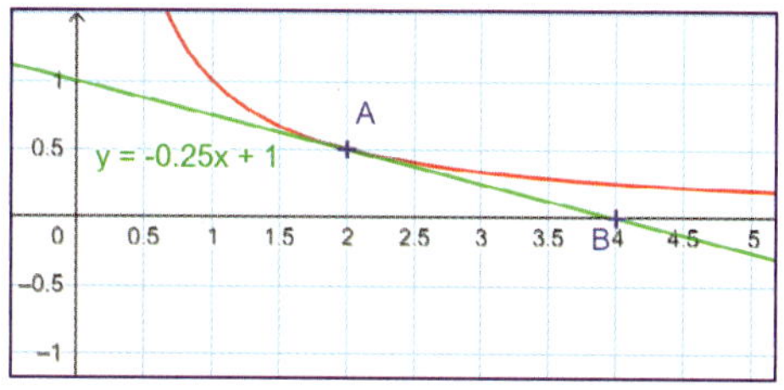

Solution

$f(2) = \dfrac{1}{2}$ donc les coordonnées du point A sont $\left(2\,;\dfrac{1}{2}\right)$, on lit celles du point B sur le graphique : (4 ; 0).

- Le coefficient directeur de la tangente est :

$\dfrac{y_B - y_A}{x_B - x_A} = \dfrac{0 - \frac{1}{2}}{4 - 2} = -\dfrac{1}{4}$, son équation réduite s'écrit $y = -\dfrac{1}{4}x + p$.

- A est un point de cette tangente donc $\dfrac{1}{2} = -\dfrac{1}{4} \times 2 + p$ et $p = 1$.

L'équation de la tangente, $y = -\dfrac{1}{4}x + 1$, est bien celle affichée.

Méthode : Pour obtenir l'équation réduite $y = mx + p$ de la tangente :
- on détermine graphiquement, ou par un calcul, son coefficient directeur m ;
- on utilise un point de cette tangente pour calculer la valeur de p.

6 Appliquer la formule générale d'une équation de tangente

g est la fonction $x \mapsto \dfrac{1}{x} + 2$, on a obtenu à l'aide de la calculatrice le nombre dérivé de la fonction g en 1.

$$\frac{d}{dx}\left(\frac{1}{x}+2\right)\Big|_{x=1} \qquad -1$$

Dans un repère orthonormé, déterminer une équation de la tangente T à la courbe représentative $\mathscr{C}$ de la fonction g au point A d'abscisse 1.

Solution

Une équation de la tangente T s'écrit $y = g'(1)(x - 1) + g(1)$.
À l'aide de la calculatrice, on a obtenu $g'(1) = -1$ et, d'autre part, $g(1) = \dfrac{1}{1} + 2 = 3$.
Alors une équation de T est $y = -1(x - 1) + 3$, c'est-à-dire $y = -x + 4$.

Méthode : On détermine $g(a)$ et $g'(a)$ puis on remplace dans l'équation générale :
$$y = g'(a)(x - a) + g(a)$$
et on réduit.

AUTOMATISMES

Sur le modèle de l'exercice résolu 5

7 Avec un logiciel de géométrie, on a tracé la tangente à la courbe représentative d'une fonction en un point A.

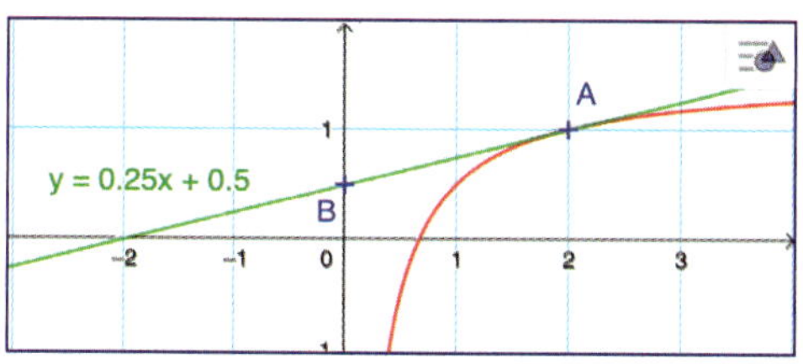

On lit A(2 ; 1) et $B\left(0\,;\dfrac{1}{2}\right)$.
Justifier l'équation de la tangente affichée à l'écran.

Sur le modèle de l'exercice résolu 6

8 f est la fonction définie sur $\mathbb{R}$ par :
$$f(x) = 2x^2.$$
On a obtenu à l'aide de la calculatrice, le nombre dérivé de la fonction f en -1.

$$\frac{d}{dx}\left(2x^2\right)\Big|_{x=-1} \qquad -4$$

Dans un repère orthonormé, $\mathscr{C}$ est la courbe représentative de la fonction f.
Déterminer une équation de la tangente T à la courbe $\mathscr{C}$ au point A d'abscisse -1.

Tangente à une courbe et nombre dérivé

Questions flash

9 Dans le repère orthonormé ci-dessous, voici la courbe représentative $\mathscr{C}$ d'une fonction.

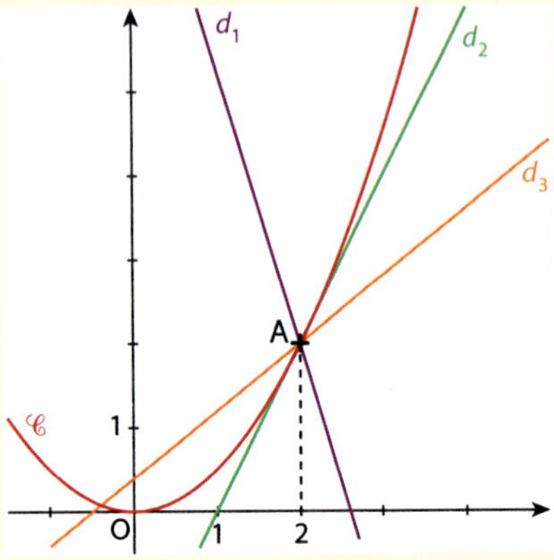

d_1, d_2 et d_3 sont trois droites qui passent par le point A d'abscisse 2 de la courbe $\mathscr{C}$.
L'une d'elles est la tangente à la courbe $\mathscr{C}$ au point A, lire graphiquement la droite dont il s'agit. Justifier.

10 Dans un repère orthonormé, d est une droite et A un point de cette droite.
Quelle est la tangente au point A à la droite d ?

11 Dans un repère orthonormé, la courbe représentative $\mathscr{C}$ d'une fonction f admet en un point A d'abscisse a une tangente horizontale.

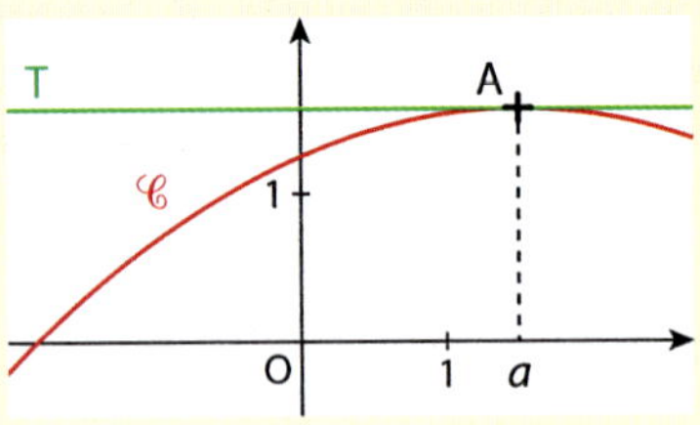

Quelle est la valeur de $f'(a)$? Justifier.

12 Dans le repère orthonormé ci-dessous, T est la tangente au point A à la courbe représentative $\mathscr{C}$ d'une fonction f. Quel est le signe de $f'(-1)$?

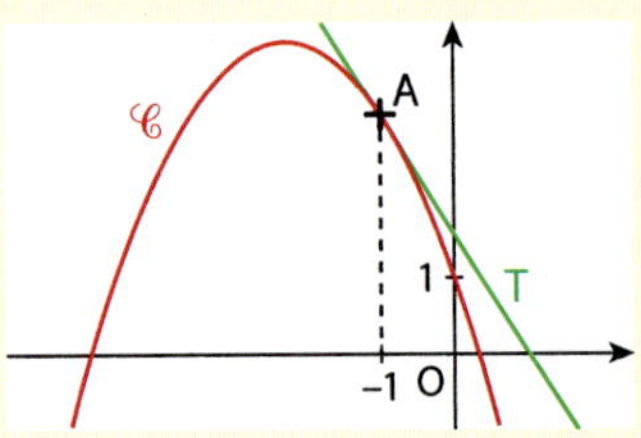

13 Dans le repère orthonormé d'origine O ci-dessous, $\mathscr{C}$ est la courbe représentative d'une fonction f.

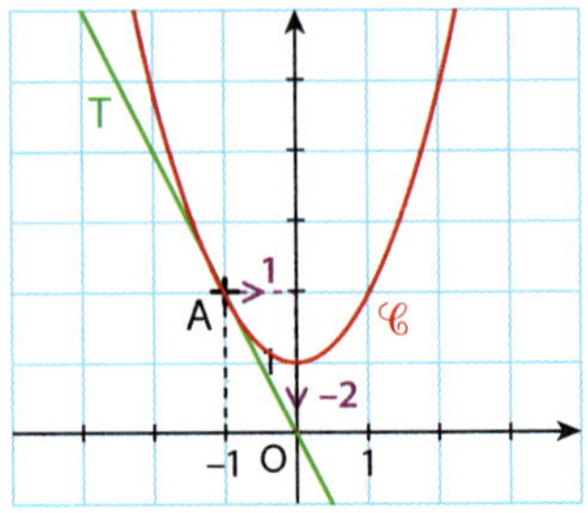

La droite (AO) est la tangente T à la courbe $\mathscr{C}$ au point A d'abscisse –1. À partir du point A, on se décale d'une unité vers la droite puis de deux unités vers le bas pour atteindre le point O.
Recopier et compléter.

a. « Le coefficient directeur de la droite T est égal à .... »

b. « Le nombre dérivé de la fonction f en –1 est ... et on peut écrire $f'(...) =$ .... »

14 Voici dans un repère orthonormé la courbe représentative $\mathscr{C}$ d'une fonction g.

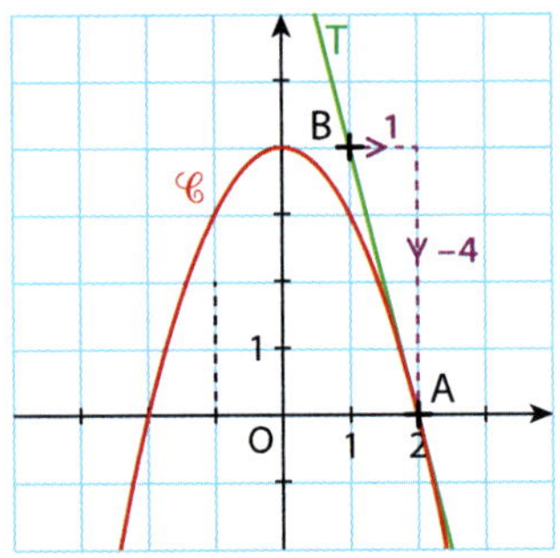

La droite (AB) est la tangente T à la courbe $\mathscr{C}$ au point A d'abscisse 2.

a. Quel est le coefficient directeur de la droite T ?

b. En déduire le nombre dérivé de la fonction g en 2.

15 Voici dans un repère orthonormé la courbe représentative $\mathscr{C}$ d'une fonction h. La droite (AB) est la tangente T à la courbe $\mathscr{C}$ au point A.

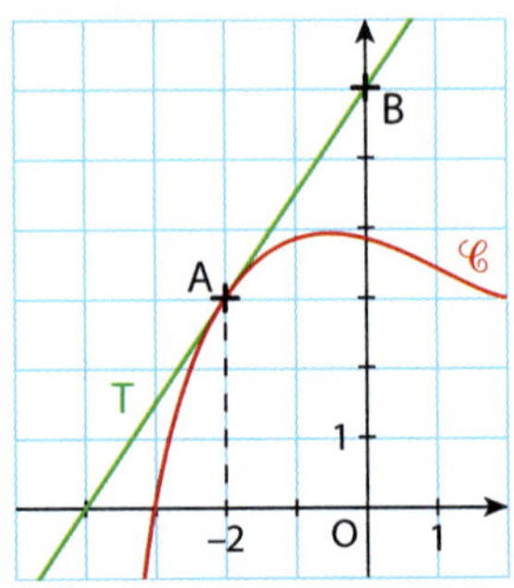

a. Quel est le coefficient directeur de la droite T ?

b. En déduire le nombre dérivé de la fonction h en –2.

16 CORRIGÉ en vidéo jaicompris.com

Dans ce repère orthonormé,
$\mathscr{C}$ est la courbe représentative d'une fonction f.
A, B et C sont les points de la courbe $\mathscr{C}$ d'abscisses respectives -2 ; 0 et 1. Les droites T_1, T_2 et T_3 sont les tangentes respectives à la courbe $\mathscr{C}$ en A, B et C.

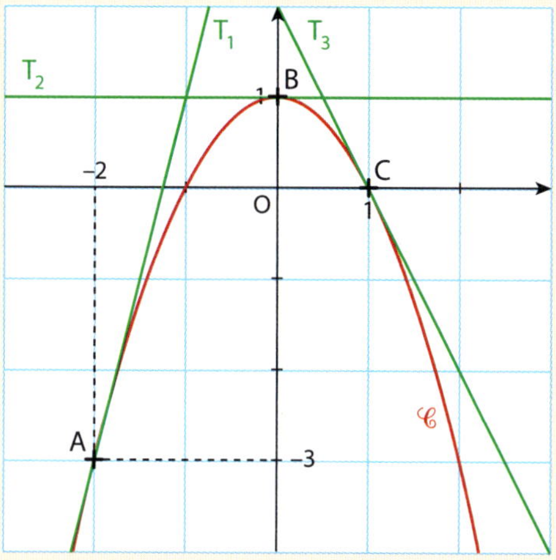

Lire graphiquement le nombre dérivé de la fonction f :
- en -2 ;
- en 0 ;
- en 1.

17 Dans le repère orthogonal ci-dessous, $\mathscr{C}$ est la courbe représentative d'une fonction g et T est la tangente à cette courbe au point A d'abscisse 2.

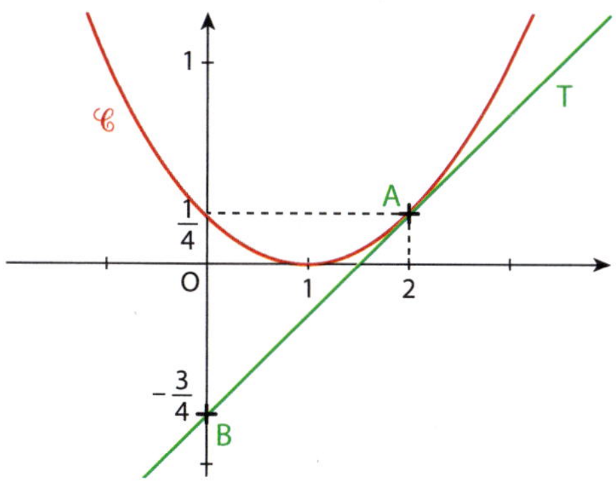

a. Lire sur le graphique les coordonnées de A et B.
b. Le coefficient directeur de la droite (AB) est donné par la formule $\dfrac{y_B - y_A}{x_B - x_A}$. Calculer sa valeur.
c. En déduire le nombre dérivé de la fonction g en 2.

18 Dans un repère orthonormé, $\mathscr{C}$ est la courbe représentative de la fonction $f : x \mapsto \dfrac{4}{x}$ et T est la tangente à la courbe $\mathscr{C}$ au point A d'abscisse 4.
La droite T passe par le point $B\left(2 ; \dfrac{3}{2}\right)$.
a. Déterminer le coefficient directeur de la droite T.
b. En déduire $f'(4)$.

19 f est la fonction définie sur $\mathbb{R}$ par $f(x) = \dfrac{1}{2}x^2$.
On a tracé ci-dessous sa courbe représentative $\mathscr{C}$ dans un repère orthonormé et on a placé le point A de $\mathscr{C}$ d'abscisse 1.

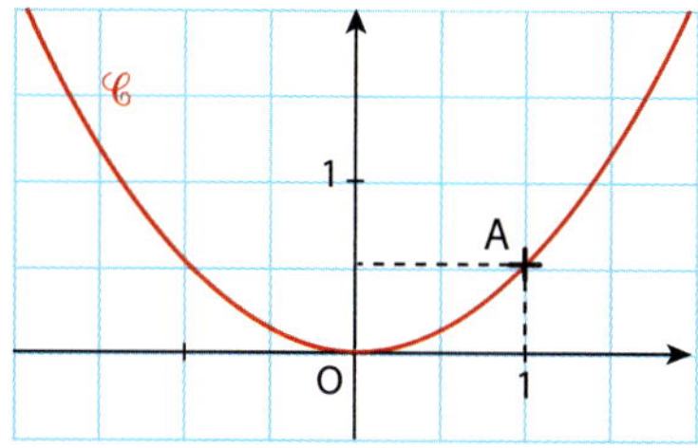

a. Réaliser cette figure.
b. Avec un logiciel de calcul formel, on a obtenu $f'(1) = 1$.
Tracer alors la tangente T à la courbe $\mathscr{C}$ au point A.

20 Voici la courbe représentative $\mathscr{C}$ d'une fonction g dans un repère orthonormé.
A est le point d'abscisse 1 de la courbe $\mathscr{C}$.

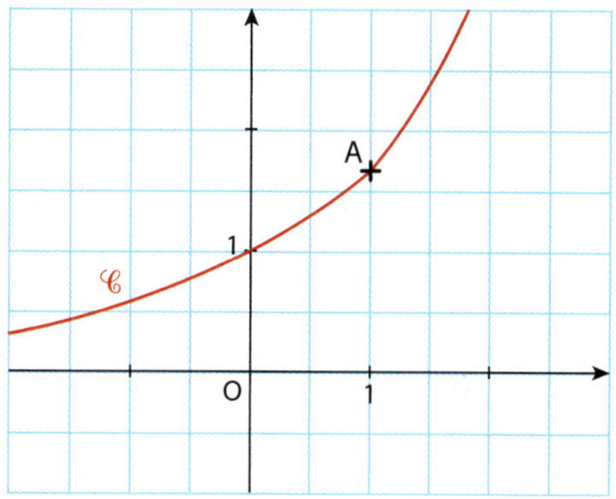

a. Réaliser cette figure.
b. Tracer de façon approchée la tangente T à la courbe $\mathscr{C}$ au point A.
c. En déduire une valeur approchée de $g'(1)$.

21 f est la fonction définie sur $\mathbb{R}$ par $f(x) = -x^2$.
a. Tracer dans un repère orthonormé la courbe représentative $\mathscr{C}$ de la fonction f sur l'intervalle $[-3 ; 3]$ (*unité* : 1 cm sur chaque axe).
b. On a obtenu à l'aide de la calculatrice les nombres dérivés de la fonction f en -2 et 2.

$$\frac{d}{dx}\left(-x^2\right)\Big|_{x=-2} \qquad 4$$

$$\frac{d}{dx}\left(-x^2\right)\Big|_{x=2} \qquad -4$$

Quels sont ces nombres ?
c. Tracer alors dans le repère précédent chacune des tangentes à la courbe $\mathscr{C}$ aux points d'abscisses -2 et 2.

Équation d'une tangente

Questions flash

22 Dans le repère orthonormé ci-dessous, la droite T est la tangente à une courbe $\mathscr{C}$ au point A(0 ; 1).

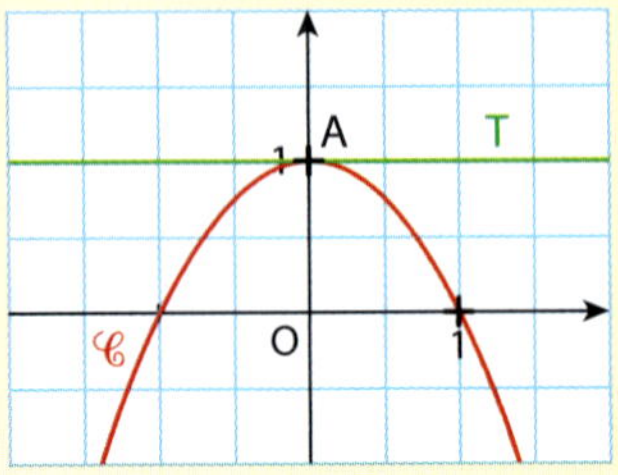

Quelle est l'équation réduite de cette tangente ?

23 Dans un repère orthonormé d'origine O, la droite Δ est la tangente à la courbe $\mathscr{C}$ tracée ci-dessous au point O.

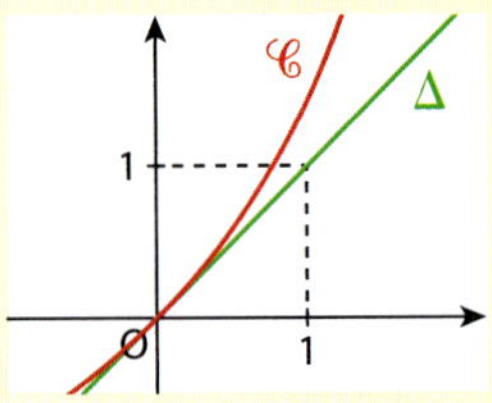

Laquelle de ces équations est l'équation réduite de Δ ?

(1) $y = -x$ **(2)** $y = x$ **(3)** $y = x + 1$

24 f est une fonction définie sur $\mathbb{R}$.
Dans un repère orthonormé, voici sa courbe représentative $\mathscr{C}$ et la tangente T à $\mathscr{C}$ au point A d'abscisse –1.

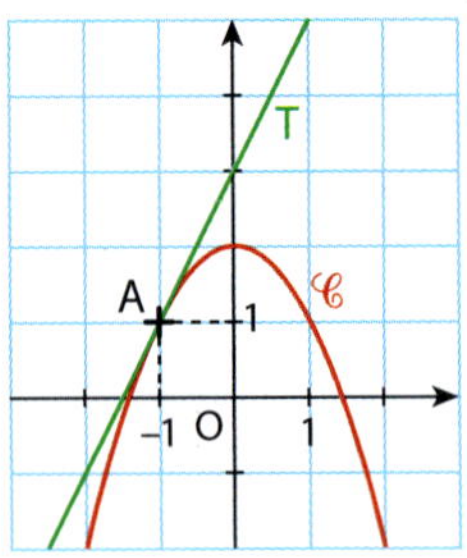

a. Recopier et compléter.
« Le coefficient directeur de la droite T est égal à **...**, donc une équation de T est de la forme $y =$ **...**$x + p$. »
b. Recopier et compléter.
« Le point A(–1 ; **...**) appartient à la droite T donc **...** = **...** × (–1) + p et ainsi $p =$ **....** »
c. Donner alors l'équation réduite de la tangente T.

25 Dans un repère, la tangente T à une courbe $\mathscr{C}$ a pour coefficient directeur –5.
Le point M(–3 ; 1) appartient à T.
Déterminer l'équation réduite de la tangente T.

26 g est une fonction définie sur l'intervalle $[-2 ; +\infty[$.
Dans un repère orthonormé, voici sa courbe représentative $\mathscr{C}$ et la tangente T à $\mathscr{C}$ au point A.

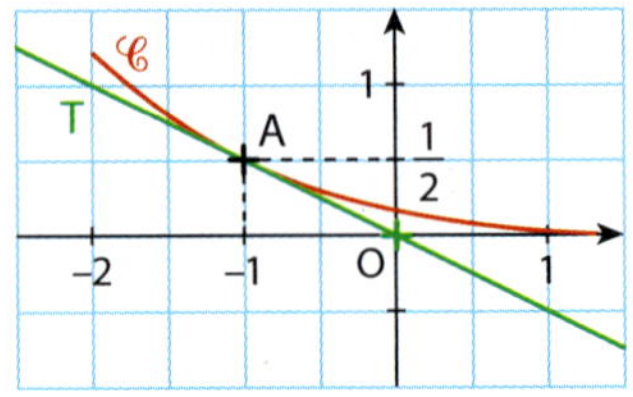

a. Justifier que l'équation réduite de la tangente T est de la forme $y = -\frac{1}{2}x + p$.
b. À l'aide des coordonnées du point A, déterminer la valeur de p.
c. En déduire l'équation réduite de la tangente T.

27 Voici la courbe représentative $\mathscr{C}$ d'une fonction f dans un repère orthonormé d'origine O.
A et B sont les points de la courbe $\mathscr{C}$ d'abscisses respectives 1 et 2.
Les droites T_1, T_2 et T_3 sont les tangentes respectives à la courbe $\mathscr{C}$ aux points O, A et B.

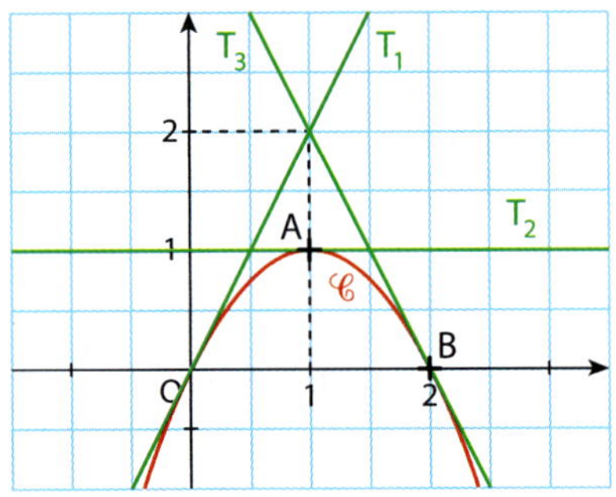

Associer à chaque tangente son équation réduite.

(a) $y = 1$ **(b)** $y = -2x + 4$ **(c)** $y = 2x$

28 Dans un repère orthonormé, voici la courbe représentative $\mathscr{C}$ de la fonction $x \mapsto \sqrt{x}$.

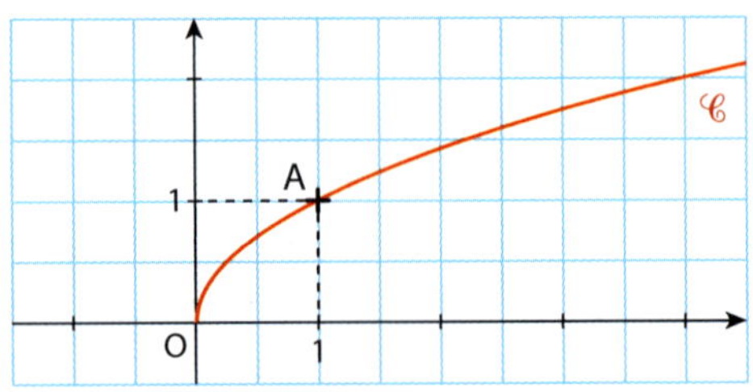

a. La tangente T à la courbe $\mathscr{C}$ au point A(1 ; 1) a pour équation réduite $y = \frac{1}{2}x + \frac{1}{2}$.
Réaliser le graphique précédent et tracer la tangente T.
b. En quel point la tangente T coupe-t-elle :
- l'axe des ordonnées ?
- l'axe des abscisses ?

29 CORRIGÉ en vidéo jaicompris.com

Dans un repère orthogonal, $\mathscr{C}$ est la courbe représentative d'une fonction f.
La courbe $\mathscr{C}$ admet une tangente T au point A(1 ; 2).
De plus $f'(1) = 3$.

a. Recopier et compléter : « Une équation de la tangente T est $y = f'(1)(x-1) + f(1)$, soit $y = ...$ »

b. Développer, réduire et obtenir l'équation réduite de la tangente T.

30 Dans un repère orthogonal, $\mathscr{C}$ est la courbe représentative d'une fonction f.
La courbe $\mathscr{C}$ admet une tangente T en un point A.
Dans chaque cas, déterminer l'équation réduite de T.

a. A(2 ; 0) et $f'(2) = -1$.

b. A(–3 ; 1) et $f'(-3) = 5$.

c. A(4 ; –5) et $f'(4) = \frac{1}{2}$.

31 Dans un repère orthogonal, la courbe représentative $\mathscr{C}$ d'une fonction f admet pour tangente T au point A d'abscisse $-\frac{1}{2}$, la droite d'équation $y = -4x - \frac{7}{2}$.

a. Le point A appartient à la tangente T.
En déduire son ordonnée.

b. Le point A est aussi un point de la courbe $\mathscr{C}$.
En déduire $f\left(-\frac{1}{2}\right)$.

c. Quelle est la valeur de $f'\left(-\frac{1}{2}\right)$?

32 f est la fonction définie sur $[0 ; +\infty[$ par :

$$f(x) = \sqrt{x}.$$

$\mathscr{C}$ est sa courbe représentative dans un repère orthonormé et A est le point de $\mathscr{C}$ d'abscisse 4.

a. À l'aide de la calculatrice, on a obtenu cet écran.

$\frac{d}{dx}(\sqrt{x})\Big\vert_{x=4}$	0.25

Que lit-on sur cet écran ?

b. Déterminer une équation de la tangente T à la courbe $\mathscr{C}$ au point A.

c. Tracer dans le repère orthonormé la courbe $\mathscr{C}$ et la tangente T (*unité* : 2 cm sur chaque axe).

33 g est la fonction définie sur $\mathbb{R}$ par :

$$g(x) = x^2 - 6x.$$

$\mathscr{C}$ est la courbe représentative de la fonction g dans un repère orthonormé. À l'aide d'un logiciel de calcul formel, on a obtenu $g'(-1) = -8$.
Déterminer une équation de la tangente T à la courbe $\mathscr{C}$ au point d'abscisse –1.

34 Dans le repère orthonormé ci-dessous, $\mathscr{C}$ est la courbe représentative d'une fonction g et T est la tangente à la courbe $\mathscr{C}$ au point A.

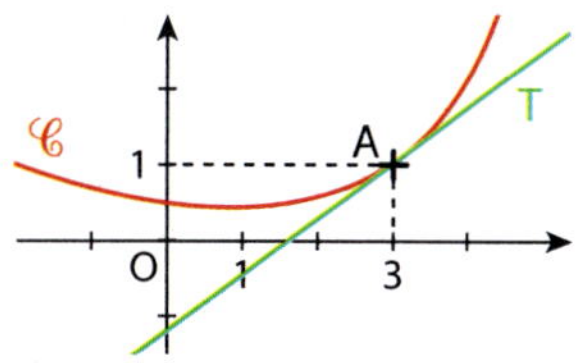

On sait que $g'(3) = \frac{7}{9}$.

a. Déterminer une équation de la tangente T.

b. En quel point la tangente T coupe-t-elle :
- l'axe des ordonnées ?
- l'axe des abscisses ?

35 f est la fonction définie sur $\mathbb{R}$ par :

$$f(x) = x^2 - 3x.$$

Voici dans le repère orthonormé ci-dessous la courbe représentative $\mathscr{C}$ de la fonction f ainsi que les tangentes T_1 et T_2 à la courbe $\mathscr{C}$ aux points d'abscisses 0 et 3.

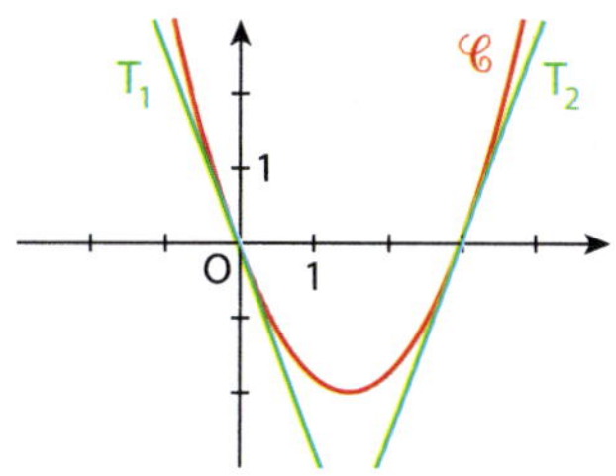

a. À l'aide de la calculatrice, on a obtenu les nombres dérivés suivants :

$\frac{d}{dx}(f(x))\Big\vert_{x=0}$	-3
$\frac{d}{dx}(f(x))\Big\vert_{x=3}$	3

Déterminer une équation de chacune des tangentes T_1 et T_2.

b. Le point d'intersection des droites T_1 et T_2 ne figure pas sur le graphique.
Vérifier qu'il s'agit du point de coordonnées $\left(\frac{3}{2} ; -\frac{9}{2}\right)$.

36 h est une fonction telle que :
- $h(1) = 2$
- $h(-2) = 3$
- $h'(1) = -2$
- $h'(-2) = 1$

Dans un repère, $\mathscr{C}$ est la courbe représentative de h.

a. Déterminer une équation de la tangente à $\mathscr{C}$ au point d'abscisse 1 puis au point d'abscisse –2.

b. Déterminer le point d'intersection de ces tangentes.

37 Dans le repère orthonormé ci-dessous, $\mathscr{C}$ est la courbe représentative d'une fonction f définie sur $\mathbb{R}$.

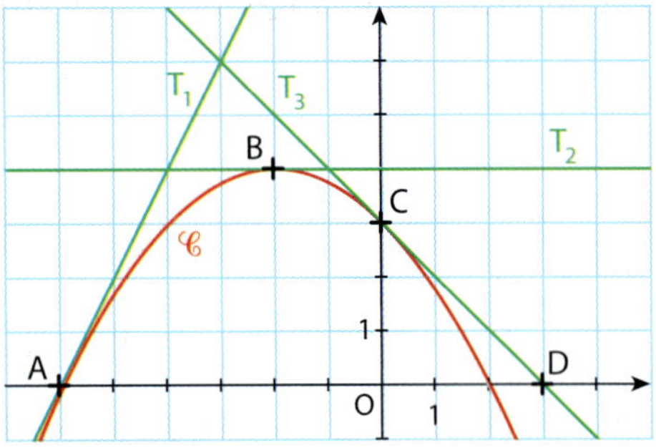

a. La droite T_1 est la tangente à la courbe $\mathscr{C}$ au point A. Quel est le signe de $f'(-6)$?

b. La tangente T_2 à la courbe $\mathscr{C}$ au point B d'abscisse -2 est parallèle à l'axe des abscisses.
Quelle est la valeur du nombre dérivé de f en -2 ?

c. La tangente T_3 à la courbe $\mathscr{C}$ au point C(0 ; 3) passe par le point D(3 ; 0). Par le calcul, déterminer $f'(0)$.

38 Dans le repère orthonormé ci-dessous, la courbe $\mathscr{C}$ représente une fonction f définie sur l'intervalle $[-2 ; 3]$.
Les droites tracées en vert sont les tangentes à la courbe $\mathscr{C}$ aux points d'abscisses -1 ; 1 et 2,5.

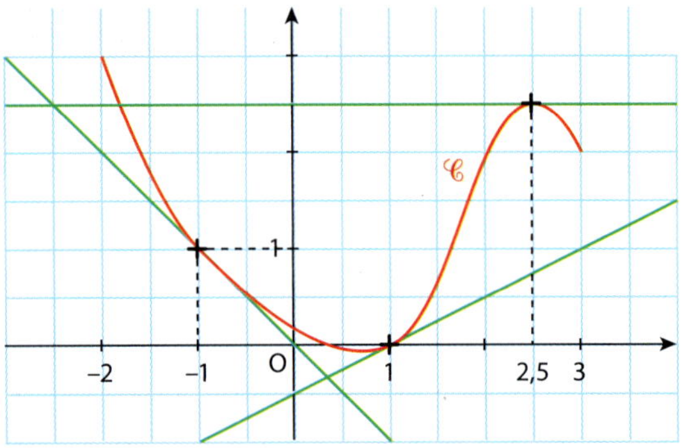

a. Lire sur le graphique $f(-1)$, $f(1)$ et $f(2{,}5)$.

b. Déterminer graphiquement $f'(-1)$, $f'(1)$ et $f'(2{,}5)$.

c. Déterminer alors l'équation réduite de chacune des tangentes tracées en vert.

39 g est la fonction définie sur $\mathbb{R}$ par $g(x) = x^3$.
$\mathscr{C}$ est sa courbe représentative dans un repère orthonormé.
À l'aide d'un logiciel de calcul formel, on a obtenu $g'(-2) = 12$ et $g'(2) = 12$.

a. Que peut-on dire des tangentes à la courbe $\mathscr{C}$ aux points d'abscisses -2 et 2 ?

b. Déterminer l'équation réduite de chacune de ces tangentes.

40 Voici la courbe représentative $\mathscr{C}$ d'une fonction f obtenue avec un logiciel de géométrie.
T est la tangente à la courbe $\mathscr{C}$ au point A.

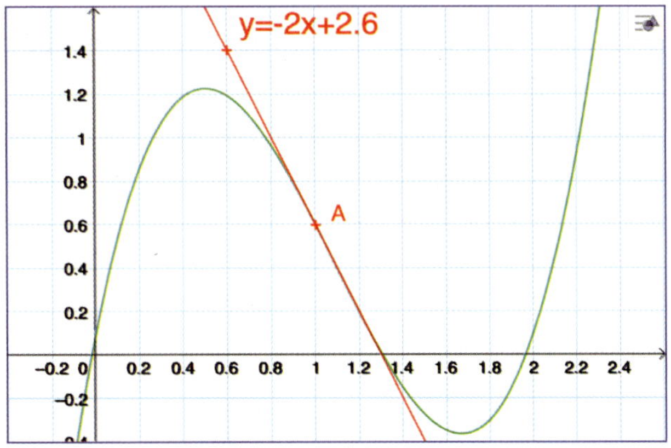

Une équation de la tangente T est affichée à l'écran, justifier cet affichage.

41 f est une fonction définie sur l'intervalle $[0 ; +\infty[$.
Dans un repère orthonormé, voici la courbe représentative $\mathscr{C}$ de cette fonction f et les tangentes à $\mathscr{C}$ aux points A, B et C d'abscisses respectives $\frac{1}{2}$, 1 et 4.

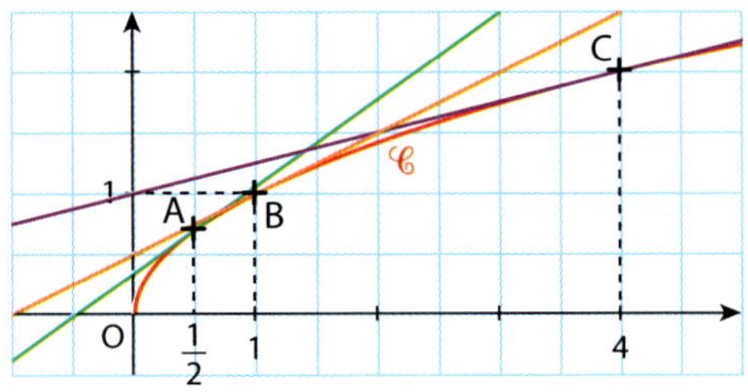

Ranger du plus petit au plus grand les nombres dérivés :
$f'\left(\frac{1}{2}\right)$, $f'(1)$ et $f'(4)$.

42 f est la fonction définie sur $\mathbb{R}$ par $f(x) = x^2 - 2x$.
Voici la courbe représentative de la fonction f obtenue à l'écran d'une calculatrice et la tangente T à la courbe au point d'abscisse 2.

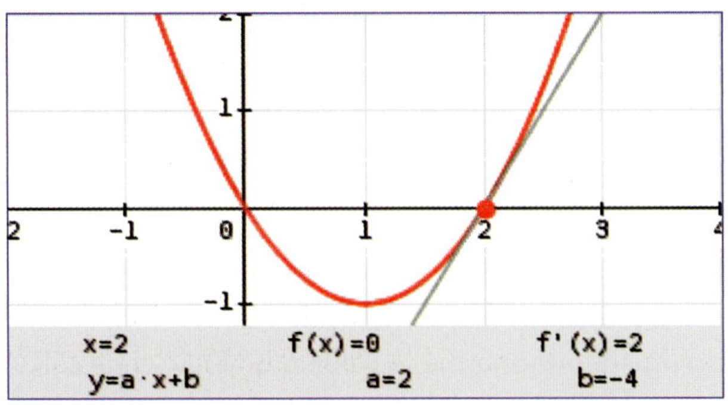

Lire à l'écran :

a. $f(2)$; **b.** $f'(2)$; **c.** une équation de T.

43 Dans le repère orthonormé ci-dessous, voici la courbe représentative $\mathscr{C}$ d'une fonction *f*.
T_1 et T_2 sont les tangentes à la courbe $\mathscr{C}$ aux points d'abscisses respectives –2 et 2.

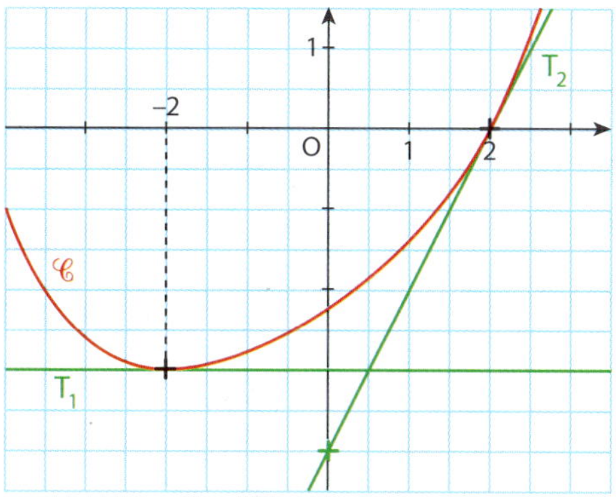

a. Déterminer graphiquement $f(-2)$, $f(2)$ puis $f'(-2)$, $f'(2)$.
b. En déduire l'équation réduite de chacune des deux tangentes T_1 et T_2.
c. Résoudre l'équation $2x - 4 = -3$ et en déduire les coordonnées du point d'intersection des deux tangentes T_1 et T_2.

44 *f* est la fonction définie sur l'intervalle $[0\,;+\infty[$ par :

$$f(x) = \sqrt{x}.$$

$\mathscr{C}$ est sa courbe représentative dans un repère orthogonal et T est la tangente à la courbe $\mathscr{C}$ au point A d'abscisse 4.
Léa affirme : « L'ordonnée à l'origine de la tangente T est égale à 1 ».
Paul n'est pas d'accord : « Non, l'ordonnée à l'origine de cette tangente est $f(4) = 2$ ».
Qui a raison ?

Coup de pouce
On lit sur cet écran de calculatrice, le nombre dérivé de la fonction *f* en 4.

$\frac{d}{dX}(\sqrt{X})|_{X=4}$
0.25

45 Louis a emprunté un tronçon d'autoroute limité à 130 km·h^{-1}.
Ce tronçon est équipé d'un radar fixe et d'un radar tronçon qui permet d'obtenir la vitesse moyenne du véhicule sur le parcours.
a. Louis n'a pas été verbalisé par le radar fixe.
Peut-il l'avoir été par le radar tronçon ?
b. Louis n'a pas été verbalisé par le radar tronçon.
Peut-il l'avoir été par le radar fixe ?

46 Voici dans un repère orthonormé la courbe représentative $\mathscr{C}$ de la fonction $x \mapsto x^2$ et la tangente T à $\mathscr{C}$ au point A d'abscisse 1.
Une équation de T est $y = 2x - 1$.

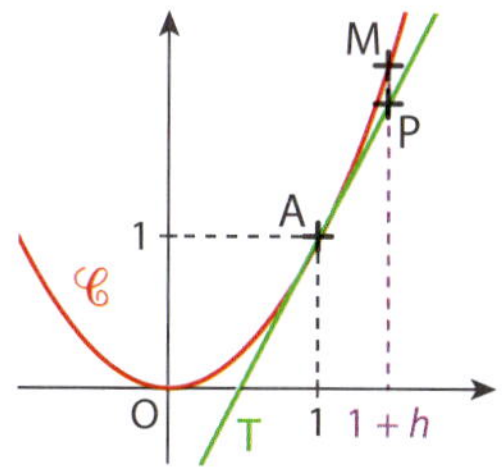

h désigne un nombre réel proche de 0.
Sur le graphique, M est le point de la courbe $\mathscr{C}$ d'abscisse $1 + h$ et P celui de la tangente T qui a la même abscisse.
a. Exprimer l'ordonnée y_M du point M en fonction de *h*.
b. Vérifier que l'ordonnée de P est $y_P = 1 + 2h$.
c. Recopier et compléter le tableau ci-dessous à l'aide de la calculatrice.

h	y_M	y_P	$y_M - y_P$
0,5	2,25	2	0,25
0,1			
0,05			
0,01			
–0,01			
–0,05			
–0,1			
–0,5			

d. Commenter les résultats obtenus.

47 L'énergie électrique, en joules (J), consommée par un radiateur de puissance 2 000 W lorsqu'il fonctionne *t* secondes est donnée par $E(t) = 2\,000\,t$.
a. Calculer $E(t + 1) - E(t)$.
Interpréter cette différence dans le contexte de la situation.
Quelle valeur retrouve-t-on ?
b. Expliquer pourquoi $E'(t) = 2\,000$.

48 *f* est une fonction définie sur $\mathbb{R}$ telle que :
- $f(0) = 1$ • $f(2) = -2$ • $f(4) = -3$ • $f(6) = -2$
- $f'(0) = -2$ • $f'(2) = -1$ • $f'(4) = 0$ • $f'(6) = 1$

$\mathscr{C}$ est la courbe représentative de la fonction *f* dans un repère orthonormé.
a. Placer les points A, B, C et D de $\mathscr{C}$ d'abscisses respectives 0 ; 2 ; 4 et 6.
b. Tracer les tangentes à la courbe $\mathscr{C}$ aux points A, B, C et D. Tracer une allure possible de la courbe $\mathscr{C}$.

49 Calculer un coût marginal

Économie

Modéliser **Calculer** **Communiquer**

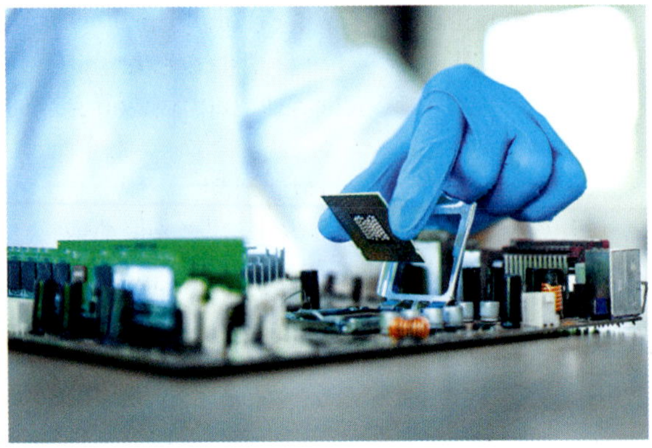

Une entreprise fabrique des composants électroniques.
Le coût de production, en euros, de q composants est modélisé par :

$$C(q) = \frac{1}{500}q^3.$$

1. a. Calculer, à l'aide de la calculatrice, le coût de production de :

- 50 composants ;
- 51 composants.

Arrondir éventuellement au centième.

b. On pose $\Delta = C(51) - C(50)$.
Calculer l'arrondi au centième de Δ.

c. La valeur de Δ est appelée **coût marginal de production de la 51ᵉ unité**.
Expliquer ce que représente ce coût pour l'entreprise.

2. Dans le repère ci-contre, voici une partie de la courbe représentative $\mathscr{C}$ de la fonction $x \mapsto \frac{1}{500}x^3$ avec x réel.
On a placé sur le graphique les points A et M de la courbe $\mathscr{C}$ d'abscisses respectives 50 et 51.

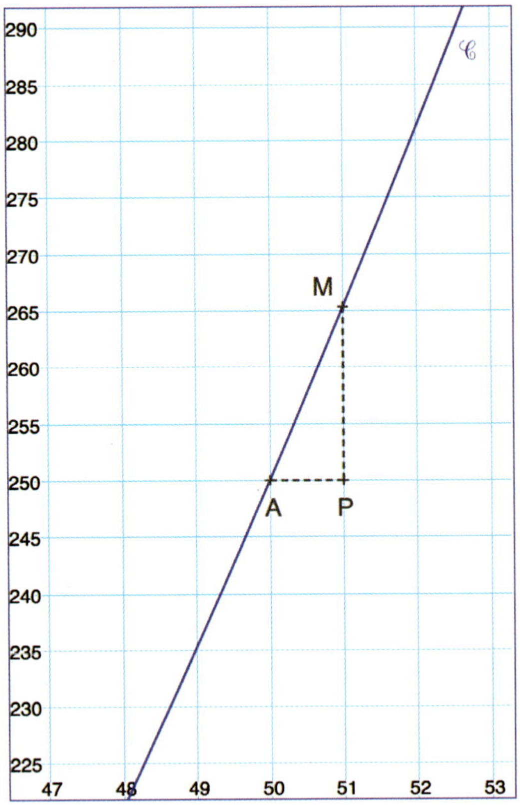

a. Justifier que Δ est égal au coefficient directeur de la sécante (AM).

b. Expliquer pourquoi la valeur du coût marginal Δ est proche du nombre dérivé de la fonction C en 50.

c. Quel résultat lit-on sur l'écran de calculatrice ci-dessous ?

$$\left.\frac{d}{dx}(C(x))\right|_{x=50} \qquad 15$$

3. La production doit être telle que le coût marginal de production d'une unité soit inférieur au prix de vente qui s'élève à 20 €.
Déterminer à l'aide de la calculatrice, le nombre de composants que l'entreprise peut envisager de produire.
On admet ici que le coût marginal augmente avec la production.

Actualité des sciences

Certaines activités de production exigent des investissements importants. C'est en augmentant les volumes de production par la fabrication d'unités supplémentaires que les entreprises peuvent amortir les dépenses initiales, elles réalisent ainsi des **économies d'échelle**.

50 Estimer une vitesse d'impact

Physique

Modéliser **Calculer** **Communiquer**

On lâche une bille au sommet d'une tour.
On établit en Physique que la distance, en m, parcourue par la bille est donnée en fonction du temps t, en s, écoulé depuis le lâcher par :

$$d(t) = 4{,}9t^2.$$

On a chronométré la chute de la bille, elle dure 3 s.

1. Voici ci-contre, la courbe représentative $\mathcal{C}$ de la fonction d sur l'intervalle $[0 ; 3]$.

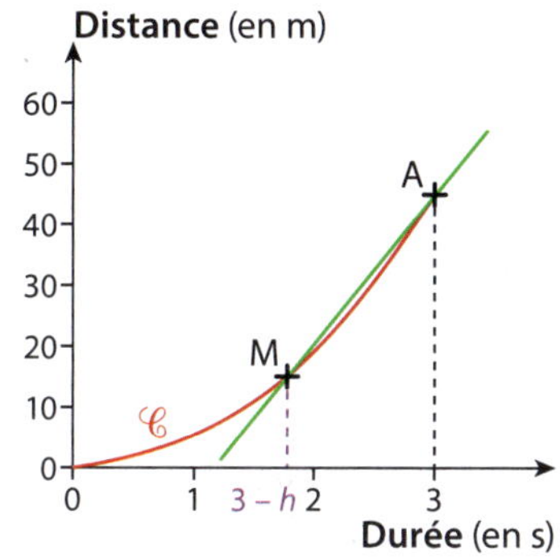

A est le point de la courbe $\mathcal{C}$ d'abscisse 3 et M celui d'abscisse $3 - h$ où h désigne un nombre réel tel que $0 < h \leqslant 3$.

a. Justifier que le nombre $\dfrac{d(3) - d(3-h)}{h}$ est le coefficient directeur de la sécante (AM).

b. Interpréter chacun des nombres suivants dans le contexte de l'expérience.

- $d(3) - d(3-h)$
- $\dfrac{d(3) - d(3-h)}{h}$

2. a. À l'aide de l'écran de calcul formel ci-dessous, exprimer le nombre $\dfrac{d(3) - d(3-h)}{h}$ en fonction de h.

1	$4.9\ t^2$
	Substituer, t=3: $\dfrac{441}{10}$
2	$4.9\ t^2$
	Substituer, t=3-h: $\dfrac{49}{10}\ (-h+3)^2$
3	$4.9 \cdot 3^2 - 4.9\ (3-h)^2$
	Factoriser: $-49\ h\ \dfrac{h-6}{10}$

b. À l'aide de la formule obtenue, calculer la vitesse moyenne de la bille entre les instants :

- $t = 2{,}9$ s et $t = 3$ s ;
- $t = 2{,}95$ s et $t = 3$ s ;
- $t = 2{,}99$ s et $t = 3$ s.

Arrondir les résultats au centième.

c. Estimer alors la vitesse de la bille lors de son impact au sol, c'est-à-dire sa vitesse instantanée à l'instant $t = 3$ s.

d. Expliquer pourquoi, on peut retrouver ce dernier résultat sur l'écran de calculatrice ci-contre.

$$\frac{d}{dx}\left(4.9x^2\right)\Big|_{x=3} \qquad 29.4$$

Histoire des sciences

Pour décrire les mouvements, en particulier ceux des planètes autour du Soleil, **Isaac Newton** (1642-1727) imagine **la méthode des fluxions** qui lui permet de déterminer les tangentes aux trajectoires et faire les calculs nécessaires au développement mathématique de la mécanique céleste.

51 Algo Programmer le calcul d'un nombre dérivé

Mathématiques

Chercher **Raisonner** **Communiquer**

Dans le repère ci-dessous, $\mathscr{C}$ est la courbe représentative d'une fonction *f*.

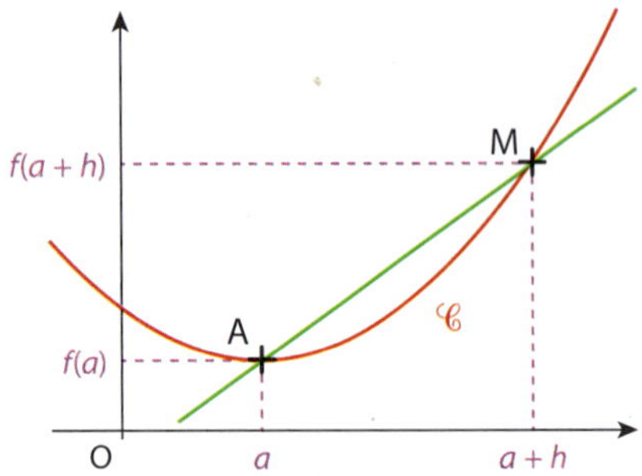

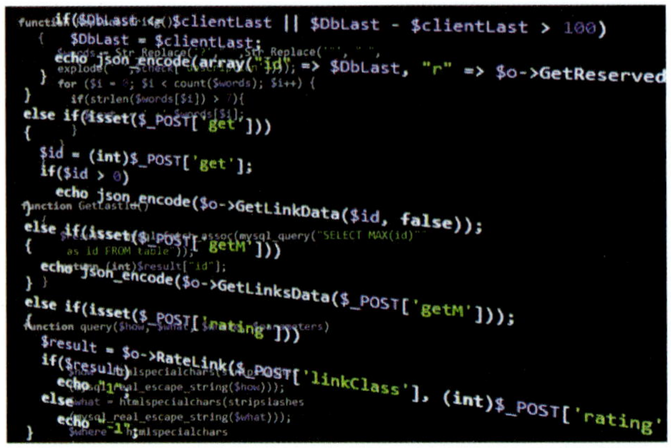

1. a. Interpréter graphiquement le quotient $\dfrac{f(a+h)-f(a)}{h}$ avec $h \neq 0$.

b. De quel nombre, lorsqu'il est défini, ce quotient est-il proche lorsqu'on donne à *h* des valeurs proches de 0 ?

2. Voici ci-contre un programme écrit en langage Python.

```
def f(x):
    y=x**2
    return y

def Pente(a,h):
    p=(f(a+h)-f(a))/h
    return p
```

a. Dans ce programme, **f** est la fonction $x \mapsto x^2$.
Expliquer le rôle de la fonction **Pente**.

b. Saisir ce programme. Dans chaque cas, exécuter la fonction **Pente** avec a = 4 et les valeurs suivantes de h.

- h = 0,1
- h = 0,01
- h = −0,1
- h = −0,01

Qu'observe-t-on ?

c. Effectuer d'autres essais et proposer une valeur du nombre dérivé de la fonction $f : x \mapsto x^2$ en 4.

3. a. On souhaite déterminer une valeur du nombre dérivé de la fonction $f : x \mapsto x^3$ en −2.
Apporter les modifications nécessaires au programme.

b. Exécuter la fonction **Pente** plusieurs fois avec des valeurs de a et h bien choisies et proposer une valeur de f′(−2).

4. *g* est la fonction définie sur $\mathbb{R}$ par $g(t) = t^2 + 7$.

a. Exprimer le quotient $\dfrac{g(4+h)-g(4)}{h}$ (avec $h \neq 0$) en fonction de *h*.

b. En déduire le nombre dérivé de la fonction *g* en 4. Contrôler la réponse avec le programme ci-dessus.

5. À l'écran de sa calculatrice, Antoine a tracé les courbes représentatives des fonctions :

$$x \mapsto x^2 + 2x \quad \text{et} \quad x \mapsto -x^2 + 6x - 2$$

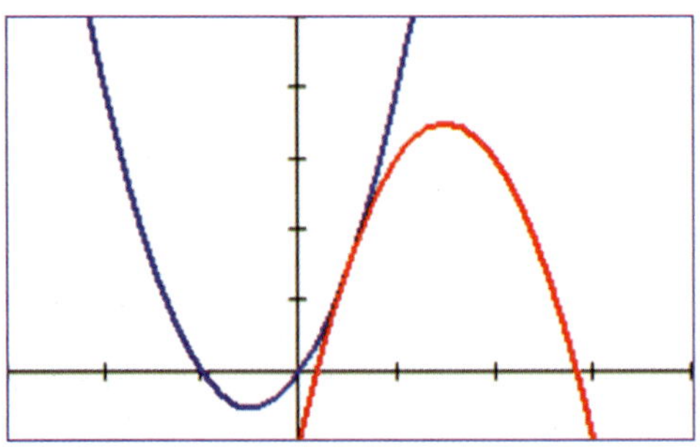

a. Démontrer que ces deux courbes ont un unique point commun A

Coup de pouce
Mettre un nombre en facteur et reconnaître une identité remarquable.

b. Antoine conjecture que ces deux courbes ont une tangente commune en A.
Que penser de cette conjecture ? Expliquer.

52 Étudier une évolution

Chimie

Représenter | Calculer | Communiquer

Au cours d'une réaction chimique, on a mesuré l'évolution de la concentration en dioxyde de soufre $[SO_2]$ d'une solution au cours du temps.
Voici la courbe $\mathscr{C}$ obtenue dans un repère.
On a placé sur cette courbe le point A d'abscisse $t = 15$ s.

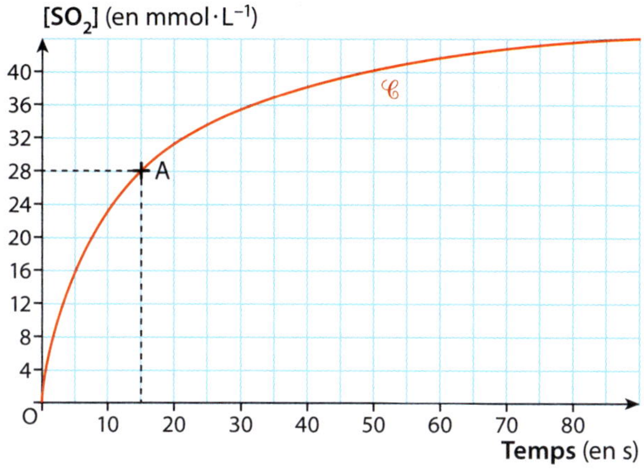

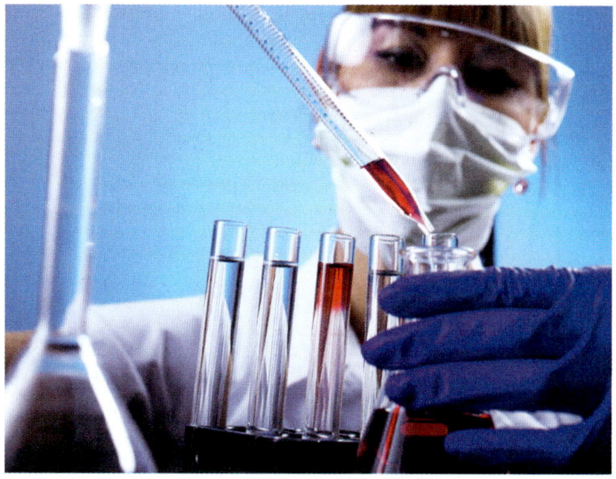

1. a. On note M un point de la courbe $\mathscr{C}$ proche du point A.
Interpréter dans le contexte de l'expérience, la valeur du coefficient directeur de la sécante (AM).
b. Expliquer alors pourquoi le coefficient directeur de la tangente T à la courbe $\mathscr{C}$ au point A est égal à la **vitesse volumique d'apparition du produit à l'instant $t = 15$ s.**

2. a. Placer au mieux sur le graphique une règle afin de visualiser la position de la tangente T à la courbe $\mathscr{C}$ au point A.
Déterminer le coefficient directeur de cette tangente.
b. En déduire une estimation de la vitesse volumique d'apparition du produit à l'instant $t = 15$ s.

Un métier Généticien(ne)

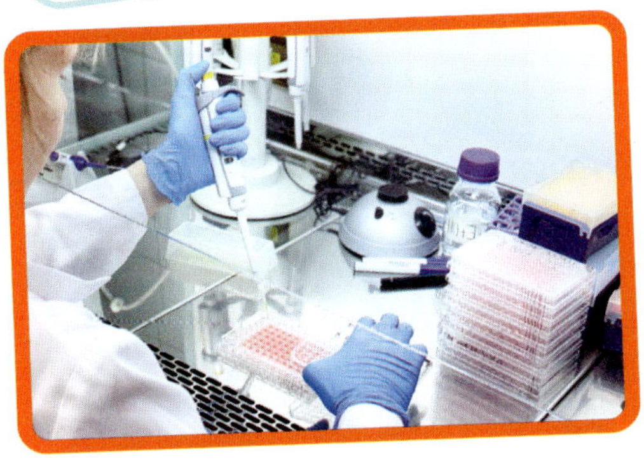

Quelle propriété de ce génome pourrait augmenter les risques de maladie ? Comment préciser ce diagnostic dans le but de mieux appréhender et traiter cette maladie ?

▶ Biologiste spécialisé(e) en génétique, il/elle étudie **les propriétés et les caractères héréditaires des gènes** pour comprendre l'évolution des espèces. Il/Elle analyse des génomes codés dans l'**ADN**, afin d'établir des pédigrées ou de rechercher des risques de **transmission de maladie**.

Il/Elle peut aussi procéder à des manipulations sur des gènes d'animaux ou de plantes, créant ainsi des **organismes génétiquement modifiés** (OGM) ou des organismes modèles qui serviront pour la recherche.

▶ La génétique se conjugue avec la démographie, l'agroalimentaire ou encore la criminologie. En cancérologie, le conseiller en génétique aide à améliorer les techniques de dépistage.

6 Variation globale

Tester ses automatismes

Représentations graphiques

1 Comprendre une représentation graphique Paragraphe 1, p. 122

La droite ci-contre représente le prix payé par Elliot pour son abonnement téléphonique en fonction du dépassement de son forfait data, en Go.

a. Quel est le prix du forfait ?

b. Quel est le prix payé pour un dépassement de 1 Go ? de 2 Go ?

c. Quelle est l'augmentation du prix quand le dépassement augmente de 1 Go ?

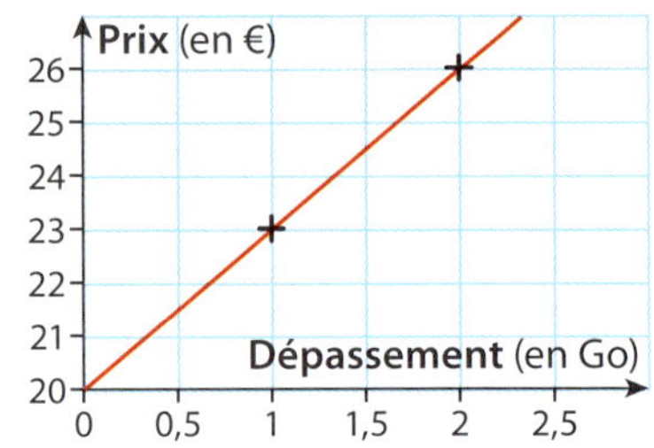

2 Lire des variations sur un graphique Paragraphe 2.a, p. 122

Le graphique ci-contre représente la vitesse, en km·h^{-1}, d'une voiture sur un circuit automobile, en fonction du temps écoulé, en s.

a. Sur lequel de ces intervalles la vitesse est-elle croissante ?

• [0 ; 10] • [5 ; 6] • [6 ; 9] • [9 ; 10]

b. Citer un autre intervalle sur lequel la vitesse est croissante.

c. Quel est l'intervalle sur lequel la vitesse diminue le plus brutalement ?

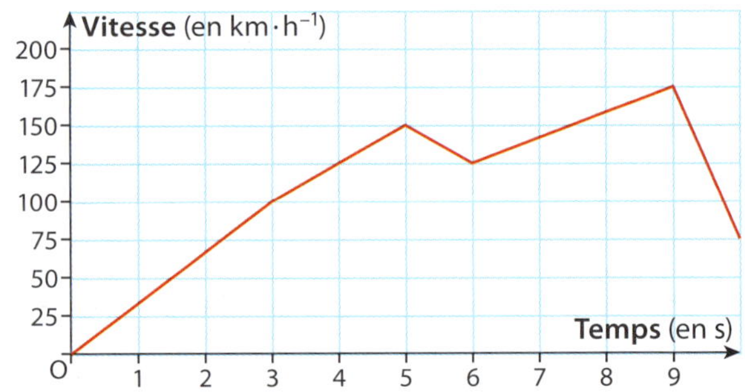

3 Lire un temps de triplement Paragraphe 3, p. 123

La courbe ci-contre représente une fonction modélisant l'évolution d'une population de bactéries au cours du temps.

a. Déterminer graphiquement le nombre de bactéries initial.

b. Estimer graphiquement l'instant à partir duquel le nombre de bactéries aura triplé.

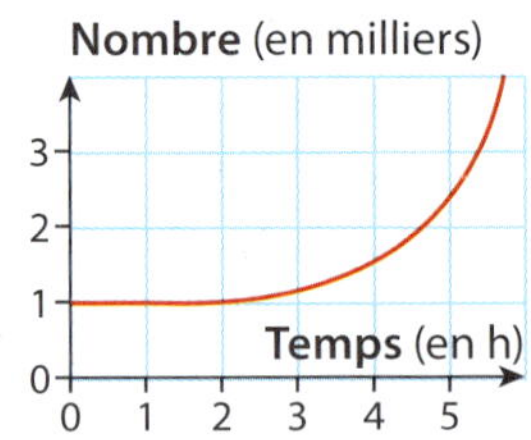

4 Tracer une courbe Paragraphe 1, p. 122

Un avion effectue un vol. Ses capteurs de température extérieure ont fourni les données suivantes tout au long du vol :

– au décollage, la température mesurée était de 20 °C ;

– sur les 15 premières minutes, la température a diminué jusqu'à – 40 °C ;

– la température n'a plus évolué durant 30 min avant d'augmenter progressivement jusqu'à atteindre 10 °C à l'atterrissage ;

– le vol a duré 75 min et la température était de 0 °C après 5 min et après 65 min de vol.

Dans un repère orthogonal (*unités* : 1 cm pour 10 min en abscisse et 1 cm pour 20 °C en ordonnée), tracer la courbe représentative d'une fonction modélisant l'évolution de la température au cours de ce vol.

Traitement de données

5 Calculer un taux d'évolution global ▶ Paragraphe 6, p. 124

La population d'un village a augmenté de 10 % par an durant trois années consécutives.
Déterminer le taux d'évolution global sur les trois années.

6 Calculer un taux d'évolution réciproque ▶ Paragraphe 7, p. 124

Afin d'augmenter les ventes d'un article, un vendeur baisse son prix de 20 % durant une période.
À la fin de cette période, il souhaite ramener cet article au prix initial.
Déterminer le taux d'évolution qu'il doit alors appliquer.

Calcul numérique et algébrique

7 Effectuer mentalement des calculs ▶ Paragraphe 8.a, p. 125

f est la fonction définie sur $\mathbb{R}$ par $f(x) = 4 - x^2$.

a. Donner la valeur de $f(0)$.

b. Victoria affirme : « Les valeurs de $f(1)$ et de $f(-1)$ sont égales. » A-t-elle raison ?

8 Manipuler des puissances ▶ Paragraphe 8.e, p. 126

a. Effectuer chaque calcul en détaillant.

- 2^3
- $(-5)^4$
- 1^6
- 10^5

b. x désigne un nombre réel non nul. Simplifier chaque expression.

- $x^2 \times x^3$
- $x^8 \times x^5$
- $\dfrac{x^7}{x^4}$
- $\dfrac{x^{10}}{x^5}$
- $(x^5)^2$
- $(x^3)^3$

9 Calculer avec des nombres entiers relatifs ▶ Paragraphe 8.a, p. 125

Effectuer chaque calcul sans utiliser la calculatrice.

E = $-7 + 5 - 2$ F = $-(7 + 5) - 2$ G = $-7 + 5 \times (-2)$ H = $(-7 + 5) \times (-2)$

10 Utiliser une expression littérale ▶ Paragraphe 11.c, p. 127

x désigne un nombre positif. Cette figure est constituée d'un carré de côté x cm et d'un rectangle de dimensions x cm et 3 cm.

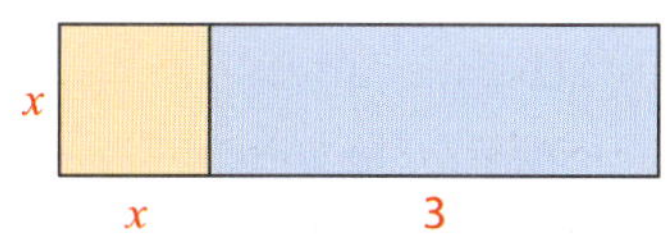

a. Exprimer l'aire de cette figure en fonction de x.

b. Pour $x = 4$, calculer l'aire de la figure.

11 Appliquer une propriété ▶ Paragraphe 13, p. 128

Recopier et compléter le tableau ci-dessous afin d'étudier le signe du produit $(7x + 28)(-2x + 4)$.

x	$-\infty$		…		…		$+\infty$
$7x + 28$		…	0	…		…	
$-2x + 4$		…		…	0	…	
$(7x + 28)(-2x + 4)$		…	0	…	0	…	

Signe de $ax + b$

- **Cas où $a > 0$**

x	$-\infty$		$-\frac{b}{a}$		$+\infty$
$ax + b$		$-$	0	$+$	

- **Cas où $a < 0$**

x	$-\infty$		$-\frac{b}{a}$		$+\infty$
$ax + b$		$+$	0	$-$	

12 Résoudre une équation ▶ Paragraphe 15, p. 128

Manon affirme : « Le double du carré d'un nombre négatif est 32. »
Quel est ce nombre ?

1 Tice Découvrir la notion de fonction dérivée

Sur cette figure, ABCD est un carré de côté x cm, avec $x > 1$.
On découpe un carré de côté 1 cm comme illustré ci-contre, et on note $f(x)$ l'aire, en cm^2, de la surface restante.

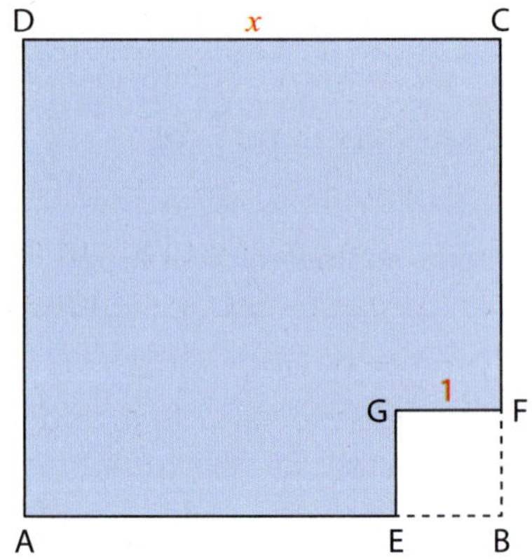

1. Modéliser
Expliquer pourquoi $f(x) = x^2 - 1$.

2. Utiliser un logiciel

a. À l'aide d'un logiciel de géométrie, saisir Fonction(x²-1,1, 6) pour afficher la courbe de la fonction f sur l'intervalle [1 ; 6].

b. Saisir (2,f(2)) pour placer le point A d'abscisse 2 de la courbe.

c. Afficher la tangente à la courbe au point A (utiliser Tangentes).

d. Afficher l'équation de la tangente et lire le nombre dérivé de f en 2, noté $f'(2)$.

e. En procédant de la même manière, recopier et compléter le tableau ci-contre, qui donne le nombre dérivé $f'(a)$, pour a nombre entier de 1 à 6.

a	1	2	3	4	5	6
$f'(a)$						

3. Découvrir une nouvelle fonction
Conjecturer une formule simple pour le nombre dérivé $f'(x)$.
On dit que la fonction qui à tout réel x strictement supérieur à 1, associe le nombre dérivé $f'(x)$, est la **fonction dérivée** de f et on la note $\boldsymbol{f'}$.

2 Relier le sens de variation d'une fonction *f* et le signe de *f'*

Un producteur de fruits produit des fraises et des framboises.

1. Analyser une courbe de bénéfice
Dans le repère ci-contre, la courbe d'une fonction f représente le bénéfice, en centaines d'euros, réalisé par ce producteur en fonction de la masse de fraises vendues, en centaines de kg.

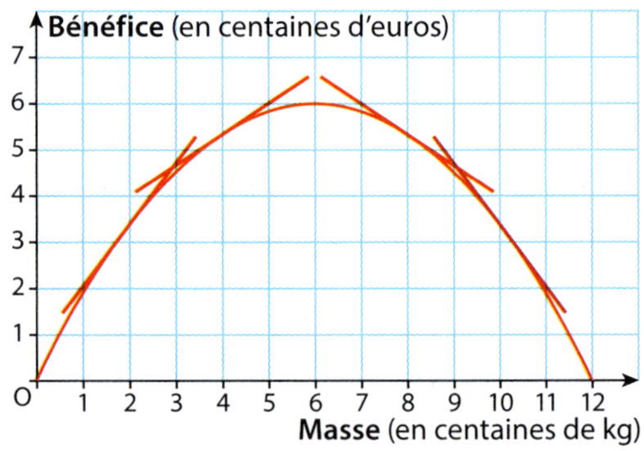

a. Indiquer le sens de variation de la fonction bénéfice :
- sur l'intervalle [0 ; 6] ;
- sur l'intervalle [6 ; 12].

b. On a tracé des tangentes à la courbe en plusieurs points. Qu'observe-t-on concernant les signes des coefficients directeurs de ces tangentes :
- sur l'intervalle [0 ; 6] ?
- sur l'intervalle [6 ; 12] ?

c. Que peut-on dire alors du signe de $f'(x)$ pour tout réel x de l'intervalle : • [0 ; 6] ? • [6 ; 12] ?

2. Utiliser des tangentes
Le bénéfice engendré par la production de framboises du même producteur est donné par une autre fonction g. On sait que les nombres dérivés $g'(a)$ sont :
- négatifs sur l'intervalle $\left[0\,;\frac{4}{3}\right]$;
- positifs sur l'intervalle $\left[\frac{4}{3}\,;6\right]$;
- négatifs sur l'intervalle [6 ; 8].

a. Dans un repère, tracer une courbe possible pour la fonction g.

b. Préciser le sens de variation de la fonction g :
- sur l'intervalle $\left[0\,;\frac{4}{3}\right]$;
- sur l'intervalle $\left[\frac{4}{3}\,;6\right]$;
- sur l'intervalle [6 ; 8].

3 Dresser un tableau de variation

Une entreprise est spécialisée dans la fabrication de pièces pour automobiles.
On s'intéresse à l'une de ces pièces, celle-ci est vendue 8 500 € l'unité.

1. Exprimer la recette

a. Calculer la recette, en centaines d'euros, obtenue pour 5 pièces vendues.

b. R est la fonction qui à tout réel x de l'intervalle [0 ; 30] associe la recette, en centaines d'euros, obtenue pour x pièces vendues. Déterminer l'expression de la fonction R.

2. Modéliser la situation

On modélise le coût de production pour x pièces produites par la fonction C définie sur l'intervalle [0 ; 30] par $C(x) = 4x^2 - 27x + 104$.

a. Calculer R(10), C(10) puis R(10) – C(10).

b. En déduire le bénéfice réalisé par l'entreprise lorsqu'elle produit et vend 10 pièces.

c. B est la fonction qui à tout réel x de l'intervalle [0 ; 30] associe le bénéfice, en centaines d'euros, obtenu pour x pièces produites et vendues. Justifier que pour tout réel x de [0 ; 30], $B(x) = -4x^2 + 112x - 104$.

3. Étude du bénéfice

a. Recopier et compléter le tableau de signes de $B'(x)$ selon les valeurs de x en utilisant cet écran de calcul formel.

1 Dérivée$(-4x^2 + 112x - 104)$
→ $\mathbf{-8\,x + 112}$

x	0	30
$B'(x)$		

b. En déduire le sens de variation de la fonction B et dresser le tableau de variation de cette fonction.

c. Donner alors le nombre de pièces que l'entreprise doit produire et vendre pour réaliser un bénéfice maximal. Préciser la valeur de ce bénéfice.

4 Optimiser une grandeur

Une association d'aide alimentaire souhaite construire un emballage pour la distribution de ses fruits.
Un bénévole se propose alors de les réaliser. Il dispose pour cela de plaques carrées en carton de 30 cm de côté.
À chaque coin, il découpe un carré. En pliant suivant les pointillés, il obtient l'emballage souhaité.

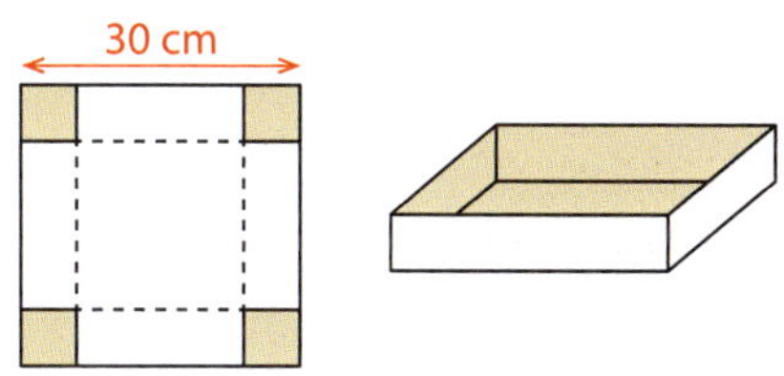

1. Trouver une expression

On note x le côté, en cm, des quatre carrés découpés dans la plaque.

a. À quel intervalle appartient le réel x ?

b. Déterminer la largeur de la boîte en fonction de x.

c. Justifier alors que le volume, en cm^3, de l'emballage obtenu en découpant quatre carrés de côté x est donné par $V(x) = 4x^3 - 120x^2 + 900x$.

2. Étudier la fonction V

L'écran de calcul formel ci-contre donne l'expression de $V'(x)$.

1 Dérivée$(4x^3 - 120x^2 + 900x)$
→ $\mathbf{12\,x^2 - 240\,x + 900}$

a. Vérifier que pour tout réel x de l'intervalle [0 ; 15], $V'(x) = 12(x - 5)(x - 15)$.

b. Dresser le tableau de signes de $V'(x)$ selon les valeurs de x.

c. En déduire le tableau de variation de la fonction V.

d. Préciser comment doit procéder le bénévole pour obtenir un emballage de volume maximal.

Cours

1 Fonction dérivée

A Fonction dérivable sur un intervalle

Définitions

f est une fonction définie sur un intervalle I.
Dire que *f* est **dérivable sur I** signifie que pour tout nombre réel x de I, le nombre dérivé $f'(x)$ existe.
La fonction qui à tout nombre réel x de I associe $f'(x)$ est appelée **fonction dérivée de *f*** et est notée ***f'***.

Interprétation graphique : Pour tout nombre réel x de I, il existe un point d'abscisse x de la courbe représentative de la fonction *f* dans un repère. La fonction dérivée f' est la fonction qui à x associe le **coefficient directeur de la tangente** en ce point.

B Dérivées des fonctions usuelles

Pour les fonctions usuelles, on peut démontrer des formules qui donnent directement l'expression de la fonction dérivée.

Propriétés

	Fonction *f* définie sur $\mathbb{R}$ par …	Fonction dérivée *f'* définie sur $\mathbb{R}$ par …
Fonction constante	$f(x) = k$ avec k nombre réel	$\boldsymbol{f'(x) = 0}$
Fonction identité	$f(x) = x$	$\boldsymbol{f'(x) = 1}$
Fonction carré	$f(x) = x^2$	$\boldsymbol{f'(x) = 2x}$
Fonction cube	$f(x) = x^3$	$\boldsymbol{f'(x) = 3x^2}$

Justifications graphiques :

- La courbe d'une fonction constante *f* est une droite parallèle à l'axe des abscisses. Toutes les tangentes sont confondues avec la courbe elle-même, elles ont toutes un coefficient directeur égal à 0. Ainsi, $f'(x) = 0$ quelle que soit la valeur de x.
- La courbe de la fonction identité, définie par $f(x) = x$, est la droite qui passe par l'origine et a pour coefficient directeur 1. Toutes les tangentes sont confondues avec la courbe elle-même, elles ont toutes un coefficient directeur égal à 1. Ainsi, $f'(x) = 1$ quelle que soit la valeur de x.

C Dérivée d'une somme, d'un produit par un nombre réel

Propriétés (admises)

u et *v* sont deux fonctions dérivables sur un intervalle I et *k* est un nombre réel.

La fonction …	notée …	a pour fonction dérivée …
$x \mapsto u(x) + v(x)$	$u + v$	$(u + v)' = u' + v'$
$x \mapsto ku(x)$	ku	$(ku)' = ku'$

Exemple

f est la fonction définie sur $\mathbb{R}$ par $f(x) = 5x^3 + 7x$.
Ainsi, $f = u + v$ avec pour tout réel x,

$$u(x) = 5x^3 \quad \text{et} \quad v(x) = 7x$$

Pour tout réel x,

$$u'(x) = 5 \times 3x^2 = 15x^2 \quad \text{et} \quad v'(x) = 7 \times 1 = 7.$$

Donc pour tout réel x, $f'(x) = u'(x) + v'(x) = 15x^2 + 7$.

Acquérir des automatismes

EXERCICES RÉSOLUS

1 Utiliser une fonction dérivée

f est la fonction carré définie sur $\mathbb{R}$ par $f(x) = x^2$. Dans un repère, déterminer une équation de la tangente T à la courbe représentative de f au point d'abscisse 3.

Solution

Une équation de la tangente T est :

$$y = f'(3)(x - 3) + f(3).$$

- $f(3) = 3^2$ donc $f(3) = 9$.
- Pour tout réel x, $f'(x) = 2x$.

Donc $f'(3) = 2 \times 3 = 6$.

- Ainsi, une équation de T est :

$$y = 6(x - 3) + 9$$
$$y = 6x - 18 + 9$$
$$y = 6x - 9$$

Méthode : Pour établir une équation de la tangente T, on commence par écrire la formule vue au chapitre 5.
Puis, on remplace $f(3)$ et $f'(3)$ par leurs valeurs, on développe et on réduit.

2 Dériver une fonction polynôme

f est la fonction définie sur $\mathbb{R}$ par $f(x) = -2x^3 + 5x^2 + 3x - 1$.
Déterminer l'expression de la fonction dérivée f'.

Solution

Ainsi, $f = g + h + i + j$ avec pour tout réel x,
$g(x) = -2x^3$, $h(x) = 5x^2$, $i(x) = 3x$ et $j(x) = -1$.

- $g(x) = ku(x)$ avec $k = -2$ et $u(x) = x^3$.

Donc $g'(x) = ku'(x) = -2 \times 3x^2 = -6x^2$.

- $h(x) = mv(x)$ avec $m = 5$ et $v(x) = x^2$.

Donc $h'(x) = mv'(x) = 5 \times 2x = 10x$.

- $i(x) = nw(x)$ avec $n = 3$ et $w(x) = x$.

Donc $i'(x) = nw'(x) = 3 \times 1 = 3$.

- $j(x) = -1$, donc $j'(x) = 0$.
- Pour tout réel x, $f'(x) = g'(x) + h'(x) + i'(x) + j'(x)$,

soit $f'(x) = -6x^2 + 10x + 3$.

Méthode : Pour déterminer l'expression d'une fonction dérivée, on applique les formules de dérivation.
Ici, la fonction est une somme, où chaque terme est le produit d'une fonction de référence par un nombre réel.

AUTOMATISMES

Sur le modèle de l'exercice résolu 1

3 f est la fonction carré définie sur $\mathbb{R}$ par $f(x) = x^2$.
Dans un repère, déterminer une équation de la tangente à la courbe représentative de f :
a. au point d'abscisse –1 ;
b. au point d'abscisse –5.

4 g est la fonction cube définie sur $\mathbb{R}$ par $g(x) = x^3$.
Dans un repère, déterminer une équation de la tangente à la courbe représentative de g :
a. au point d'abscisse 0 ;
b. au point d'abscisse 2.

Sur le modèle de l'exercice résolu 2

5 f est la fonction définie sur $\mathbb{R}$ par :

$$f(x) = x^2 + 5x + 1.$$

Déterminer l'expression de la fonction dérivée f'.

6 Dans chaque cas, on donne l'expression d'une fonction définie sur $\mathbb{R}$.
Déterminer l'expression de sa fonction dérivée.
a. $f(x) = 5x - 7$
b. $g(x) = x^3 - 4x^2 + 2$
c. $h(x) = -6x^3 + 8x - 9$
d. $k(x) = 9x^3 + 7x^2 - 8x + 10$

Cours

2 Sens de variation et signe de la dérivée

A Du sens de variation au signe de la dérivée

Propriétés (admises)

f est une fonction dérivable sur un intervalle I.

- Si f est **croissante** sur I, alors pour tout nombre réel x de I, $\boldsymbol{f'(x) \geqslant 0}$.
- Si f est **constante** sur I, alors pour tout nombre réel x de I, $\boldsymbol{f'(x) = 0}$.
- Si f est **décroissante** sur I, alors pour tout nombre réel x de I, $\boldsymbol{f'(x) \leqslant 0}$.

Exemples

- f est croissante sur [–1 ; 1]

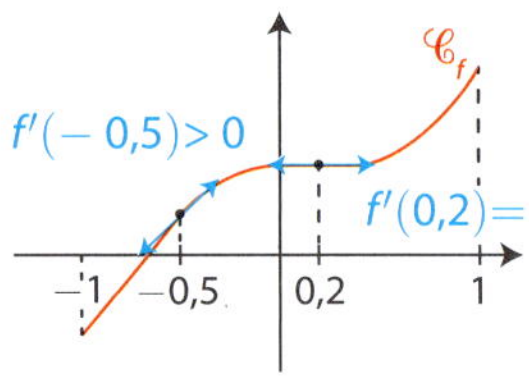

- f est constante sur [–1 ; 1]

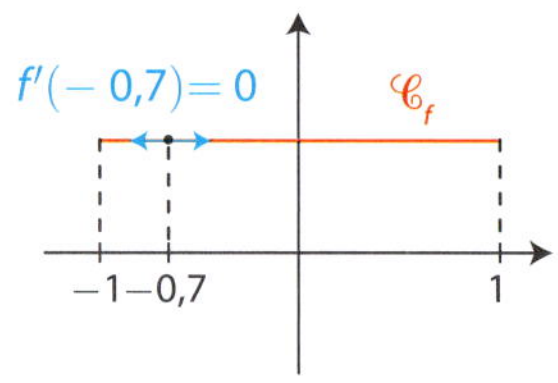

- f est décroissante sur [–1 ; 1]

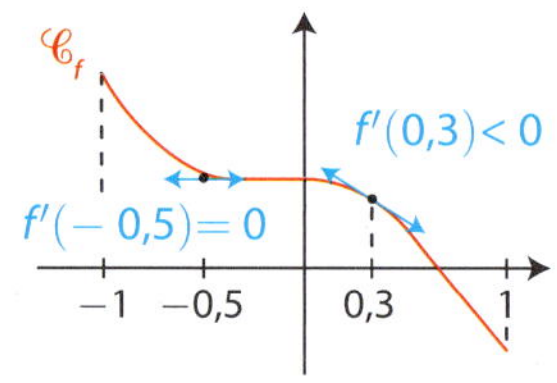

B Du signe de la dérivée au sens de variation

Propriétés (admises)

f est une fonction dérivable sur un intervalle I.

- Si pour tout nombre réel x de I, $\boldsymbol{f'(x) \geqslant 0}$, alors f est **croissante** sur I.
- Si pour tout nombre réel x de I, $\boldsymbol{f'(x) = 0}$, alors f est **constante** sur I.
- Si pour tout nombre réel x de I, $\boldsymbol{f'(x) \leqslant 0}$, alors f est **décroissante** sur I.

Exemples

Dans chaque cas, la courbe tracée représente une fonction f dérivable sur l'intervalle [–2 ; 4].
Cette fonction est telle que pour tout nombre réel x de l'intervalle [–2 ; 4], $f'(x) \geqslant 0$.

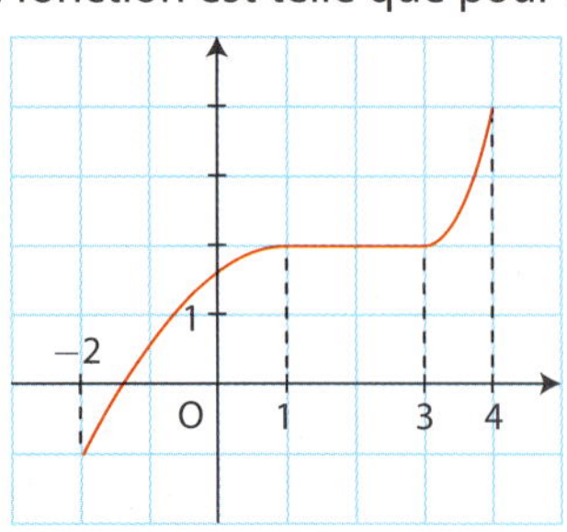

$f'(x)$ s'annule sur l'intervalle [1 ; 3] contenu dans [–2 ; 4].
On dit que f est **croissante** sur l'intervalle [–2 ; 4].

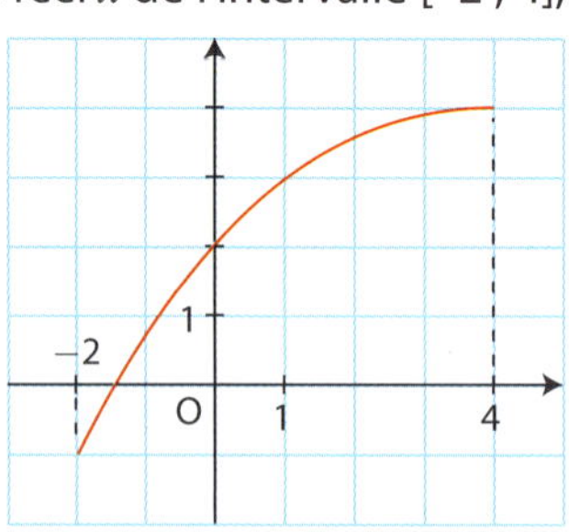

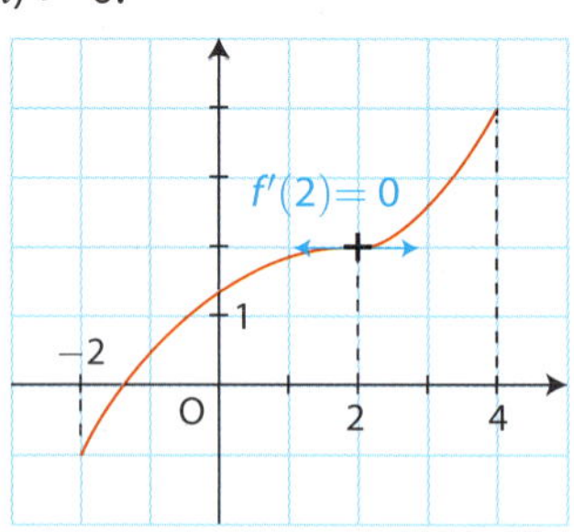

$f'(x)$ ne s'annule pas sur l'intervalle [–2 ; 4], ou bien seulement en quelques points isolés.
On dit que f est **strictement croissante** sur l'intervalle [–2 ; 4].

Conséquence :

On déduit des propriétés énoncées aux paragraphes A et B qu'une fonction définie et dérivable sur un intervalle I est **constante sur I si, et seulement si, sa dérivée est nulle sur I**.

EXERCICES RÉSOLUS

7 Reconnaître une fonction dérivée

Voici $\mathscr{C}$ la courbe représentative, dans un repère, d'une fonction f définie et dérivable sur [–3 ; 3].
Parmi les courbes ❶, ❷ et ❸, une seule est celle de la fonction dérivée f' de f. Laquelle ?

Courbe de la fonction *f*	Courbe ❶	Courbe ❷	Courbe ❸
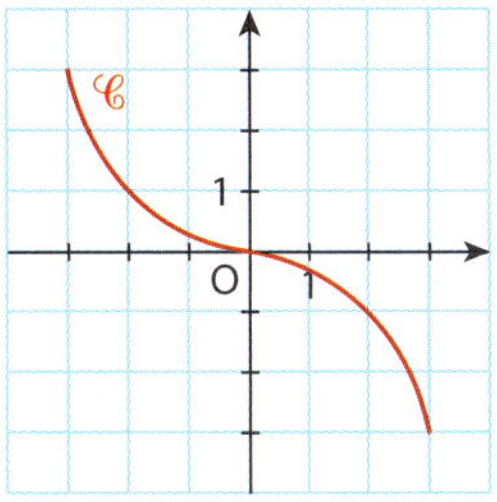	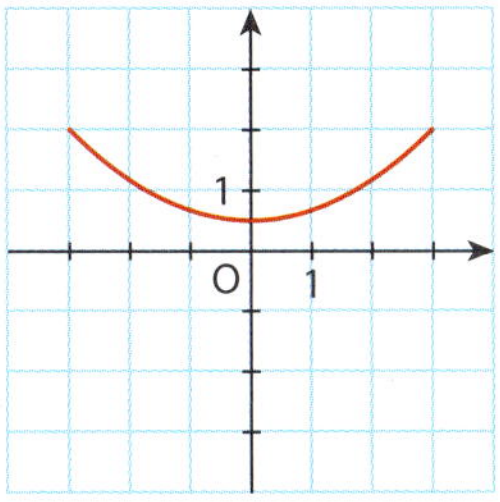	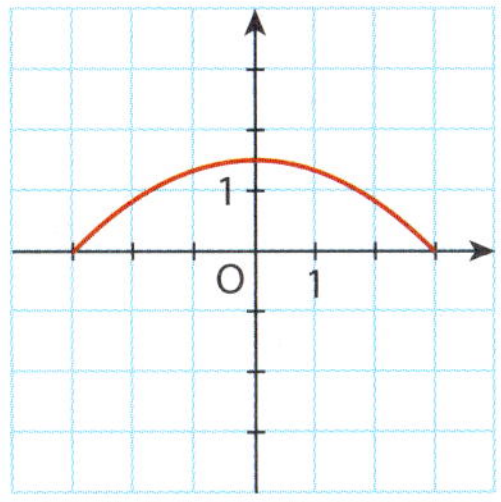	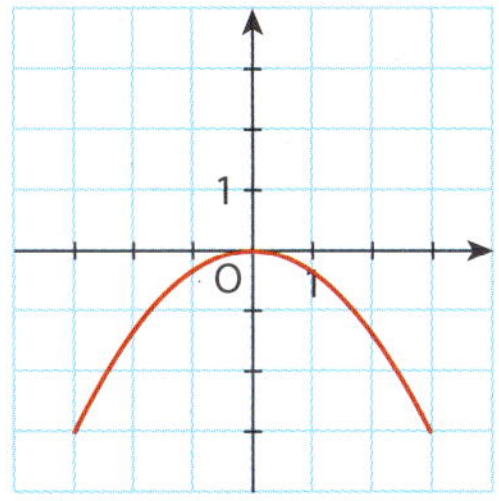

Solution

La fonction f est décroissante sur l'intervalle [–3 ; 3].
La fonction dérivée f' est donc négative sur cet intervalle.
Ainsi, sa courbe représentative ne peut être que la courbe ❸, qui représente bien une fonction négative.

Méthode : Le sens de variation d'une fonction permet de déterminer le signe de sa fonction dérivée.

8 Étudier le sens de variation d'une fonction

f est la fonction définie sur $\mathbb{R}$ par $f(x) = 2x^3 + 5x + 1$.

a. Déterminer $f'(x)$ et étudier son signe selon les valeurs de x.

b. En déduire le sens de variation de la fonction f.

Solution

a. Pour tout réel x, $f'(x) = 2 \times 3x^2 + 5 \times 1$,
soit $f'(x) = 6x^2 + 5$.
Pour tout nombre réel x, $6x^2 + 5 > 0$, donc $f'(x) > 0$.

b. La fonction dérivée f' est positive sur $\mathbb{R}$, donc la fonction f est croissante sur $\mathbb{R}$.

Méthode : Pour étudier le sens de variation d'une fonction f, on détermine l'expression de sa fonction dérivée, puis on étudie son signe.

AUTOMATISMES

Sur le modèle de l'exercice résolu 7

9 Voici la courbe représentative $\mathscr{C}$ d'une fonction dérivable g.
Parmi les courbes ci-dessous, laquelle peut être celle de la fonction dérivée g' de g ?

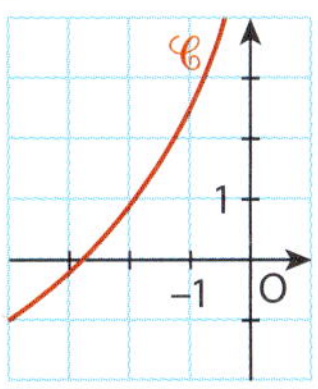

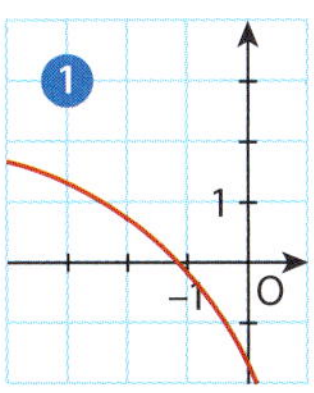

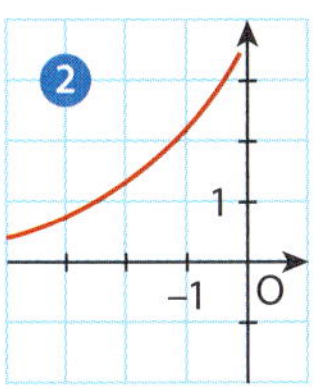

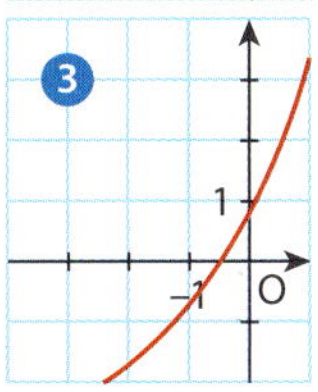

Sur le modèle de l'exercice résolu 8

10 h est la fonction définie sur $\mathbb{R}$ par :

$$h(x) = -x^3 - 2x + 8.$$

a. Déterminer $h'(x)$ et étudier son signe selon les valeurs de x.

b. En déduire le sens de variation de la fonction h.

11 m est la fonction définie sur $\mathbb{R}$ par :

$$m(x) = 0{,}5x^3 + 1{,}5x - 7{,}5.$$

a. Déterminer $m'(x)$ et étudier son signe selon les valeurs de x.

b. En déduire le sens de variation de la fonction m.

Cours

3 Tableau de variation

A Présentation

Pour étudier le sens de variation d'une fonction dérivable, il suffit d'étudier le signe de sa dérivée.
On résume ces informations dans un tableau, appelé **tableau de variation**.

Exemple

Voici le tableau de variation d'une fonction f définie et dérivable sur l'intervalle $[-7 ; 5]$.

x	-7		-1		2		5
$f'(x)$		$-$	0	$+$	0	$-$	
$f(x)$	12	↘	-4	↗	7	↘	5

On détermine le signe de $f'(x)$.

On en déduit les variations de f et on complète les flèches par les images.

B Tableau de variation d'une fonction polynôme de degré 2

f est une fonction polynôme de degré 2 définie sur $\mathbb{R}$ par $f(x) = ax^2 + bx + c$ où a, b, c sont des nombres réels et $a \neq 0$. La fonction f est dérivable sur $\mathbb{R}$ et pout tout nombre réel x, $f'(x) = 2ax + b$.

- Cas où $\boldsymbol{a > 0}$

x	$-\infty$		$-\dfrac{b}{2a}$		$+\infty$
$f'(x)$		$-$	0	$+$	
$f(x)$		↘	$f\left(-\dfrac{b}{2a}\right)$	↗	

- Cas où $\boldsymbol{a < 0}$

x	$-\infty$		$-\dfrac{b}{2a}$		$+\infty$
$f'(x)$		$+$	0	$-$	
$f(x)$		↗	$f\left(-\dfrac{b}{2a}\right)$	↘	

Exemple

f est la fonction définie sur $\mathbb{R}$ par $f(x) = x^2 + 2x - 3$.
Pour tout nombre réel x, $f'(x) = 2x + 2$.
$f'(x) = 0$ pour $x = -1$.
On en déduit le tableau de variation de la fonction f.

x	$-\infty$		-1		$+\infty$
$f'(x)$		$-$	0	$+$	
$f(x)$		↘	-4	↗	

C Optimisation

Définitions

f est une fonction définie sur un intervalle I et a désigne un nombre réel de I.

Dire que $\boldsymbol{f(a)}$ **est le maximum** de f sur I signifie que, pour tout nombre réel x de I, $\boldsymbol{f(x) \leqslant f(a)}$.

Dire que $\boldsymbol{f(a)}$ **est le minimum** de f sur I signifie que, pour tout nombre réel x de I, $\boldsymbol{f(x) \geqslant f(a)}$.

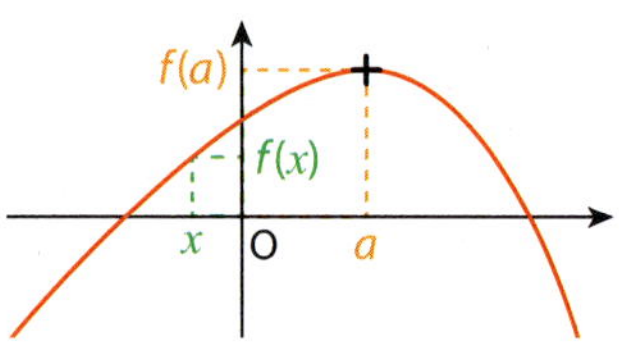

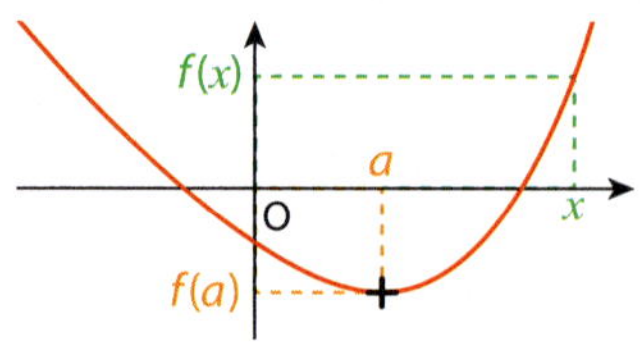

Exemple

Voici le tableau de variation d'une fonction f définie sur $[-4 ; 2]$.
Le maximum de la fonction f sur l'intervalle $[-4 ; 2]$ est **3**, il est atteint en $x = $ **-2**.
Le minimum de la fonction f sur l'intervalle $[-4 ; 2]$ est **-2**, il est atteint en $x = $ **1**.

x	-4		-2		1		2
$f(x)$	1	↗	3	↘	-2	↗	2

EXERCICES RÉSOLUS

12 Dresser un tableau de variation

f est une fonction dérivable sur l'intervalle $[-2 ; 4]$ telle que $f(-2) = 5$, $f(2) = 1$ et $f(4) = 2$.
La courbe représentative de sa fonction dérivée f' est tracée dans le repère ci-contre.
Dresser le tableau de variation de la fonction f.

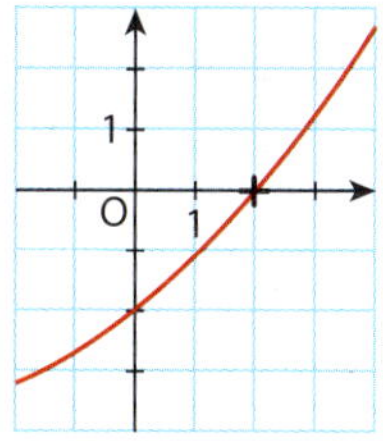

Solution

Graphiquement, $f'(x) \leqslant 0$ sur $[-2 ; 2]$ et $f'(x) \geqslant 0$ sur $[2 ; 4]$.
On en déduit le tableau de variation de f.

x	-2		2		4
$f'(x)$		$-$	0	$+$	
$f(x)$	5 ↘		1	↗	2

Méthode : On lit le signe de $f'(x)$ sur la courbe représentative de f'. On en déduit le sens de variation de f. On complète le tableau de variation avec les images.

13 Étudier une fonction polynôme de degré 3

f est la fonction définie sur l'intervalle $[-4 ; 5]$ par $f(x) = 4x^3 + 12x^2 - 36x + 3$.
a. Déterminer $f'(x)$ et vérifier que pour tout réel x de $[-4 ; 5]$, $f'(x) = 12(x - 1)(x + 3)$.
b. Étudier le signe de $f'(x)$ selon les valeurs de x et en déduire le tableau de variation de la fonction f.

Solution

a. Pour tout réel x de $[-4 ; 5]$, $f'(x) = 4 \times 3x^2 + 12 \times 2x - 36 = 12x^2 + 24x - 36$.
Or pour tout réel x de $[-4 ; 5]$, $12(x - 1)(x + 3) = 12(x^2 + 2x - 3) = 12x^2 + 24x - 36$.
Ainsi, pour tout réel x de $[-4 ; 5]$, $f'(x) = 12(x - 1)(x + 3)$.
b. $12 > 0$, donc $f'(x)$ est du signe de $(x - 1)(x + 3)$. On en déduit le tableau de variation de f.

x	-4		-3		1		5
$x - 1$		$-$		$-$	0	$+$	
$x + 3$		$-$	0	$+$		$+$	
$f'(x)$		$+$	0	$-$	0	$+$	
$f(x)$	83 ↗		111	↘	-17	↗	623

Méthode : On détermine le signe de $x - 1$ et de $x + 3$, on en déduit le signe de $f'(x)$ à l'aide de la règle des signes.
On calcule les images à l'aide de l'expression de $f(x)$.

AUTOMATISMES

Sur le modèle de l'exercice résolu 12

14 f est une fonction dérivable sur l'intervalle $[-3 ; 3]$ telle que $f(-3) = 5$, $f(-2) = 1$, $f(1) = 2$ et $f(3) = -3$.
La courbe représentative de sa fonction dérivée f' est tracée dans le repère ci-dessous.

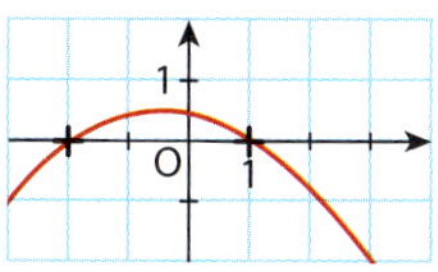

Dresser le tableau de variation de la fonction f.

Sur le modèle de l'exercice résolu 13

15 f est la fonction définie sur l'intervalle $[-5 ; 0]$ par :

$$f(x) = \frac{2}{3}x^3 + 6x^2 + 16x.$$

a. Déterminer $f'(x)$ et vérifier que pour tout réel x de $[-5 ; 0]$, $f'(x) = 2(x + 2)(x + 4)$.
b. Étudier le signe de $f'(x)$ selon les valeurs de x.
c. Dresser le tableau de variation de la fonction f sur l'intervalle $[-5 ; 0]$.

S'entraîner

Fonction dérivée

Questions flash

16 Dans chaque cas, déterminer $f'(x)$.

a. $f(x) = x^2$ **b.** $f(x) = x$ **c.** $f(x) = x^3$

17 f est la fonction définie sur $\mathbb{R}$ par $f(x) = x$.
Loreto affirme : « La fonction dérivée de f est constante. »
Ulysse répond : « Si f était une fonction constante, alors f' serait aussi une fonction constante. »
Que peut-on penser de ces affirmations ?
Expliquer oralement.

18 f est la fonction définie sur $\mathbb{R}$ par $f(x) = x^2 + 1$.
Parmi ces réponses, laquelle donne l'expression de sa fonction dérivée f' ?

(1) $f'(x) = 2x$ **(2)** $f'(x) = 2x + 1$ **(3)** $f'(x) = 3x$

19 f est la fonction définie sur $\mathbb{R}$ par $f(x) = 3x^2$.
Parmi ces réponses, laquelle donne l'expression de sa fonction dérivée f' ?

(1) $f'(x) = 6x^2$ **(2)** $f'(x) = x^3$ **(3)** $f'(x) = 6x$

20 Voici une fonction **Program** écrite en langage Python.

```
def Program(x):
    f=x+5
    f=2*f
    f=f-5
    f=1.5*f
    f=f-3*x
    print(f)
```

a. Calculer à la main le résultat retourné par cette fonction pour $x = 3$ puis pour $x = 1{,}5$.

b. Justifier que le résultat retourné par cette fonction est toujours le même, quelle que soit la valeur de x.

c. f est la fonction qui à toute valeur du paramètre x associe le résultat retourné par **Program** et f' est sa fonction dérivée.
Exprimer $f(x)$ et $f'(x)$ en fonction de x.

21 Un objet a une masse de 2 kg.
Lorsqu'il se déplace à une vitesse x, en $m \cdot s^{-1}$, son énergie cinétique $f(x)$, en joules, vérifie $f(x) = x^2$.

a. Calculer l'énergie cinétique pour une vitesse de $1{,}5\ m \cdot s^{-1}$.

b. Représenter graphiquement la fonction f dans un repère, sur l'intervalle [0 ; 3].

c. Déterminer $f'(x)$ sur l'intervalle [0 ; 3].

d. Déterminer une équation de la tangente T à la courbe représentative de f au point d'abscisse 1.

e. Tracer la tangente T dans le repère de la question **a.**

22 Pour tout réel x strictement positif, on note $g(x)$ le volume d'un cube d'arête x.
g' est la fonction dérivée de g.

a. Donner les expressions de $g(x)$ et de $g'(x)$

b. À l'écran d'une calculatrice, voici la courbe de la fonction g et sa tangente au point d'abscisse 2.
Vérifier l'équation affichée par la calculatrice.

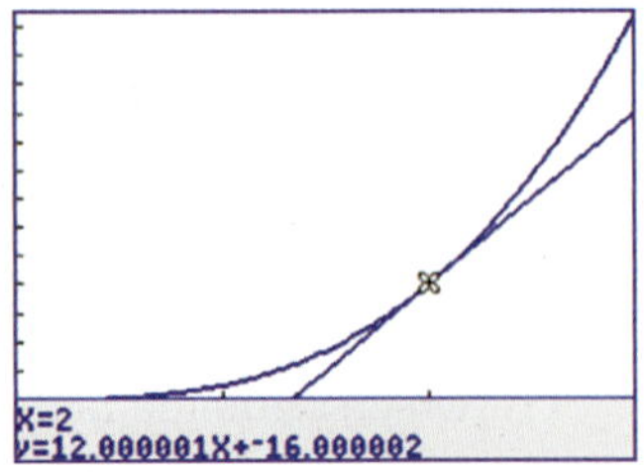

TI83	Numworks	CASIO
f(x) X,T,θ,n ^ 3 entrer graphe 2nde prgm (dessin) 5 (Tangentes) 2 entrer	Fonctions OK x,n,t x^y 3 OK Tracer le graphique OK Calcul OK Calculer OK Tangente OK 2 OK	1 SHIFT MENU (SET UP) Derivative :On MENU 5 X,θ,T ^ 3 F6 (Draw) SHIFT F4 (Skth) F2 (Tang)2 EXE EXE

23 Dans chaque cas, déterminer $f'(x)$.

a. Pour tout réel x, $f(x) = 42$.

b. Pour tout réel x, $f(x) = x + 3$.

c. Pour tout réel x, $f(x) = x^3 + x^2$.

d. Pour tout réel x, $f(x)= x^3 + x + 5$.

e. Pour tout réel x, $f(x) = x^3 + x^2 + x - 7$.

24 f est la fonction définie sur $\mathbb{R}$ par :
$$f(x) = x^3 + x^2 + x + 1.$$
Alexandra affirme : « La fonction dérivée de f est un polynôme du second degré. »
A-t-elle raison ? Expliquer.

25 Dans chaque cas, déterminer $g'(x)$.

a. Pour tout réel x, $g(x) = 1{,}5x$.

b. Pour tout réel x, $g(x) = -\frac{2}{5}x$.

c. Pour tout réel x, $g(x) = -11x^3$.

d. Pour tout réel x, $g(x) = \frac{7}{2}x^2$.

e. Pour tout réel x, $g(x) = \frac{x^2}{5}$.

26 CORRIGÉ en vidéo jaicompris.com

On a utilisé un logiciel de calcul formel pour obtenir la fonction dérivée g' d'une fonction g définie sur $\mathbb{R}$.
Retrouver les coefficients cachés.

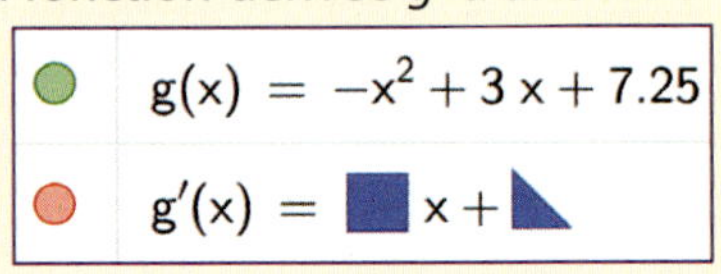

27 Dans chaque cas, déterminer $f'(x)$.

a. Pour tout réel x, $f(x) = 9x + 5$.

b. Pour tout réel x, $f(x) = 7x^2 - 2x$.

c. Pour tout réel x, $f(x) = \frac{1}{3}x^3 + 3x^2 + 2$.

d. Pour tout réel x, $f(x) = -5x^3 + 1,5x^2 + 5$.

28 h est la fonction définie sur $\mathbb{R}$ par :

$$h(x) = 5x^2 - 2x.$$

a. Déterminer $h'(x)$ sur $\mathbb{R}$.

b. Dans un repère, déterminer une équation de la tangente à la courbe représentative de la fonction h au point d'abscisse 1.

29 k est la fonction définie sur $\mathbb{R}$ par :

$$k(x) = 0,5x^2 - 1,5x.$$

Voici la représentation graphique de cette fonction dans un repère, ainsi que ses tangentes aux points d'abscisses −1 et 3. Vérifier les équations indiquées pour ces tangentes.

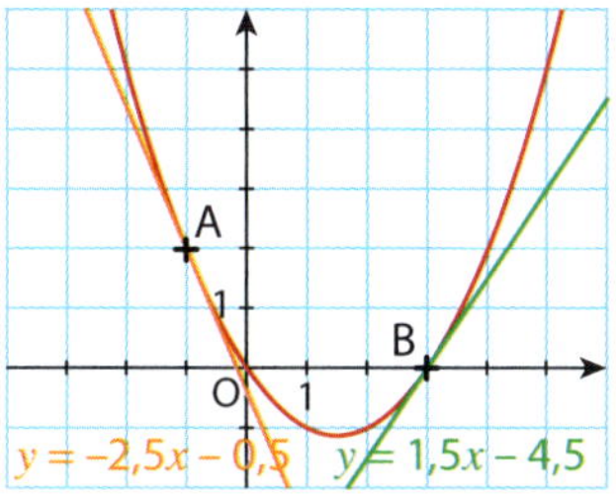

Signe de la dérivée et sens de variation

Questions flash

30 Dans chaque cas, on donne l'expression d'une fonction dérivée f' définie sur $\mathbb{R}$.
Préciser le sens de variation de la fonction f.

a. $f'(x) = -5$ **b.** $f'(x) = 1,2$ **c.** $f'(x) = -\frac{2}{3}$

31 f est une fonction telle que pour tout réel x, $f'(x) = kx^2$, où k désigne un réel. Matylda affirme : « Il suffit de connaître le signe du nombre k pour déterminer le sens de variation de la fonction f. »
Expliquer cette affirmation.

32 Dans chaque cas, on donne, dans un repère, la courbe représentative de la fonction dérivée f' d'une fonction f définie sur l'intervalle [−2 ; 1]. Indiquer le sens de variation de la fonction f sur [−2 ; 1].

a.

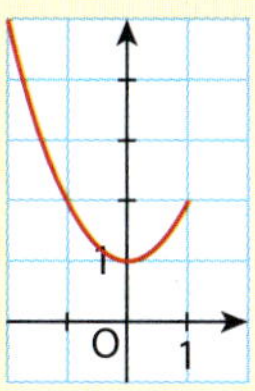

b.

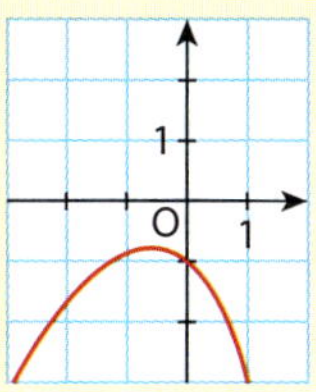

c.

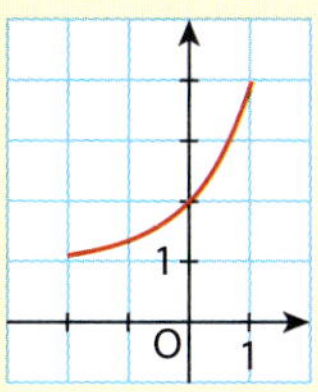

33 Dans une ville, le prix, en euros, de la location d'une trottinette électrique dépend de la durée d'utilisation x, en min. Ce prix est modélisé par la fonction p définie sur l'intervalle [0 ; 120] par $p(x) = 1 + 0,23x$.

a. Calculer le coût du déblocage, c'est-à-dire $p(0)$.

b. Calculer le prix pour 10 min d'utilisation.

c. Déterminer $p'(x)$ sur l'intervalle [0 ; 120].

d. En déduire le sens de variation de la fonction p.

34 Dans chaque cas, utiliser la fonction dérivée pour déterminer le sens de variation de la fonction affine définie sur $\mathbb{R}$ par :

a. $f(x) = -3x + 1$ **b.** $g(x) = 0,5x + 3$

c. $h(x) = 8,2 - 1,7x$ **d.** $k(t) = \frac{1}{3}t - 9$

35 Une entreprise fabrique des composants électroniques pour ordinateurs.
Le coût de fabrication $C(x)$, en milliers d'euros, pour la fabrication de x centaines de milliers de composants est donné sur l'intervalle [0 ; 10] par :

$$C(x) = 5x^2 + 20x + 100.$$

a. Calculer les coûts fixes, qui correspondent à la fabrication de 0 composant.

b. Calculer le coût pour la fabrication de 2 centaines de milliers de composants.

c. Déterminer $C'(x)$ sur l'intervalle [0 ; 10].

d. Préciser le signe de $C'(x)$ sur [0 ; 10].

e. En déduire le sens de variation de la fonction C.

f. Afficher à l'écran de la calculatrice la courbe de la fonction C pour visualiser le résultat.

36 CORRIGÉ en vidéo jaicompris.com

Dans chaque cas, déterminer le sens de variation de la fonction puis vérifier à l'aide de la calculatrice.

a. $f(x) = x^2 + x + 1$ sur l'intervalle [0 ; 10].

b. $m(x) = 0,4x^2 + 1,8x + 5$ sur l'intervalle [0 ; 15].

c. $n(x) = -3x^2 + 5x + 7$ sur l'intervalle [−5 ; 0].

37 La hauteur d'un objet en chute libre, en m, est modélisée en fonction du temps t, en s, par la fonction h définie sur l'intervalle [0 ; 1] par $h(t) = 5 - 4,9t^2$.

a. Calculer la hauteur initiale de l'objet.

b. Calculer la hauteur de l'objet au bout d'une seconde.

c. Déterminer $h'(t)$ sur l'intervalle [0 ; 1].

d. En déduire le sens de variation de la fonction h sur l'intervalle [0 ; 1].

e. Commenter le résultat dans le contexte de cette situation.

38 Voici la population de la ville de Lagos, en millions d'habitants, pour certaines années depuis 1960.

Temps écoulé	0	10	20	30	40	50
Population	0,76	1,4	2,6	4,8	7,3	11

L'évolution de cette population peut être modélisée sur l'intervalle [0 ; 100] par la fonction P définie par :

$$P(x) = 0{,}0037x^2 + 0{,}0201x + 0{,}76$$

où x est en années.

a. Déterminer $P'(x)$ sur l'intervalle [0 ; 100].

b. Selon ce modèle, que peut-on dire du sens de variation de la population de Lagos sur l'intervalle [0 ; 100] ?

c. En 2020, la population de Lagos s'élevait à 14,4 millions d'habitants. Comparer cette valeur avec celle obtenue par la modélisation.

39 f est la fonction définie sur $\mathbb{R}$ par :

$$f(x) = 2x^3 + 5x + 1.$$

a. Déterminer $f'(x)$ sur $\mathbb{R}$.

b. Préciser le signe de $f'(x)$ selon les valeurs de x.

c. En déduire le sens de variation de la fonction f.

40 Le cours d'une action, en €, est modélisé, en fonction du temps t, en h, par la fonction k définie sur l'intervalle [0 ; 5] par :

$$k(t) = 0{,}2t^3 + 0{,}25t^2 + t + 40.$$

a. Calculer le cours de l'action au bout de 2 h puis au bout de 4 h.

b. Déterminer $k'(t)$ sur l'intervalle [0 ; 5].

c. Préciser le signe de $k'(t)$ sur l'intervalle [0 ; 5]. Expliquer.

d. En déduire le sens de variation de la fonction k.

41 Une population de bactéries, en millions d'individus, évolue en fonction du temps écoulé t, en h, selon la fonction p définie pour t positif par :

$$p(t) = 0{,}1t^3 + 0{,}1t^2 + 0{,}1t + 0{,}1.$$

a. Calculer la population initiale.

b. Déterminer $p'(t)$ pour t positif.

c. En déduire le sens de variation de la fonction p.

d. Interpréter ce résultat pour la population de bactéries.

42 f, g et h sont les fonctions définies sur $\mathbb{R}$ par :

$$f(x) = x^3 + x + 1 \qquad g(x) = x^3 + x^2 + x$$
$$h(x) = x^3 + x^2 + 1$$

Damian affirme : « L'une de ces fonctions est croissante sur $\mathbb{R}$ ». Que peut-on en penser ? Expliquer.

Tableau de variation

Questions flash

43 Parmi les deux tableaux de variation ci-dessous, indiquer oralement celui qui est correct.

(1)

x	−3		−1		5
$f'(x)$		−	0	+	0
$f(x)$	2	↗	13	↘	12

(2)

x	−3		−1		5		8
$f'(x)$		−	0	+	0	−	
$f(x)$	2	↘	1	↗	145	↘	0

44 f est la fonction polynôme de degré 2 définie sur $\mathbb{R}$ par $f(x) = x^2 - 4x - 5$.

Karim affirme : « La fonction f est croissante sur l'intervalle [2 ; +∞[. »

A-t-il raison ? Expliquer oralement.

45 f est une fonction définie sur l'intervalle [−2 ; 3]. Voici son tableau de variation.

x	−2		0		1		3
$f(x)$	−3	↗	6	↘	−4	↗	−1

Indiquer oralement le maximum de f sur [−2 ; 3] et la valeur en laquelle il est atteint.

46 g est une fonction dérivable sur l'intervalle [−5 ; 6]. Voici le tableau de signes de sa fonction dérivée g'.

x	−5		−1		3		6
$g'(x)$		−	0	+	0	+	

Indiquer oralement la valeur de x pour laquelle la fonction g admet un minimum sur [−5 ; 6].

47 h est une fonction dérivable sur l'intervalle [−5 ; 3]. Sa courbe représentative est donnée dans le repère ci-dessous.

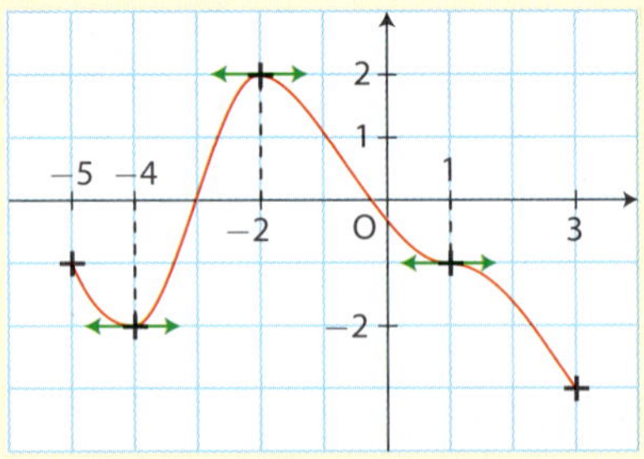

Dans chaque cas, choisir la bonne réponse.

a. Le maximum de h sur [−5 ; 3] est :

(1) −2 **(2)** −1 **(3)** 2

b. Le minimum de h sur [−5 ; 1] est atteint en :

(1) −2 **(2)** −4 **(3)** 1

48 f est une fonction définie et dérivable sur $\mathbb{R}$ telle que $f(-2) = 3$ et $f(1) = 1$.
Recopier et compléter son tableau de variation.

x	$-\infty$		-2		1		$+\infty$
$f'(x)$			0	−	0	+	
$f(x)$		↗					

49 Recopier et compléter le tableau de variation de la fonction g définie sur l'intervalle $[0 ; 2]$ par :
$$g(x) = -3x^2 + 6x - 5.$$

x	0		1		2
$g'(x)$			0	−	
$g(x)$		↗			

50 f est la fonction définie sur l'intervalle $[-2 ; 5]$ par :
$$f(x) = -x^3 + 3x^2 + 1.$$
On donne ci-dessous le tableau de signe de $f'(x)$ selon les valeurs de x.

x	-2		0		2		5
$f'(x)$		−	0	+	0	−	

Dresser le tableau de variation de la fonction f.

51 f est une fonction dérivable sur l'intervalle $[-2 ; 4]$. La courbe représentative de sa fonction dérivée f' est tracée dans le repère ci-contre.

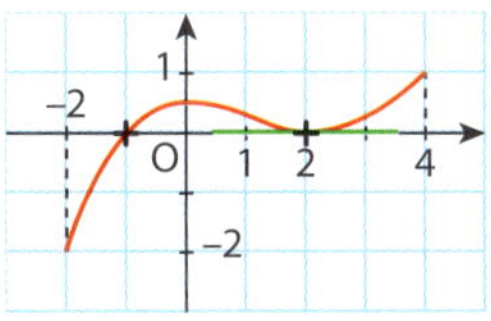

Dresser le tableau de variation de la fonction f, sachant que $f(-2) = 3$, $f(-1) = 1$ et $f(4) = 5$.

52 Pour chacune des fonctions ci-dessous définies sur $\mathbb{R}$, déterminer $f'(x)$, étudier le signe de $f'(x)$ et en déduire le tableau de variation de la fonction f.
a. $f(x) = 6x^2 + 24x - 8$
b. $f(x) = -8x^2 - 4x + 1$
c. $f(x) = -2x^2 - 5x + 3$

53 Une entreprise est spécialisée dans la production de pulls. Le coût de production, en centaines d'euros, de n dizaines de pulls est égal à $3n^2 - 6n + 7$ avec n entier naturel compris entre 0 et 4.
On modélise cette situation par la fonction C définie sur l'intervalle $[0 ; 4]$ par $C(x) = 3x^2 - 6x + 7$.
a. Déterminer $C'(x)$ sur l'intervalle $[0 ; 4]$.
b. En déduire le tableau de variation de la fonction C.

54 f est la fonction définie sur l'intervalle $[-6 ; 5]$ par :
$$f(x) = x^3 + 4{,}5x^2 - 12x + 5.$$
a. Déterminer $f'(x)$ sur l'intervalle $[-6 ; 5]$.
b. On admet que pour tout réel x de l'intervalle $[-6 ; 5]$,
$$f'(x) = 3(x - 1)(x + 4).$$
Dresser le tableau de signes de $f'(x)$.
c. En déduire le tableau de variation de la fonction f.

55 h est la fonction définie sur l'intervalle $[-3 ; 6]$ par $h(x) = -2x^3 + 6x^2 + 48x$.
a. Déterminer $h'(x)$ sur l'intervalle $[-3 ; 6]$.
b. Utiliser l'écran de calcul formel ci-dessous pour dresser le tableau de signes de $h'(x)$.

1	$-6x^2 + 12x + 48$
	Factoriser: $\mathbf{-6\,(x - 4)\,(x + 2)}$

c. En déduire le tableau de variation de la fonction h.

56 CORRIGÉ en vidéo jaicompris.com

f est la fonction définie sur l'intervalle $[-4 ; 5]$ par :
$$f(x) = x^3 - 3x^2 - 9x + 5.$$
a. Déterminer $f'(x)$ sur l'intervalle $[-4 ; 5]$.
b. Utiliser l'écran de calcul formel ci-contre pour dresser le tableau de signes de $f'(x)$.

$f(x) = x^3 - 3x^2 - 9x + 5$
$l1 = \text{Résoudre}(f'(x) \geq 0)$
$\to \{x \leq -1, x \geq 3\}$

c. En déduire le tableau de variation de la fonction f.

57 Lors d'un parcours à VTT, la vitesse d'Oscar, en $\text{km} \cdot \text{h}^{-1}$, après x heures de course, avec $0 \leqslant x \leqslant 4$, est donnée par $f(x) = 4x^3 - 27x^2 + 42x + 22$.
a. Déterminer $f'(x)$ et vérifier que, pour tout réel x de l'intervalle $[0 ; 4]$, $f'(x) = 6(x - 1)(2x - 7)$.
b. En déduire le tableau de variation de f.

58 Le profil d'une fosse sous-marine est la courbe représentative de la fonction f définie sur $[0 ; 40]$ par :
$$f(x) = -0{,}1x^3 + 6x^2 - 90x - 15.$$
a. Déterminer $f'(x)$ et vérifier que pour tout réel x de l'intervalle $[0 ; 40]$, $f'(x) = -0{,}3(x - 10)(x - 30)$.
b. En déduire le tableau de variation de f.

59 x désigne un réel de l'intervalle $[0 ; 4]$. On se propose de déterminer x afin que l'aire $A(x)$ du rectangle ci-contre soit maximale.

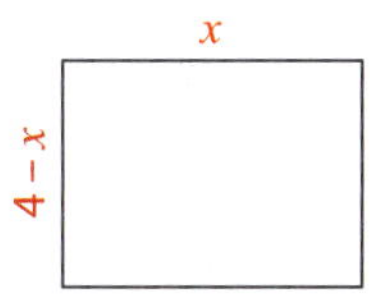

a. Expliquer pourquoi $A(x) = -x^2 + 4x$.
b. Dresser le tableau de variation de la fonction A.
c. En déduire la valeur de x pour laquelle l'aire du rectangle est maximale.

60 Un récipient contient une certaine quantité d'eau. Chaque minute, 2,5 L d'eau s'écoulent de ce récipient.
La quantité d'eau, en L, restant après x min est modélisée par la fonction Q définie sur l'intervalle [0 ; 16] par :

$$Q(x) = 40 - 2{,}5x.$$

a. Calculer Q(0). Que représente cette valeur ?
b. Intuitivement, quel est le sens de variation de la fonction Q ? Expliquer.
c. Déterminer $Q'(x)$ et retrouver le sens de variation de Q.
d. Au bout de combien de temps le récipient sera-t-il vide ?

61 Lors d'un saut à ski, la hauteur du skieur, en m, est modélisée en fonction du temps t, en s, par la fonction h définie sur l'intervalle [0 ; 5] par :

$$h(t) = -\frac{1}{4}t^2 + \frac{1}{4}t + 5.$$

a. Calculer la hauteur du skieur à l'instant $t = 0$.
b. Maria : « Le skieur va toucher le sol au bout de 5 s. » Est-ce vrai ? Justifier.
c. Déterminer $h'(t)$ sur l'intervalle [0 ; 5].
d. Décrire le mouvement du skieur sur l'intervalle [0 ; 5].

62 f est la fonction définie sur $\mathbb{R}$ par :

$$f(x) = x^2 + 3x + 2.$$

Dans un repère orthonormé, déterminer les coordonnées du point A de la courbe représentative $\mathscr{C}$ de f où la tangente est parallèle à la droite d d'équation $y = 7x$.

Coup de pouce
Dans un repère, deux droites sont parallèles lorsqu'elles ont le même coefficient directeur.

63 La hauteur de la côte d'une île en mer Méditerranée peut être modélisée par la fonction f définie sur l'intervalle [0 ; 5] par :

$$f(x) = -\frac{1}{3}x^3 + x^2 - 2x$$

où x est la distance, en centaines de mètres depuis un point de la côte, et où $f(x)$ est exprimé en dizaines de mètres.
a. Déterminer $f'(x)$ sur l'intervalle [0 ; 5].
b. On admet que le maximum sur [0 ; 5] de la fonction f' est atteint pour $x = 1$.
Calculer $f'(1)$ et en déduire le signe de $f'(x)$.
c. En déduire le sens de variation de f sur [0 ; 5].

64 Une entreprise produit de la matière première pour l'industrie aéronautique. Pour une période donnée, le coût total de production, en euros, est donné, en fonction du nombre q de dizaines de kg de matière première fabriquée, par :

$$C(q) = 2q^2 + 10q + 900, \text{ avec } 0 \leqslant q \leqslant 80.$$

Toute la production est vendue.
En euros, la recette totale est $R(q) = 120q$ et le bénéfice total est $B(q) = R(q) - C(q)$.
a. Donner l'expression réduite de $B(q)$.
b. Déterminer $B'(q)$ puis dresser le tableau de variation de B sur l'intervalle [0 ; 80].
c. En déduire la masse, en kg, de matière première que l'entreprise doit produire afin de réaliser un bénéfice maximal. Préciser ce bénéfice.

65 Lors d'une épidémie, on modélise le nombre de malades pour 100 000 habitants à l'aide d'une fonction f. Ainsi, on admet que le nombre de malades pour 100 000 habitants après x semaines, avec $1 \leqslant x \leqslant 11$, est donné par $f(x) = -30x^2 + 360x - 285$.
a. La courbe représentative de la fonction f est tracée dans le repère ci-contre. Estimer graphiquement le nombre maximal de personnes atteintes.

b. Préciser ce résultat en étudiant les variations de la fonction f.

66 f est la fonction définie sur $\mathbb{R}$ par $f(x) = 3x^2 + 1$.
$\mathscr{C}$ est sa courbe représentative dans un repère et T est la tangente à la courbe $\mathscr{C}$ au point d'abscisse 1.

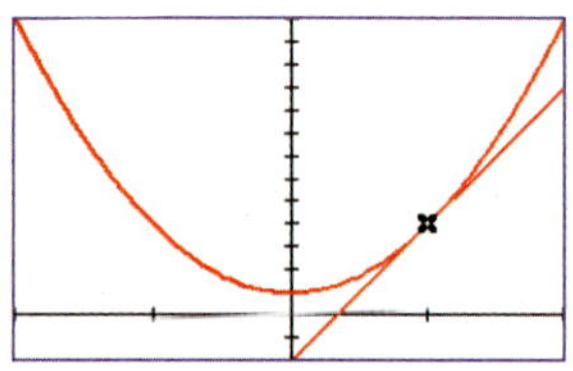

À l'aide de l'écran ci-dessus, Anaïs affirme : « La courbe $\mathscr{C}$ est au-dessus de la droite T sur $\mathbb{R}$. »
a. Déterminer une équation de la tangente T.
b. g est la fonction définie sur $\mathbb{R}$ par :

$$g(x) = f(x) - (6x - 2).$$

Dresser le tableau de variation de la fonction g.
c. En déduire le signe de $g(x)$. Anaïs a-t-elle raison ?

67 L'altitude, en m, d'un ballon de baudruche, x secondes après l'avoir lâché, est donnée par :

$$f(x) = \frac{1}{3}x^3 + 7x + 2, \text{ avec } 0 \leqslant x \leqslant 3.$$

a. Dresser le tableau de variation de f.
b. Donner l'altitude maximale atteinte par le ballon.

68 **Algo** f est la fonction définie sur l'intervalle [0 ; 20] par $f(x) = -0{,}12x^3 + 16x + 89$.

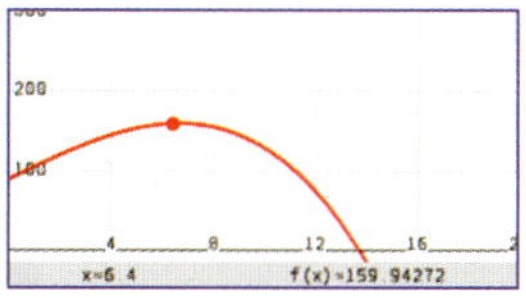

Lily a tracé la courbe représentative de la fonction f à l'écran de sa calculatrice. Elle affirme : « Pour tout nombre réel x de l'intervalle [0 ; 20], $f(x) \leqslant 160$. »

```
def f(x):
    y=-0.12*x**3+16*x+89
    return y

def Verif():
    b=True
    for x in range(0,41):
        if f(x)>160:
            b=False
    return b
```

Pour vérifier cela, elle écrit la fonction **Verif** en langage Python ci-dessus.

1. Saisir et tester ce programme.
Lily semble-t-elle avoir raison ?

2. a. Déterminer $f'(x)$ et vérifier que pour tout réel x de [0 ; 20] , $f'(x) = -0{,}04(3x - 20)(3x + 20)$.

b. En déduire le tableau de variation de la fonction f.

c. Lily a-t-elle raison ? Si non, expliquer en quelques mots le défaut de son programme.

69 Dans une entreprise familiale, le coût total, en dizaines d'euros, pour n centaines de pièces produites, est donné par $n^3 - 9n^2 - 48n + 500$ (avec $n \in \mathbb{N}$).
On modélise cette situation par la fonction C définie sur l'intervalle [0 ; 10] par $C(x) = x^3 - 9x^2 - 48x + 500$.

a. Déterminer $C'(x)$ sur [0 ; 10].

b. Justifier le résultat obtenu ci-contre puis dresser le tableau de variation de C.

1	$3x^2 - 18x - 48$
	Factoriser: $\mathbf{3\,(x-8)\,(x+2)}$

c. En déduire le coût total minimal.

70 On modélise le taux d'endettement des ménages d'une ville l'année 2008 + x, avec $0 \leqslant x \leqslant 14$, par :

$$f(x) = 0{,}01\left(\frac{1}{3}x^3 + 4{,}5x^2 + 8x + 20\right).$$

a. Justifier que pour tout réel x de l'intervalle [0 ; 14],

$$f'(x) = 0{,}01(x + 1)(x + 8).$$

b. Selon cette modélisation, en quelle année ce taux était-il maximal ?

71 f est la fonction définie sur l'intervalle [–3 ; 1] par :

$$f(x) = -x^3 + x^2 + 1.$$

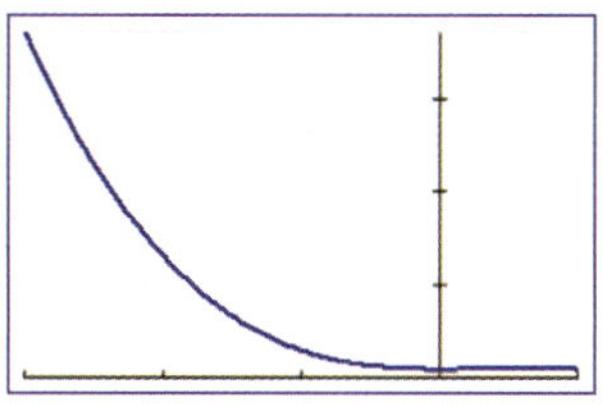

Jeanne affiche la courbe représentative de f à l'écran de sa calculatrice et obtient l'écran ci-dessus.
Elle affirme : « Cette fonction est décroissante sur l'intervalle [–3 ; 1]. »
A-t-elle raison ? Expliquer.

72 **Tice** La profondeur, en m, d'un plongeur est modélisée en fonction du temps t, en dizaines de minutes, par la fonction p définie sur [0 ; 5] par :

$$p(t) = t^3 + t^2 - 33t.$$

a. À l'aide d'un logiciel de calcul formel, factoriser $p'(t)$.

b. À quel instant le plongeur a-t-il amorcé sa remontée ?

73 **Prendre des initiatives**

ABCDEFGH est un cube de côté 6 cm. M est un point de l'arête [AB] et I un point de l'arête [AE] tels que AM = EI = x (en cm).
On construit à l'intérieur du cube le pavé droit AMPQIJKL de base le carré AMPQ.

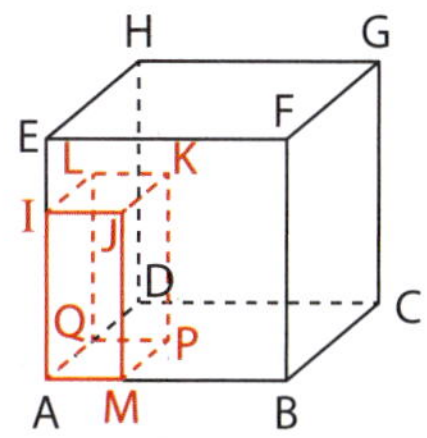

Déterminer le volume maximal du pavé droit.

74 Dans un repère orthonormé, la forme de la façade d'un hangar peut être modélisée par la courbe représentative de la fonction f définie sur l'intervalle [–20 ; 20] par :

$$f(x) = -0{,}075x^2 + 30.$$

Déterminer la hauteur de ce hangar. L'unité est le m.

Des Défis

75 **Déterminer une durée**

Alix lance un ballon et compte le nombre de secondes séparant son lancer et l'instant où le ballon est le plus haut. La hauteur, en m, du ballon en fonction du temps t, en s, est donnée par :

$$h(t) = -5t^2 + 20t + 2.$$

Combien de secondes va-t-il compter ?

76 **Découvrir un code secret**

Un code secret mcdu, où m, c, d et u désignent des chiffres tels que m < c < d < u, est constitué à l'aide des coordonnées du minimum et du maximum de la fonction f définie sur [0,5 ; 3,4] par :

$$f(x) = x^3 - 6x^2 + 9x + 2.$$

Quels sont les chiffres de ce code ?

77 Étudier un modèle affine

Sciences de la vie

Raisonner Calculer Communiquer

Une molécule d'ADN est une chaîne de bases nucléiques : guanine, cytosine, adénine et thymine. Dans de nombreuses études biologiques, on doit faire fondre de telles molécules. La température de fusion, en °C, dépend du pourcentage, x %, de bases nucléiques qui sont soit guanine, soit cytosine, appelé taux de GC.

Dans certaines circonstances, cette relation est modélisée par la fonction T définie sur l'intervalle [0 ; 100] par :

$$T(x) = 63{,}9 + 0{,}41x.$$

a. Calculer la température de fusion pour un taux de GC de 10 %.

b. Un brin d'ADN a une température de fusion de 88,5 °C. Quel est son taux de GC ?

c. Déterminer, à l'aide de la fonction dérivée de T, le sens de variation de la température de fusion lorsque le taux de GC augmente sur l'intervalle [0 ; 100].

d. Ruben affirme : « Si le taux de GC d'une molécule d'ADN est le double d'une autre, alors la température de fusion sera aussi le double. »

Que peut-on en penser ? Expliquer.

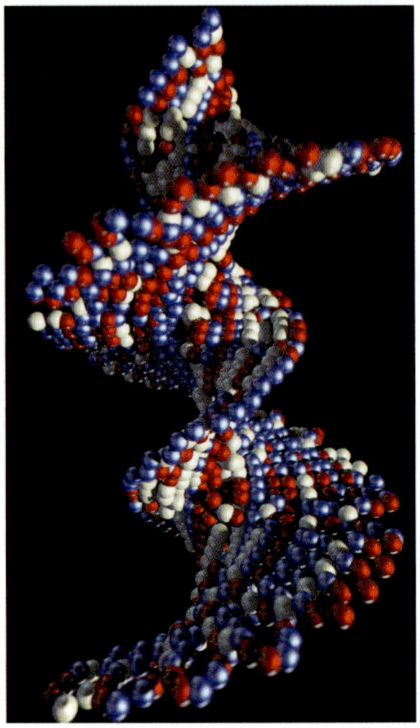

78 Déterminer des sens de variation

Jeu vidéo

Raisonner Calculer Communiquer

Dans un jeu vidéo, Léa améliore les capacités de son personnage en augmentant de niveau.

Pour cela, elle doit dépenser des points, appelés runes dans le jeu.

Pour les niveaux 0 à 11, pour passer du niveau n au niveau $n + 1$, il faut dépenser un nombre de runes donné par la suite (u_n) définie par :

$$u_n = \frac{1}{10}n^2 + \frac{81}{5}n + \frac{6\,571}{10}.$$

Du niveau 12 au niveau 714, on utilise la suite (v_n) définie par :

$$v_n = \frac{1}{50}n^3 + \frac{78}{25}n^2 + \frac{5\,589}{50}n - \frac{19\,658}{25}.$$

a. À l'aide de la calculatrice, calculer le nombre de runes nécessaires pour passer du niveau 5 au niveau 6. *Arrondir à l'unité.*

b. Reprendre la question précédente pour passer du niveau 49 au niveau 50, puis du niveau 99 au niveau 100.

c. On modélise cette situation par la fonction f définie sur l'intervalle [0 ; 11] par :

$$f(x) = \frac{1}{10}x^2 + \frac{81}{5}x + \frac{6\,571}{10}$$

et par la fonction g définie sur l'intervalle [12 ; 714] par :

$$g(x) = \frac{1}{50}x^3 + \frac{78}{25}x^2 + \frac{5\,589}{50}x - \frac{19\,658}{25}.$$

Étudier le sens de variation de chacune de ces fonctions.

d. Léa affirme : « Plus on augmente de niveau, plus le nombre de runes pour passer au niveau supérieur augmente. »

Justifier que cette affirmation est vraie pour tous les niveaux.

e. À l'aide de la calculatrice ou du tableur, déterminer à partir de quel niveau le nombre de runes nécessaires pour changer de niveau dépasse 250 000.

79 Étudier la courbe d'une fonction

Marketing

Représenter Raisonner Calculer

Pour le logo d'un nouveau produit, un designer a tracé dans un repère la courbe de la fonction f définie par :

$$f(x) = -0{,}2x^3 - 0{,}4x^2 - 0{,}15x + 1$$

pour x compris entre 0 et 1,14.

a. Calculer $f(0)$ et $f(1)$. En déduire les coordonnées de deux points qui appartiennent à la courbe de la fonction f dans un repère.

b. Déterminer $f'(x)$ sur l'intervalle [0 ; 1,14].

c. En déduire le sens de variation de f sur [0 ; 1,14].

d. Déterminer une équation de la tangente à la courbe de la fonction f au point d'abscisse 0 puis au point d'abscisse 1.

e. Utiliser les éléments précédents pour tracer une allure possible de la courbe imaginée par le designer.

f. Vérifier à l'aide de la calculatrice.

80 Optimiser une recette

Économie

Chercher Modéliser Raisonner

Lors d'une étude de marché avant la commercialisation d'un produit, on a constaté que la quantité de produit vendue dépendait du prix de ce produit.

On modélise cette situation par la fonction q définie sur l'intervalle [0 ; 50] par $q(x) = -x + 50$ où x est le prix, en milliers d'euros, d'une tonne et $q(x)$ le nombre de tonnes vendues.

a. Justifier que la recette engendrée par la vente de x tonnes de ce produit est donnée, sur l'intervalle [0 ; 50], par la fonction R définie par :

$$\mathrm{R}(x) = -x^2 + 50x.$$

b. Déterminer $\mathrm{R}'(x)$ sur l'intervalle [0 ; 50].

c. Résoudre l'inéquation $\mathrm{R}'(x) \geqslant 0$.

d. Que peut-on en déduire pour la fonction R sur l'intervalle [0 ; 25] ?

e. De même, déterminer le sens de variation de la fonction R sur l'intervalle [25 ; 50].

f. Quel prix faut-il choisir pour obtenir la recette maximale ? Quelle est alors cette recette ?

g. Vérifier le résultat en affichant la courbe représentative de la fonction q à l'écran de la calculatrice.

81 Prendre des initiatives

Vie pratique

Raisonner Calculer Représenter

Un parc d'attractions propose une attraction dont la structure est la courbe représentative de la fonction h définie sur l'intervalle [0 ; 4] par :

$$h(x) = 0{,}5x^4 - 4x^3 + 11x^2 - 12x + 4{,}7.$$

L'unité est la dizaine de mètres. Voici ci-contre l'allure de cette courbe.

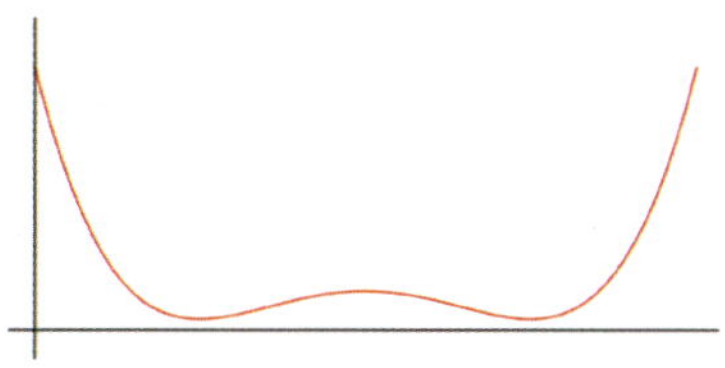

Utiliser l'écran de calcul formel ci-contre pour démontrer qu'un homme de moins de 2 m peut passer sous la structure.

$h'(x) = 2x^3 - 12x^2 + 22x - 12$
Factoriser: $h'(x) = 2(x-3)(x-2)(x-1)$

82 Modifier un bénéfice maximal

Économie

Raisonner | Calculer | Communiquer

Un artisan fabrique et vend des meubles.
Son bénéfice, en euros, s'exprime en fonction du nombre x de meubles fabriqués et vendus en une semaine par la fonction B définie sur l'intervalle [1 ; 16] par $B(x) = -100x^2 + 1\,400x - 1\,800$.

a. Déterminer $B'(x)$ sur l'intervalle [1 ; 16].

b. Étudier le signe de $B'(x)$ puis construire le tableau de variation de la fonction B.

c. Combien de meubles l'artisan doit-il fabriquer par semaine pour que son bénéfice soit maximal ?

d. Calculer ce bénéfice maximal.

e. L'artisan souhaite augmenter son bénéfice maximal. Pour ce faire, il réorganise son mode de production.
Le bénéfice est alors donné par la fonction F définie sur l'intervalle [1 ; 16] par $F(x) =-100x^2 + 1\,600x - 1\,800$.
Le bénéfice maximal va-t-il augmenter ?

83 Étudier le coût moyen et le coût marginal

Économie

Raisonner | Calculer | Communiquer

Dans une chocolaterie, on modélise le coût de production, en euros, de q tonnes de chocolat par :

$$C(q) = 0{,}001q^3 - 1{,}5q^2 + 900q, \text{ avec } q \in [1 ; 1\,000].$$

1. On note $C_M(q)$ le coût moyen, en euros, d'une tonne de chocolat pour une production de q tonnes de chocolat.

a. Vérifier que pour tout réel q de l'intervalle [1 ; 1 000],

$$C_M(q) = 0{,}001q^2 - 1{,}5q + 900.$$

b. Déterminer $C'_M(q)$ puis dresser le tableau de variation de la fonction C_M.

c. En déduire la quantité q_0 pour laquelle le coût moyen est minimal.

2. On note $C_m(q)$ le coût marginal, en euros, pour une production de q tonnes de chocolat.
On assimile ce coût marginal à la dérivée du coût C : pour tout réel q de l'intervalle [1 ; 1 000], $C_m(q) = C'(q)$.

a. Déterminer $C_m(q)$.

b. Déterminer $C'_m(q)$ puis dresser le tableau de variation de la fonction C_m.

c. Calculer $C_m(q_0)$ et vérifier que $C_m(q_0) = C_M(q_0)$.

HISTOIRE DES MATHS

Antoine-Augustin Cournot (1801-1877) est l'un des premiers à s'interroger pour savoir dans quelle mesure les outils mathématiques permettent de comprendre l'économie et la philosophie.
C'est à lui que l'on doit notamment le concept de coût marginal : le coût engendré par la production d'une unité supplémentaire.
Pour une production continue, par exemple une production de chocolat, le coût marginal est donné par la fonction dérivée de la fonction coût.

84 Exprimer un bénéfice et l'étudier

Économie

Raisonner | Calculer | Communiquer

Une entreprise possède une chaîne de fabrication capable de fabriquer en une semaine entre 6 000 et 32 000 pièces identiques. Le coût de fabrication, en euros, de x milliers de pièces, pour x compris entre 6 et 32, est noté $C(x)$ où C est la fonction définie sur l'intervalle [6 ; 32] par $C(x) = 2x^3 - 108x^2 + 5\,060x - 4\,640$.
Toutes les pièces produites sont vendues au prix de 3,50 € l'unité.
On note $B(x)$ le bénéfice réalisé pour la production et la vente de x milliers de pièces.

a. Montrer que pour tout réel x de l'intervalle [6 ; 32], $B(x) = -2x^3 + 108x^2 - 1\,560x + 4\,640$.

b. Déterminer $B'(x)$ et vérifier que pour tout réel x de l'intervalle [6 ; 32], $B'(x) = -6(x - 26)(x - 10)$.

c. Étudier le signe de $B'(x)$ puis dresser le tableau de variation de la fonction B.

d. Quel est le bénéfice maximal réalisable par l'entreprise ?

e. Donner le nombre de pièces à produire qui réalise ce maximum.

85 Tice Prévoir à court terme

Ajustement statistique

Représenter **Raisonner** **Calculer**

En octobre 2021, des statisticiens souhaitaient connaître l'évolution du prix du baril de pétrole durant les mois suivants.
Pour cela, ils ont relevé ci-contre les données d'octobre 2019 à octobre 2021 dans une feuille de calcul.

	A	B
1	**Mois**	**Prix**
2	2019-10	54
3	2019-11	57,2
4	2019-12	60,4
5	2020-01	57,3
6	2020-02	51,1
7	2020-03	28,8
8	2020-04	16,9
9	2020-05	27,5
10	2020-06	35,8
11	2020-07	37,7
12	2020-08	37,8
13	2020-09	34,7
14	2020-10	34,1
15	2020-11	36,1
16	2020-12	41,1
17	2021-01	45
18	2021-02	51,5
19	2021-03	55
20	2021-04	54,1
21	2021-05	56,4
22	2021-06	60,8
23	2021-07	63,5
24	2021-08	60,2
25	2021-09	63,3
26	2021-10	72

1. a. Ouvrir le tableur et réaliser cette feuille de calcul.

b. Représenter graphiquement ces données par un nuage de points. Pour cela,
- sélectionner les deux colonnes ;
- cliquer sur l'icône permettant l'insertion d'un graphique ;
- choisir le type « Ligne » puis « Nuage de points ».

c. Ajuster ces points par une courbe de tendance. Pour cela,
- faire un clic droit sur un des points du nuage ;
- choisir dans le menu qui apparaît « Courbe de tendance » ;
- choisir le type « Polynomial » et le degré 3 ;
- cocher la case permettant d'afficher l'équation de la courbe.

d. Vérifier que la fonction correspondant à cet ajustement est la fonction f définie sur l'intervalle $[0\ ;+\infty[$ par $f(x) = -0{,}013\,3x^3 + 0{,}725\,6x^2 - 10{,}04x + 74{,}216\,5$.

2. a. Retrouver le résultat affiché à la deuxième ligne de cette fenêtre de calcul formel.

$f(x) = -0.0133\,x^3 + 0.7256\,x^2 - 10.04\,x + 74.2165$

$f'(x) = \text{Dérivée}(f)$
$\rightarrow -0.0399\,x^2 + 1.4512\,x - 10.04$

b. Interpréter pour la fonction dérivée f' le résultat obtenu à la fenêtre de calcul formel ci-contre.
Arrondir les valeurs à l'unité.

$l1 = \text{Résoudre}(f'(x) \geq 0)$
$\rightarrow \left\{\frac{-4\sqrt{786871}+7256}{399} \leq x \leq \frac{4\sqrt{786871}+7256}{399}\right\}$

$a = \frac{-4\sqrt{786871}+7256}{399}$
$\rightarrow 9.29266$

$b = \frac{4\sqrt{786871}+7256}{399}$
$\rightarrow 27.07827$

c. En conservant ces valeurs, dresser le tableau de variation de f.

d. Selon cet ajustement, les statisticiens ont prévu que le prix du baril de pétrole atteindrait un maximum en 2022.
Justifier cette affirmation et préciser ce prix maximal.

Un métier
Expert(e)-comptable

Comment se porte la santé financière de cette entreprise ? Quelles dépenses envisager pour concrétiser la politique de développement durable de cette marque ?

▶ L'expert(e)-comptable établit ou vérifie chaque année la comptabilité de ses clients (artisans, commerçants, professions libérales, petites ou grandes entreprises, associations). Il/Elle les conseille sur leur **développement économique**, leur **fiscalité**, les **systèmes de gestion informatisés** adaptés pour améliorer la santé financière de l'entreprise.

▶ Rigoureux/euse, l'expert(e)-comptable est souvent le conseiller privilégié du chef d'entreprise en matière de gestion, de fiscalité, d'organisation, de droit social. Ses fonctions s'étendent de plus en plus à l'évaluation du **comportement social et environnemental** de l'entreprise. Ce professionnel exerce en entreprise ou à titre libéral, en cabinet d'expertise.

Automatismes de base

Représentations graphiques

1 Préciser sur un graphique les grandeurs en jeu

Pour représenter graphiquement dans un repère, l'évolution d'une grandeur **A en fonction** d'une grandeur **B**, on consacre l'**axe des abscisses** à la grandeur **B** et l'**axe des ordonnées** à la grandeur **A**.

On indique un titre sur chaque axe et les unités dans lesquelles sont exprimées les valeurs prises par A et B.

De plus, sur chacun des axes, on choisit une **échelle**.

Exemple

Le graphique ci-contre représente l'évolution de la température (grandeur A), en °C, en fonction du temps (grandeur B), en h, durant la journée du 31 janvier 2023 à Paris.

Sur l'axe des abscisses, 1 carreau représente 2 h et sur l'axe des ordonnées, 1 carreau représente 1 °C.

On peut lire par exemple qu'à 12 h la température était de 7 °C.

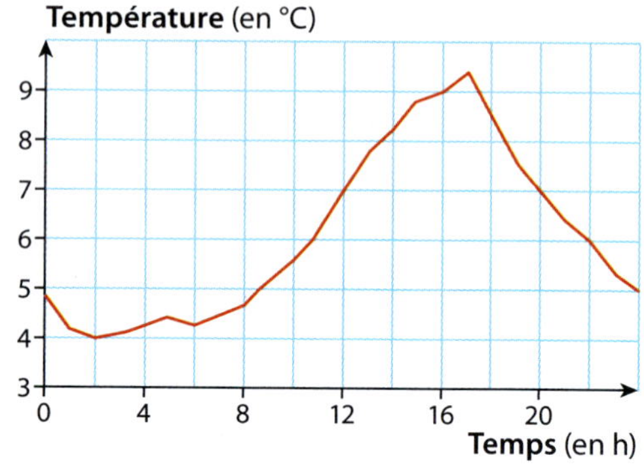

2 Lire sur un graphique les variations d'une grandeur

Dans un repère, une courbe représente l'évolution d'une grandeur A en fonction d'une grandeur B.

a. Sens de variation

Lorsque la courbe « **monte** » de la gauche vers la droite sur un intervalle, on dit que la grandeur A est **croissante** sur cet intervalle.

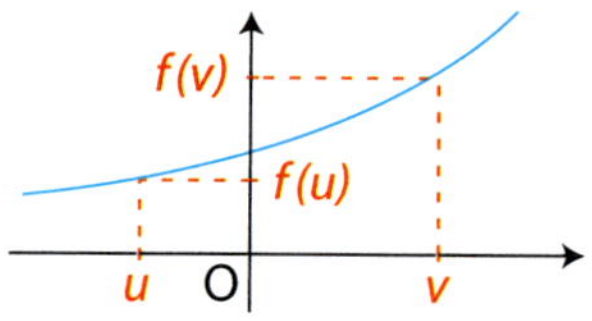

Définition

f est une fonction définie sur un intervalle I.
Dire que f est **croissante** sur I signifie que pour tous réels u et v de I,

$$\text{si } u \leqslant v, \text{ alors } f(u) \leqslant f(v).$$

Lorsque la courbe « **descend** » de la gauche vers la droite sur un intervalle, on dit que la grandeur A est **décroissante** sur cet intervalle.

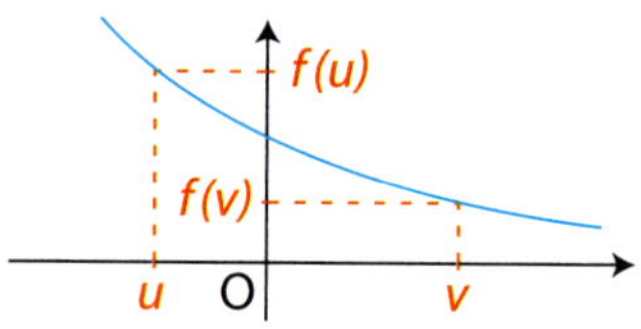

Définition

f est une fonction définie sur un intervalle I.
Dire que f est **décroissante** sur I signifie que pour tous réels u et v de I,

$$\text{si } u \leqslant v, \text{ alors } f(u) \geqslant f(v).$$

b. Extremum

En le point **le plus haut** de la courbe sur un intervalle, on dit que la grandeur A atteint un **maximum** sur cet intervalle.

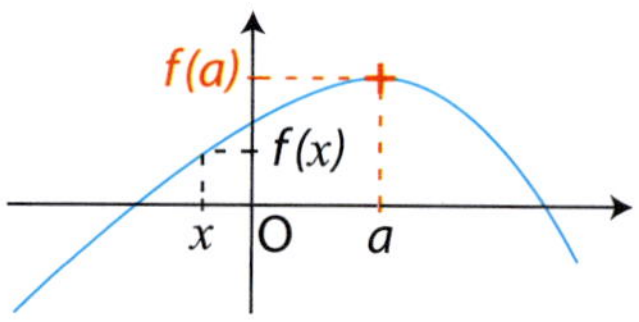

Définition

f est une fonction définie sur un intervalle I.
Dire que $f(a)$ est le **maximum** de f sur I signifie que pour tout réel x de I,

$$\boldsymbol{f(x) \leqslant f(a)}.$$

En le point **le plus bas** de la courbe sur un intervalle, on dit que la grandeur A atteint un **minimum** sur cet intervalle.

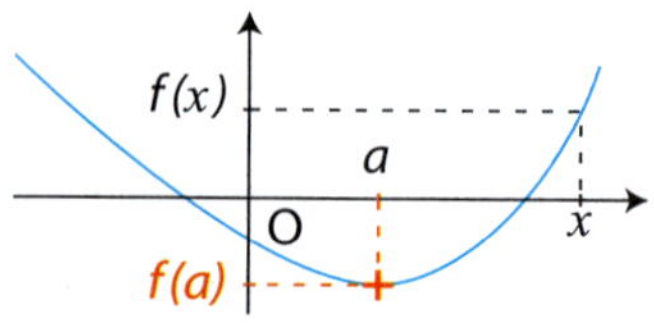

Définition

f est une fonction définie sur un intervalle I.
Dire que $f(a)$ est le **minimum** de f sur I signifie que pour tout réel x de I,

$$\boldsymbol{f(x) \geqslant f(a)}.$$

Exemple

Ce graphique représente l'évolution du rendement R, en $q \cdot ha^{-1}$, d'un champ de pommes de terre en fonction de la quantité d'engrais Q, en $kg \cdot ha^{-1}$, répandue dans ce champ.

Le rendement est **croissant** sur l'intervalle [90 ; 150] et il est **décroissant** sur l'intervalle [150 ; 190]. Le rendement **maximum** est atteint pour 150 kg d'engrais par hectare ; le rendement est alors de 340 quintaux par hectare.

On observe que le rendement décroît plus vite sur l'intervalle [150 ; 170] que sur l'intervalle [170 ; 190].

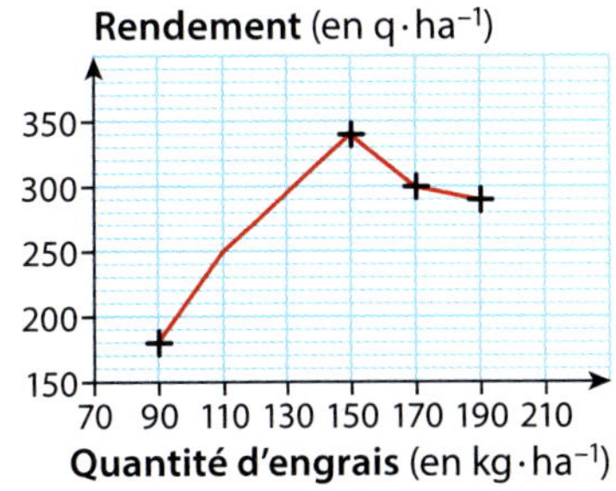

c. Tableau de variation

On reprend l'exemple ci-dessus. On peut présenter les variations du rendement dans le **tableau de variation** ci-contre.

Q	90	150	190
R	180 ↗	340	↘ 290

3 Comprendre un graphique

Exemple

Ce graphique représente les variations de la puissance, en kW, délivrée par une éolienne en fonction de la vitesse, en $m \cdot s^{-1}$, du vent.

- Avec un vent supérieur à 25 $m \cdot s^{-1}$, l'éolienne s'arrête de produire de l'électricité.
- Pour atteindre la puissance de 400 kW, le vent doit être d'environ 9,5 $m \cdot s^{-1}$ (pointillés verts).
- Lorsque la vitesse du vent passe de 6 $m \cdot s^{-1}$ à 7,5 $m \cdot s^{-1}$, la puissance est **doublée**, elle passe de 100 kW à 200 kW.

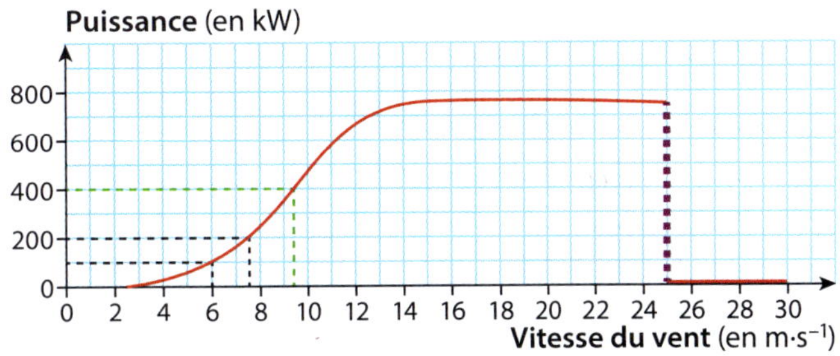

Traitement de données

4 Appliquer ou calculer un pourcentage

Exemple 1

Alban lance 25 fois une pièce de monnaie.
Il obtient Pile pour 44 % des lancers.
Pour calculer le nombre de fois où il obtient Pile, on effectue $\frac{44}{100} \times 25$, soit $0{,}44 \times 25$.
Ainsi, Alban obtient 11 fois Pile.

Exemple 2

Un sac contient 25 boules dont 7 sont bleues.
La proportion de boules bleues dans le sac est $\frac{7}{25}$, à savoir 0,28, soit $\frac{28}{100}$.
Il y a donc 28 % de boules bleues dans le sac.

5 Appliquer un pourcentage d'évolution

Définitions

t désigne un nombre réel (positif ou négatif).
Dire qu'il y a une évolution de *t* % entre une valeur initiale V_0 et une valeur finale V_1 signifie que $V_1 = V_0 + V_0 \times \frac{t}{100}$, c'est-à-dire $\mathbf{V_1 = V_0\left(1 + \frac{t}{100}\right)}$.
On dit que $\mathbf{1 + \frac{t}{100}}$ est **le coefficient multiplicateur** de V_0 à V_1.

Exemple 1

Lors d'une vente aux enchères, le prix initial d'un tableau est de 1 200 €.
Il augmente de 25 % lors des enchères. Son prix final est : $1\,200\text{ €} \times \left(1 + \frac{25}{100}\right) = 1\,200\text{ €} \times 1{,}25 = 1\,500\text{ €}$.

Exemple 2

Un village comptait 3 000 habitants en 2021 et 2 550 en 2022. La baisse de t % de cette population vérifie $2\,550 = 3\,000 \times \left(1 - \frac{t}{100}\right)$, c'est-à-dire $1 - \frac{t}{100} = \frac{2\,550}{3\,000} = 0{,}85$, soit $1 - \frac{t}{100} = 1 - \frac{15}{100}$.

Ainsi, la population du village a diminué de 15 % entre 2021 et 2022.

6 Calculer un taux d'évolution global à partir de taux d'évolution successifs

Propriété

t_1 et t_2 désignent des nombres réels (positifs ou négatifs).
Si une valeur subit une évolution de t_1 % suivie d'une évolution de t_2 %, alors le **taux d'évolution global t %** de cette valeur est tel que :

$$\mathbf{1 + \frac{t}{100} = \left(1 + \frac{t_1}{100}\right)\left(1 + \frac{t_2}{100}\right).}$$

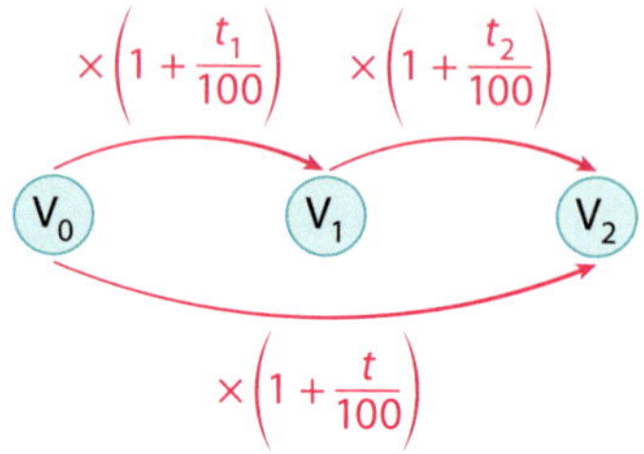

Exemple 1

Le chiffre d'affaires d'une entreprise a subi une baisse de 5 % de fin 2020 à fin 2021, puis une hausse de 3 % de fin 2021 à fin 2022. Le taux d'évolution global t % du chiffre d'affaires de fin 2020 à fin 2022 est tel que $1 + \frac{t}{100} = \left(1 - \frac{5}{100}\right)\left(1 + \frac{3}{100}\right)$, soit $1 + \frac{t}{100} = 0{,}95 \times 1{,}03$, c'est-à-dire $1 + \frac{t}{100} = 0{,}978\,5$.

Ainsi, $\frac{t}{100} = -0{,}021\,5 = -2{,}15$ %.

Le chiffre d'affaires de l'entreprise a subi une baisse de 2,15 % de fin 2020 à fin 2022.

Exemple 2

Lors d'une crue, le niveau d'une rivière à augmenté de 5 % le lundi et de 5 % le mardi.

Le taux d'évolution global du niveau de cette rivière est tel que $1 + \frac{t}{100} = \left(1 + \frac{5}{100}\right)^2$, soit $1 + \frac{t}{100} = 1{,}102\,5$, c'est-à-dire $1 + \frac{t}{100} = 1 + \frac{10{,}25}{100}$.

Ainsi, en deux jours le niveau de la rivière a augmenté de 10,25 %.

7 Calculer un taux d'évolution réciproque

Définition - Propriété

t désigne un nombre réel non nul (positif ou négatif).
Le taux d'évolution d'une valeur V_0 à une valeur V_1 est t %.
Le **taux d'évolution réciproque t'** % qui fait passer de la valeur V_1 à la valeur V_0 est tel que :

$$\mathbf{1 + \frac{t'}{100} = \frac{1}{1 + \frac{t}{100}}.}$$

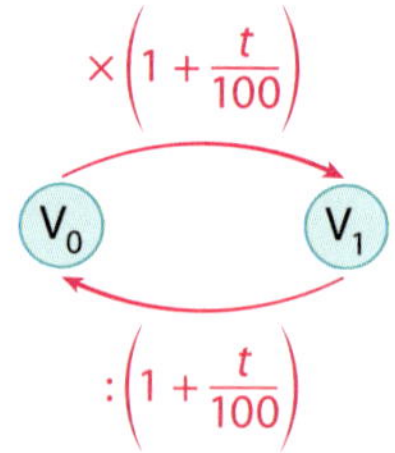

Exemple

Le prix d'un objet a subi une augmentation de 50 %.

Afin qu'il revienne au prix initial, le taux de remise t' % lors des prochaines soldes doit être tel que :

$1 + \frac{t'}{100} = \frac{1}{1 + \frac{50}{100}}$, soit $1 + \frac{t'}{100} = \frac{1}{1{,}5}$.

Ainsi, $1 + \frac{t'}{100} \approx 0{,}667$ soit $\frac{t'}{100} \approx -0{,}333$ c'est-à-dire $\frac{t'}{100} \approx -33{,}3$ %.

Donc le taux réciproque d'une augmentation de 50 % est une diminution d'environ 33,3 %.

Calcul numérique et algébrique

8 Effectuer des calculs simples

a. Priorités opératoires

Pour calculer une expression numérique **sans parenthèses**, on effectue **d'abord** les puissances, **puis** les multiplications et divisions, **enfin** les additions et soustractions.

Exemples

$A = 5 - 2 \times 3^2$ | $B = 1{,}7 + 9 : 2$

$A = 5 - 2 \times 9$ | $B = 1{,}7 + 4{,}5$

$A = 5 - 18 = -13$ | $B = 6{,}2$

Pour calculer une expression numérique **avec parenthèses**, on effectue **d'abord** les calculs entre parenthèses.

Exemples

$C = 10 \times (2{,}5^3 - 15)$ | $D = (4 + 5) \times (10 - 7)$

$C = 10 \times (15{,}625 - 15)$ | $D = 9 \times 3$

$C = 10 \times 0{,}625 = 6{,}25$ | $D = 27$

b. Pourcentages simples

- $10\ \% = 0{,}1 = \frac{1}{10}$
- $25\ \% = 0{,}25 = \frac{1}{4}$
- $50\ \% = 0{,}5 = \frac{1}{2}$
- $75\ \% = 0{,}75 = \frac{3}{4}$

c. Écritures fractionnaires

- a, b et c désignent des nombres avec $b \neq 0$ et $c \neq 0$. Alors $\frac{a}{b} = \frac{a \times c}{b \times c}$ et $\frac{a}{b} = \frac{a : c}{b : c}$.

Exemples

$\frac{3}{4} = \frac{3 \times 2}{4 \times 2} = \frac{6}{8}$ $\quad$ $\frac{12}{15} = \frac{12 : 3}{15 : 3} = \frac{4}{5}$ (on a **simplifié** la fraction).

- Pour additionner ou soustraire des fractions de dénominateurs différents, **on les réduit au même dénominateur**.

Exemples

$\frac{1}{2} - \frac{1}{3} = \frac{1 \times 3}{2 \times 3} - \frac{1 \times 2}{3 \times 2} = \frac{3}{6} - \frac{2}{6} = \frac{1}{6}$ $\quad$ $\frac{7}{4} + \frac{5}{8} = \frac{7 \times 2}{4 \times 2} + \frac{5}{8} = \frac{14}{8} + \frac{5}{8} = \frac{19}{8}$ $\quad$ $1 + \frac{2}{5} = \frac{5}{5} + \frac{2}{5} = \frac{7}{5}$

- a, b, c, d désignent des nombres avec $b \neq 0$, $c \neq 0$, $d \neq 0$.

$$\frac{a}{b} \times \frac{c}{d} = \frac{a \times c}{b \times d} \qquad \frac{1}{\frac{c}{d}} = \frac{d}{c} \qquad \frac{\frac{a}{b}}{\frac{c}{d}} = \frac{a}{b} \times \frac{d}{c}$$

Exemples

$\frac{1}{6} \times \frac{3}{5} = \frac{3}{6 \times 5} = \frac{3}{3 \times 2 \times 5} = \frac{1}{10}$ $\quad$ $\frac{12}{7} : \frac{4}{3} = \frac{12}{7} \times \frac{3}{4} = \frac{12 \times 3}{7 \times 4} = \frac{4 \times 3 \times 3}{7 \times 4} = \frac{9}{7}$

d. Quelques techniques de calcul rapide

Exemple 1

$A = 0{,}57 - 7{,}3 - 1 + 0{,}23 - 2{,}7$

On regroupe les termes de façons différentes.

$A = 0{,}57 + 0{,}23 - (7{,}3 + 2{,}7) - 1$ $\quad$ $A = 0{,}8 - 10 - 1$ $\quad$ $A = -10{,}2$

Exemple 2

$B = 11{,}7^2 = (11 + 0{,}7)^2$

On utilise l'identité remarquable $(a + b)^2 = a^2 + 2ab + b^2$.

$B = 11^2 + 2 \times 11 \times 0{,}7 + 0{,}7^2$ $\quad$ $B = 121 + 2 \times 7{,}7 + 0{,}49$ $\quad$ $B = 121 + 15{,}4 + 0{,}49$ $\quad$ $B = 136{,}89$

Exemple 3

$C = 99{,}2^2 = (100 - 0{,}8)^2$

On utilise l'identité remarquable $(a - b)^2 = a^2 - 2ab + b^2$.

$C = 100^2 - 2 \times 100 \times 0{,}8 + 0{,}8^2$ $\quad$ $C = 10\,000 - 160 + 0{,}64$ $\quad$ $C = 9\,840{,}64$

Exemple 4

$D = 5{,}7^2 - 4{,}3^2$

On utilise l'identité remarquable $a^2 - b^2 = (a - b)(a + b)$.

$D = (5{,}7 - 4{,}3)(5{,}7 + 4{,}3)$ $\quad$ $D = 1{,}4 \times 10$ $\quad$ $D = 14$

e. Puissances

a et b désignent des nombres, n et m des nombres entiers naturels.

- Pour $n \geqslant 2$, $a^n = \underbrace{a \times a \times \ldots \times a}_{n \text{ facteurs}}$
- $a^1 = a$
- Pour $a \neq 0$, $a^0 = 1$
- $a^n \times a^m = a^{n+m}$
- $\dfrac{a^n}{a^m} = a^{n-m}$ $(n \geqslant m)$
- $(a^n)^m = a^{n \times m}$
- $a^n \times b^n = (a \times b)^n$
- $\dfrac{a^n}{b^n} = \left(\dfrac{a}{b}\right)^n$ $(b \neq 0)$

Exemples

$(-5)^3 = -5 \times (-5) \times (-5) = -125$ $\quad 7^2 \times 7^3 = 7^5$ $\quad (2^4)^3 = 2^{12}$

9 Passer d'une écriture d'un nombre à une autre

Écriture décimale : 0,651

Ce nombre peut s'écrire à l'aide :
- d'une écriture fractionnaire : $\dfrac{651}{1\,000}$;
- d'un pourcentage : 65,1 %.

Écriture fractionnaire : $\dfrac{5}{8}$

Ce nombre peut s'écrire à l'aide :
- d'une écriture décimale : 0,625 (division à la calculatrice) ;
- d'un pourcentage : 62,5 %

Pourcentage : 38 %

Ce nombre peut s'écrire à l'aide :
- d'une écriture décimale : 0,38 ;
- d'une écriture fractionnaire : $\dfrac{38}{100}$ ou bien en simplifiant, $\dfrac{19}{50}$.

10 Utiliser un ordre de grandeur

Pour déterminer un ordre de grandeur d'une expression numérique, on remplace chaque nombre par un ordre de grandeur.

Exemple

A = 1 289,3 × 887,9

Aniyah affirme : « À l'aide de la calculatrice, j'ai trouvé A = 11 447 694,27. »

En fait, Anyah se trompe car un ordre de grandeur de A est 1 300 × 900, c'est-à-dire 1 170 000.

Or le résultat d'Anyah est trop éloigné de ce nombre.

11 Effectuer une application numérique d'une formule

a. Formules de périmètres et d'aires

• Rectangle

Périmètre : $2 \times \text{L} + 2 \times \ell$

Aire : $\text{L} \times \ell$

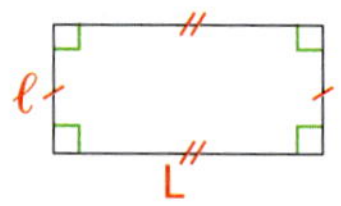

• Carré

Périmètre : $4 \times c$

Aire : $c \times c = c^2$

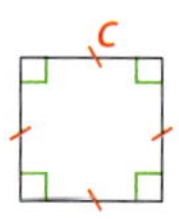

• Triangle rectangle

Périmètre : $a + b + c$

Aire : $\dfrac{a \times b}{2}$

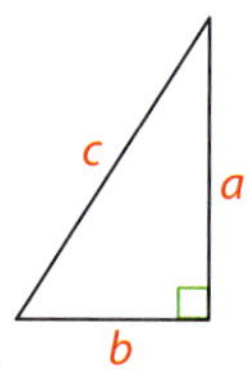

• Triangle

Aire : $\dfrac{c \times h}{2}$

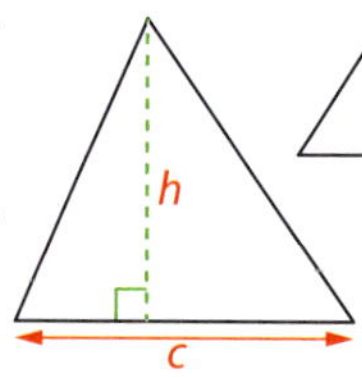

• Cercle, disque

Périmètre : $2 \times \pi \times r$

Aire : $\pi \times r \times r = \pi \times r^2$

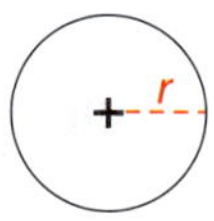

b. Formules de volumes

• Pavé droit

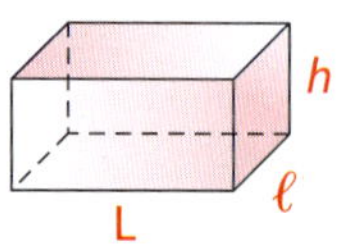

Volume : $\text{L} \times \ell \times h$

• Prisme droit

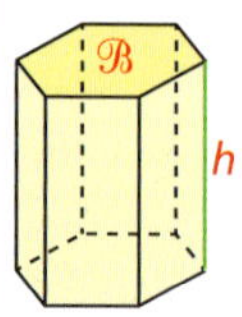

ℬ : aire de la base

Volume : $\mathcal{B} \times h$

• Pyramide

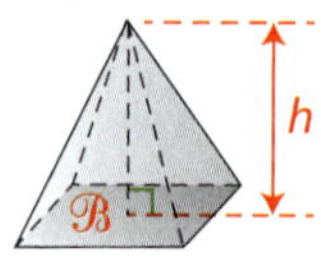

ℬ : aire de la base

Volume : $\dfrac{1}{3} \mathcal{B} \times h$

• Cylindre

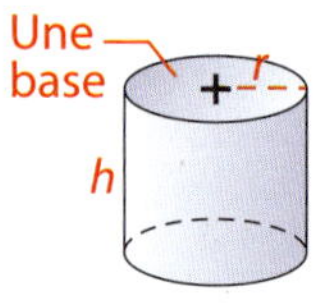

Volume : $\mathcal{B} \times h = \pi \times r^2 \times h$

• Cône

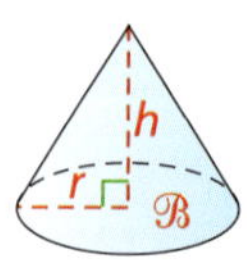

Volume : $\dfrac{1}{3} \mathcal{B} \times h = \dfrac{1}{3} \pi \times r^2 \times h$

• Boule

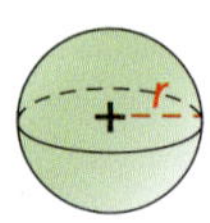

Volume : $\dfrac{4}{3} \pi \times r^3$

c. Appliquer numériquement une formule

Pour calculer à l'aide d'une formule, on remplace chaque lettre intervenant dans la formule par sa valeur numérique en veillant aux unités.

Exemple

La cylindrée V d'un moteur, en cm^3, se calcule à l'aide de la formule :

$$V = \frac{\pi \times D^2 \times c \times n}{4}$$

où D désigne le diamètre, en cm, d'un cylindre, *c* désigne la course, en cm, d'un cylindre et *n* le nombre de cylindres.

On se propose de calculer la cylindrée d'un moteur de 4 cylindres dont chacun des cylindres a pour diamètre 8,4 cm et pour course 9 cm.

$$V = \frac{\pi \times 8{,}4^2 \times 9 \times 4}{4} = \pi \times 8{,}4^2 \times 9$$

Ainsi, à l'aide de la calculatrice, $V \approx 1\,995\ cm^3$.

Donc ce moteur a une cylindrée d'environ $1\,995\ cm^3$.

```
π*8.4²*9
                1995.036999
```

12 Effectuer un calcul littéral

a. Développer

Développer un produit, c'est le transformer en une somme ou une différence.

a, *b*, *c*, *d*, *k* désignent des nombres.

$$k(a + b) = ka + kb \qquad (a + b)(c + d) = ac + ad + bc + bd$$

Exemple

$(7x + 2)(x + 4) = 7x \times x + 7x \times 4 + 2 \times x + 2 \times 4 = 7x^2 + \underline{28x + 2x} + 8 = 7x^2 + \underline{30x} + 8$

b. Factoriser

Factoriser une somme ou une différence, c'est la transformer en un produit.

a, *b*, *k* désignent des nombres : $ka + kb = k(a + b)$.

Exemple

$-2a + 5a = (-2 + 5)a = 3a$ (on dit que l'on a réduit cette somme).

c. Suppression des parenthèses

Ajouter une somme ou une différence revient à ajouter chacun de ses termes.

Exemples

$7 + (3x^2 - 5) = 7 + 3x^2 - 5 = 2 + 3x^2 \qquad 3x + (-1 + 5x^2) = 3x - 1 + 5x^2$

Soustraire une somme ou une différence revient à ajouter l'opposé de chacun de ses termes.

Exemples

$7 - (3x^2 - 5) = 7 - 3x^2 + 5 = 12 - 3x^2 \qquad 3x - (-1 + 5x^2) = 3x + 1 - 5x^2$

13 Résoudre une équation du premier degré

a. Égalités et opérations

Règle 1

Lorsqu'on additionne (ou soustrait) un même nombre **à chaque membre** d'une égalité, on obtient une nouvelle égalité.

Règle 2

Lorsqu'on multiplie (ou divise) par **un même nombre non nul** chaque membre d'une égalité, on obtient une nouvelle égalité.

Exemples

- Si *t* est un nombre tel que $t - 7 = 3$, alors $t - 7 + 7 = 3 + 7$ et $t = 10$.
- Si x est un nombre tel que $\frac{x}{3} = 4$, alors $\frac{x}{3} \times 3 = 4 \times 3$ et $x = 12$.

b. Équations du 1er degré du type $ax + b = cx + d$

Une équation de la forme $ax + b = cx + d$ (avec a, b, c, d nombres donnés, $a \neq 0$ ou $c \neq 0$) est dite du **1er degré à une inconnue**, x. Elle admet une **unique solution**.

Exemple 1

Résoudre l'équation $5x - 4 = 3x + 10$.

❶ On applique les règles du paragraphe **a** pour :

- regrouper tous les termes « en x » dans un membre de l'équation,
- regrouper tous les termes « sans x » dans l'autre membre de l'équation,
- calculer la valeur de x.

$5x - 4 = 3x + 10$

$5x - 4 - 3x = 3x + 10 - 3x$ — **On soustrait $3x$ à chaque membre.**

$2x - 4 = 10$

$2x - 4 + 4 = 10 + 4$ — **On ajoute 4 à chaque membre.**

$2x = 14$

$\frac{2x}{2} = \frac{14}{2}$ — **On divise par 2 chaque membre.**

$x = 7$

❷ On conclut. → 7 est la solution de l'équation $5x - 4 = 3x + 10$.

Exemple 2

Résoudre l'équation $(2x - 1)(3x + 4) = 0$.

Un produit est nul si, et seulement si, l'un au moins de ses facteurs est nul.

Ainsi, $(2x - 1)(3x + 4) = 0$ équivaut à $2x - 1 = 0$ **ou** $3x + 4 = 0$, c'est-à-dire à $x = \frac{1}{2}$ ou $x = -\frac{4}{3}$.

14 Résoudre une équation du type $\frac{a}{x} = b$

a et b désignent des réels non nuls.

Pour tout réel x non nul, $\frac{a}{x} = b$ équivaut à $\frac{x}{a} = \frac{1}{b}$ (en prenant l'inverse de chaque membre).

Exemple

Déterminer le nombre réel x non nul tel que $\frac{5}{x} = 7$.

Pour tout réel $x \neq 0$, $\frac{5}{x} = 7$ équivaut à $\frac{x}{5} = \frac{1}{7}$. Ainsi, en multipliant chaque membre par 5, on obtient $x = \frac{5}{7}$.

La solution de l'équation $\frac{5}{x} = 7$ est donc le nombre $\frac{5}{7}$.

15 Résoudre une équation du second degré du type $x^2 = a$

Propriétés

a désigne un nombre réel.

- Si $a > 0$, l'équation $x^2 = a$ admet pour solutions les nombres $\sqrt{a}$ et $-\sqrt{a}$.
- Si $a = 0$, l'équation $x^2 = a$ admet **0** pour seule solution.
- Si $a < 0$, l'équation $x^2 = a$ n'admet **pas de solution**.

Exemple 1

Résoudre l'équation $x^2 = 4$.

$\sqrt{4} = 2$, donc les solutions de cette équation sont 2 et -2.

Exemple 2

Résoudre l'équation $x^2 = 21$.

Les solutions de cette équation sont $\sqrt{21}$ et $-\sqrt{21}$.

Exemple 3

Résoudre l'équation $x^2 = -5$.

Cette équation n'a pas de solution.

En effet, un carré est toujours positif, il ne peut pas être égal au nombre négatif -5.

1 Analyse de l'information chiffrée

TESTER SES AUTOMATISMES

1 **a.** L'axe des abscisses correspond à la distance parcourue et l'axe des ordonnées correspond à l'altitude.
b. Vincent parcourt 17 km au total.
c. Vincent atteint l'altitude maximale de 1 900 m.
d. Vincent est à l'altitude de 1 700 m.
e. Vincent a parcouru 10 km et 13 km lorsqu'il est à l'altitude de 1 800 m.

2 **a.** La hauteur maximale est d'environ 18,5 m.
b. À 30 m, la hauteur du ballon est 0 m, donc le ballon est passé sous la barre et la pénalité n'est pas réussie.

3 **a.** La voiture entame un virage lorsque sa vitesse diminue soit à 12 s, 58 s, 70 s et 95 s.
b. La vitesse est supérieure à 200 km·h^{-1} entre environ 79 s et 100 s.
c. L'accélération se fait entre 15 s et 20 s, c'est-à-dire en 5 s.

4 **a.** $\frac{6}{8} = \frac{3}{4} = 0{,}75$ donc 75 % des chiens de la portée ont une robe « chocolat ».
b. 25 % des chiots de la portée ont une robe noire et 25 = 75 : 3, donc l'affirmation est vraie.

5 **a.** $1 + \frac{15}{100} = 1{,}15$ **b.** $1 - \frac{24}{100} = 0{,}76$

6 **a.** $1 - \frac{35}{100} = 0{,}65$ **b.** $1 + \frac{20}{100} = 1{,}2$

7 **a.** **(2)**. En effet, $1{,}48 = 1 + \frac{48}{100}$.
b. **(2)**. En effet, $0{,}64 = 1 - \frac{36}{100}$.

8 **a.** **(2)**, **(3)**, **(5)**. En effet, $\frac{12}{15} = \frac{3 \times 4}{3 \times 5} = \frac{4}{5} = 0{,}8 = 80\ \%$.
b. **(2)**, **(3)**, **(4)**, **(5)**. En effet, $0{,}42 = \frac{42}{100} = \frac{4}{10} + \frac{2}{100} = \frac{21 \times 2}{50 \times 2}$.

9 A = **85 − 15 − 57 + 7** = **70 − 50** = 20
B = **62 × 5** − 4 = **310** − 4 = 306
C = 7 × (**2 + 8**) = 7 × **10** = 70

10 $\frac{50}{1{,}5^2} = \frac{50}{2{,}25}$, donc Paul a un IMC d'environ 22,2.

11
$\frac{\pi \times 10 \times \left(10 - \sqrt{10^2 - 4.2^2}\right)}{2}$
14.52607972

Donc $\mathscr{A} \approx 14{,}53$ cm².

ACQUÉRIR DES AUTOMATISMES

3

	Crêpe	Gaufre	Total
Chantilly	**30 − 18 = 12**	18	**100 − 70 = 30**
Sans chantilly	**70 − 27 = 43**	**45 − 18 = 27**	70
Total	55	**100 − 55 = 45**	100

4

	Épicéa	Nordmann	Total
$t < 1{,}1$ m	100	200	300
$t \geqslant 1{,}1$ m	150	**300**	**450**
Total	**250**	500	750

• $\frac{1}{3} \times 750 = 250$ • $\frac{60}{100} \times 750 = 450$ • $\frac{2}{3} \times 450 = 300$

7 Diagramme en barres cumulées

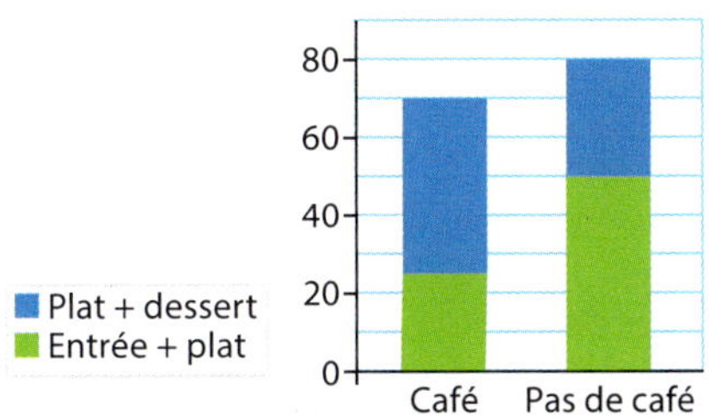

8 **a.** Nuage de points

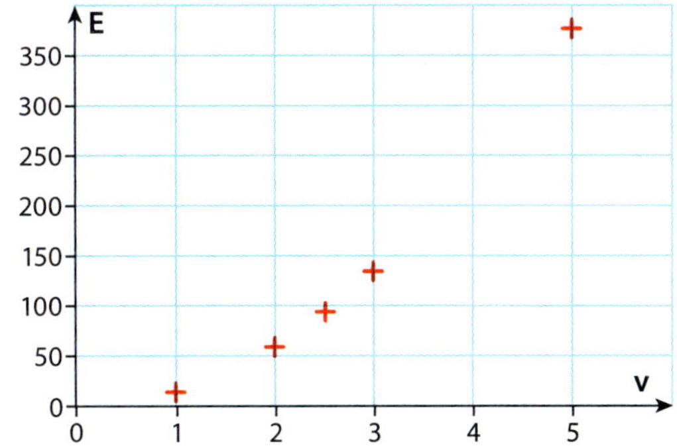

b. Les points du nuage semblent positionnés sur une courbe « régulière ». On peut estimer qu'il existe un lien entre ces deux grandeurs.

S'ENTRAÎNER

17

	Dopé	Non dopé	Total
Contrôlé « positif »	18	3	21
Contrôlé « négatif »	2	175	177
Total	20	178	198

22 **a.** Vrai. En effet, cette fréquence est égale à moins de 5 % pour le bac général, contre 10 % pour le bac technologique et environ 18 % pour le bac professionnel.
b. Vrai. En effet, cette fréquence est égale à plus de 40 % pour le bac technologique, alors qu'elle n'est égale qu'à environ 25 % au bac général et environ 32 % au bac professionnel.
c. Faux. En effet, c'est moins de 20 % (environ 15 %).
d. Vrai. En effet, la troisième bande de chaque barre représente à peu près 30 % pour chacun des trois bacs.

29 Nuage de points (unités réduites)

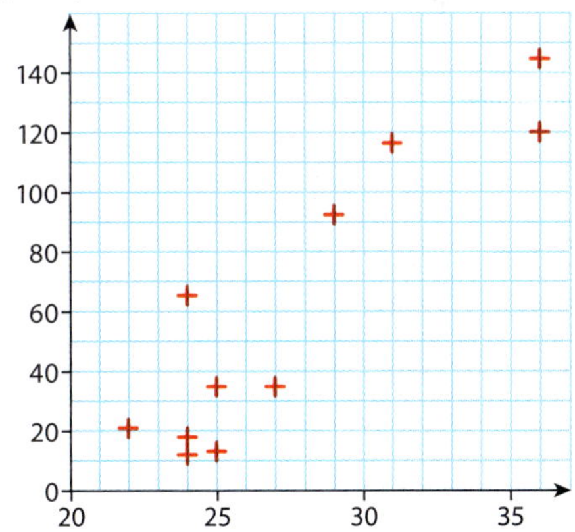

UTILISER SES COMPÉTENCES

35 **a.** En 2010, **12,4 %** des femmes de cet échantillon ont un IMC supérieur à 30.
b. En 2010, 71,4 % des femmes ayant un IMC supérieur à 30 ont un emploi.
c. 0,714 × 0,124 = 0,088 536
En 2010, environ **8,9 %** des femmes ont un IMC supérieur à 30 et un emploi.

d.

	IMC ⩽ 30	IMC > 30	Total
Emploi	**70,6 %**	**8,9 %**	79,5 %
Sans emploi	17 %	3,5 %	20,5 %
Total	87,6 %	**12,4 %**	100 %

80,6 % des femmes d'IMC inférieur ou égal à 30 ont un emploi, soit :

$$0{,}876 \times 0{,}806 = 0{,}706\ 056$$

soit environ **70,6 %**.

2 Phénomènes aléatoires

TESTER SES AUTOMATISMES

1 **a.** • 40 m avant le virage, la voiture roulait environ à **50 km·h^{-1}**.
• La vitesse minimale de la voiture a été atteinte environ **20 m** avant le virage.
b. Les antécédents de la vitesse 100 km·h^{-1} sont –50 m et 10 m.

2 **a.** Faux. En effet, la vitesse maximale du ballon est environ 105 km·h^{-1}.
b. Vrai.
c. Vrai.

3 **a.** • Entre la 1re et la 6e semaine, le nombre de cas positifs a augmenté.
• Entre la 13e et la 15e semaine, le nombre de cas positifs a diminué.
b. • Sur toute la période, le nombre maximal de cas positifs est 8 000.
• Entre la 10e et la 15e semaine, le nombre maximal de cas positifs est 5 000.

4 **a. (2)**

En effet, $\frac{8}{32} = 0{,}25$.

b. (1) et **(2)**

En effet, $\frac{12}{32} = \frac{3}{8} = 0{,}375$.

c. (2) et **(3)**

En effet, $1 - \frac{3}{8} = 1 - 0{,}375 = 0{,}625$.

5 $40 \times \left(1 + \frac{80}{100}\right) = 72$, donc en **décembre** le supermarché a vendu **72** téléviseurs.

6 $180 \times \left(1 - \frac{40}{100}\right) = 108$
La quantité de pénicilline encore active à 12 h est de 108 g.

7 **a. (4)**

En effet, $3{,}4\ \% = \frac{3{,}4}{100} = 0{,}034$.

b. (2)

En effet, $0{,}125 = \frac{12{,}5}{100} = 12{,}5\ \%$.

8 $A = 7{,}2 - 10 - 14 + 6{,}8$
$A = 7{,}2 + 6{,}8 - 10 - 14$
$A = 14 - 10 - 14$
$A = -10$

9 **(2), (3)** et **(4).**

En effet, $\frac{12}{16} = \frac{3 \times 4}{4 \times 4} = \frac{3}{4}$, $\frac{120}{160} = \frac{3 \times 40}{4 \times 40} = \frac{3}{4}$ et $\frac{6}{8} = \frac{3 \times 2}{4 \times 2} = \frac{3}{4}$.

10 **(3)**

En effet, $\frac{1}{4} + \frac{1}{3} = \frac{3}{12} + \frac{4}{12} = \frac{7}{12}$.

11 $\dfrac{\frac{1}{3}}{\frac{2}{3}} = \frac{1}{3} \times \frac{\mathbf{3}}{\mathbf{2}} = \frac{1 \times \mathbf{3}}{3 \times \mathbf{2}} = \frac{1}{\mathbf{2}}$

ACQUÉRIR DES AUTOMATISMES

3 **a.** $\frac{60}{150} = 0{,}4$
La fréquence marginale des salariés de moins de 30 ans est de 40 %.
b. $\frac{34}{150} \approx 0{,}227$
La fréquence marginale des salariés en CDD est d'environ 22,7 %.

4 $\frac{180}{430} \approx 0{,}419$
La fréquence conditionnelle des visiteurs français parmi ceux ayant payé plein tarif est d'environ 41,9 %.

7 **a.** $P_C(F) = \frac{P(C \cap F)}{P(C)} = \frac{0{,}12}{0{,}2} = 0{,}6$
La probabilité qu'il s'agisse d'une femme sachant que cet employé est un cadre est 0,6.
b. $P_F(C) = \frac{P(C \cap F)}{P(F)} = \frac{0{,}12}{0{,}4} = 0{,}3$
La probabilité qu'il s'agisse d'un cadre sachant que cet employé est une femme est 0,3.

8

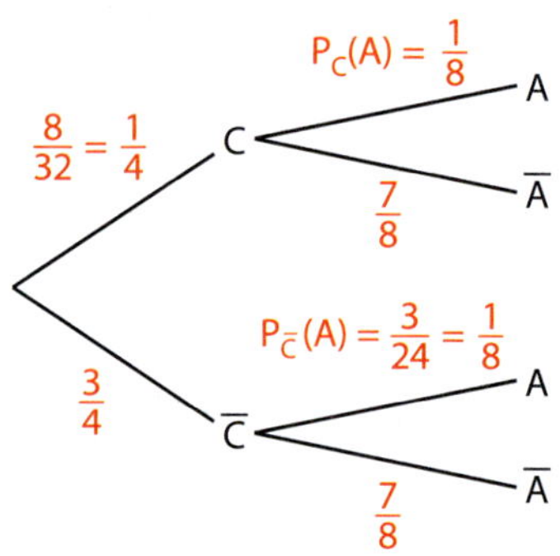

11 $P_F(\overline{E}) = \frac{270}{350}$, soit environ 0,77.

$P(\overline{E}) = \frac{300}{500} = 0{,}6$ donc $P_F(\overline{E}) \neq P(\overline{E})$ et les événements F et $\overline{E}$ ne sont pas indépendants, ils sont dépendants.

12

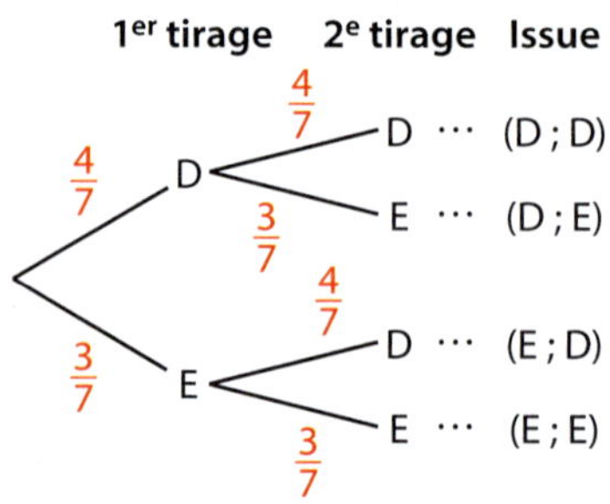

$p = P(D\,;E) + P(E\,;D) = \frac{4}{7} \times \frac{3}{7} + \frac{3}{7} \times \frac{4}{7} = \frac{24}{49}$
La probabilité que, sur les deux papiers tirés, il y ait un E et un D est $\frac{24}{49}$, soit environ 0,49.

S'ENTRAÎNER

16 a.

	Individuel	Par équipe	Total
Or	15,2	15,2	30,4
Argent	24,2	12,1	36,3
Bronze	21,2	12,1	33,3
Total	60,6	39,4	100

b. • La fréquence marginale des médailles d'or est 30,4 %.
• La fréquence marginale des médailles par équipe est 39,4 %.

28 a. • $P(R) = \frac{150}{250} = \mathbf{0,6}$ • $P_R(A) = \frac{36}{150} = \mathbf{0,24}$

• $P_O(A) = \frac{25}{100} = \mathbf{0,25}$

b.

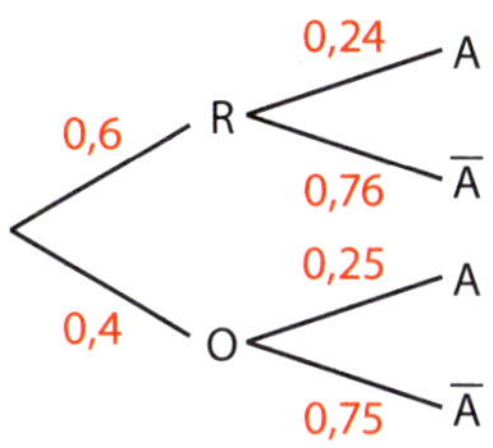

c. $P(A \cap R) = 0,6 \times 0,24 = 0,144$
La probabilité que la fiche choisie soit celle d'un client régulier particulier est 0,144.

37 $P(A) = \frac{1}{2}$ et $P_B(A) = \frac{1}{2}$.

$P(A) = P_B(A)$, donc les événements A et B sont indépendants.

42 a.

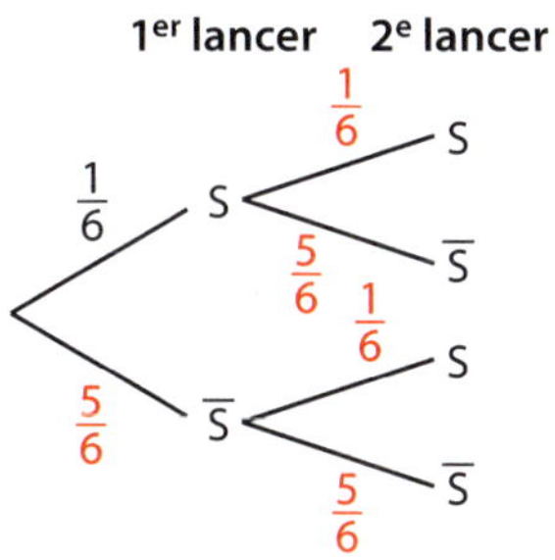

b. La probabilité d'obtenir un seul 6 est :
$p = P(S ; \overline{S}) + P(\overline{S} ; S)$

$p = \frac{1}{6} \times \frac{5}{6} + \frac{5}{6} \times \frac{1}{6} = \frac{10}{36}$

En simplifiant, on obtient $p = \frac{5}{18}$.

UTILISER SES COMPÉTENCES

49 a. • $P_M(B) = 0,4$
• $P(M) = 0,7$
• $P(M \cap B) = 0,7 \times 0,4 = 0,28$
• $P(\overline{M} \cap B) = 0,3 \times 0,4 = 0,12$
b. $P(B) = 0,28 + 0,12 = 0,4$
c. $P_M(B) = P(B)$, donc les événements M et B sont indépendants.

Autre méthode : $P(M) \times P(B) = 0,7 \times 0,4 = 0,28 = P(M \cap B)$, donc les événements M et B sont indépendants.

3 Croissance linéaire

TESTER SES AUTOMATISMES

1 a. La distance est représentée sur l'axe des ordonnées.
La durée est représentée sur l'axe des abscisses.
b. • 3 h après son départ, le chat est à **2** km de sa maison.
• **5** h après son départ, le chat atteint le point le plus éloigné de sa maison, il a parcouru alors **3** km.
c. Entre 1 h et 3 h après son départ de la maison, le chat est immobile (on peut supposer qu'il dort…).

2 a. « Au bout de 6 **s** le dauphin est 2 **m** au-dessus du niveau de la mer. »
b. Le dauphin est sous l'eau sur l'intervalle]0 ; 5[.
c. • La hauteur du dauphin croît entre **3** s et **7** s.
• La hauteur du dauphin décroît entre **0** s et **3** s, ainsi qu'entre **7** s et **10** s.

3 a. La hauteur du dauphin 2 s après sa plongée est environ –3,5 m, c'est-à-dire qu'il est à environ 3,5 m de profondeur.
b. Le dauphin est à 1 m au-dessus de la mer au bout d'environ 5,5 s et de 10 s.
c. • Le dauphin est le plus profond au bout de 3 s.
• Le dauphin est le plus haut au-dessus de la mer au bout de 7 s.

4 a. $\frac{11}{14+11} = \frac{11}{25} = \frac{44}{100}$
44 % des élèves de la classe ont 17 ans.

b. $\frac{11+1}{25+2} = \frac{12}{27}$, soit environ 0,444.
À présent, environ 44,4 % des élèves de la classe ont 17 ans.
L'affirmation est donc fausse.

5 $48\,000 \times \left(1 + \frac{3,5}{100}\right) = 48\,000 \times 1,035 = 49\,680$
La population de cette ville au 1er janvier 2023 est 49 680 habitants.

6 a. $A = 14,5 - 21 - 39 + 6,5$
$A = 14,5 + 6,5 - 21 - 39$
$A = 21 - 21 - 39$
$A = -39$
b. $B = 10 - 1,6 \times 4$
$B = 10 - 6,4$
$B = 3,6$
c. $C = \frac{3}{5} - \frac{7}{5} + 1$
$C = -\frac{4}{5} + 1$
$C = -\frac{4}{5} + \frac{5}{5}$
$C = \frac{1}{5}$
d. $D = \frac{25}{100} \times 4 = \frac{100}{100} = 1$ ou $D = \frac{25}{100} \times 4 = \frac{1}{4} \times 4 = 1$.

7 **(2)** et **(4)**. En effet, $\frac{125}{100} = \frac{5}{4} = 1,25$.

8 $\frac{21}{35} = \frac{21:7}{35:7} = \frac{3}{5} = 0,6$
Les nombres égaux sont $\frac{21}{35}$; 0,6 et 60 %.

9 a. $\frac{17}{6} + \frac{1}{3} = \frac{17}{6} + \frac{2}{6} = \frac{19}{6}$
b. $\frac{4}{5} - \frac{1}{3} = \frac{4 \times 3}{5 \times 3} - \frac{1 \times 5}{3 \times 5} = \frac{12}{15} - \frac{5}{15} = \frac{7}{15}$
c. $\frac{5}{12} - \frac{7}{4} = \frac{5}{12} - \frac{7 \times 3}{4 \times 3} = \frac{5}{12} - \frac{21}{12} = -\frac{16}{12}$
d. $\frac{1}{4} - \frac{1}{6} = \frac{1 \times 3}{4 \times 3} - \frac{1 \times 2}{6 \times 2} = \frac{3}{12} - \frac{2}{12} = \frac{1}{12}$

10 $V = \pi \times 1\ m^2 \times 2\ m$, soit $V \approx 3 \times 1 \times 2\ m^3$, c'est-à-dire $V \approx 6\ m^3$.

11 **a.** • $h(2) = -4{,}9 \times 2^2 + 15{,}6 \times 2 + 4$
$h(2) = -4{,}9 \times 4 + 31{,}2 + 4$
$h(2) = -19{,}6 + 35{,}2 = 15{,}6$
La fusée est à la hauteur de 15,6 m au bout de 2 s.
• $h(3) = -4{,}9 \times 3^2 + 15{,}6 \times 3 + 4$
$h(3) = -4{,}9 \times 9 + 46{,}8 + 4$
$h(3) = -44{,}1 + 50{,}8 = 6{,}7$
La fusée est à la hauteur de 6,7 m au bout de 3 s.
b. 6,7 m < 15,6 m donc au bout de 3 s la fusée est en phase de descente.

12 **a.** $5x - 7x = 9 + 4$, c'est-à-dire $-2x = 13$, soit $x = -\frac{13}{2}$.
b. $\frac{1}{3}t - t = -2 - 3$, c'est-à-dire $-\frac{2}{3}t = -5$,
soit $t = -5 \times \left(-\frac{3}{2}\right) = \frac{3 \times 5}{2} = \frac{15}{2}$.

ACQUÉRIR DES AUTOMATISMES

3 • $b_5 = 6 \times 5 - 3 = 30 - 3 = 27$
• $b_{100} = 6 \times 100 - 3 = 600 - 3 = 597$

6 • $u_1 = 4u_0 - 0{,}5$
$u_1 = 4 \times (-2) - 0{,}5$
$u_1 = -8 - 0{,}5$
$u_1 = \mathbf{-8{,}5}$
• $u_2 = 4u_1 - 0{,}5$
$u_2 = 4 \times (\mathbf{-8{,}5}) - 0{,}5$
$u_2 = -34 - 0{,}5$
$u_2 = \mathbf{-34{,}5}$
• $u_3 = 4u_2 - 0{,}5$
$u_3 = 4 \times (\mathbf{-34{,}5}) - 0{,}5$
$u_3 = -138 - 0{,}5$
$u_3 = -138{,}5$

11 **a.** $v_1 = v_0 + r$, c'est-à-dire $5 = v_0 - 2$.
Ainsi, $v_0 = 5 + 2 = 7$.
b. $v_{10} = v_0 + 10r$, c'est-à-dire $v_{10} = 7 + 10 \times (-2) = 7 - 20 = -13$.

14 34 – 35 = –1 ; 33 – 34 = –1 et 31 – 33 = –2.
$-1 \neq -2$, donc on ne peut pas modéliser cette situation par une suite arithmétique.

18 $P(\ell) = 10 + 0{,}5\ell$, cette situation est linéaire car l'expression de $P(\ell)$ est de la forme $a\ell + b$ avec $a = 0{,}5$ et $b = 10$.
Mais la variable ℓ prend des valeurs entières positives, donc cette situation est modélisée par la suite arithmétique (P_n) de premier terme $P_0 = 10$ et de raison 0,5.
Or 0,5 > 0, donc il s'agit d'une situation discrète à croissance linéaire.

19 On cherche des nombres réels a et b tels que pour tout nombre réel x, $f(x) = ax + b$.

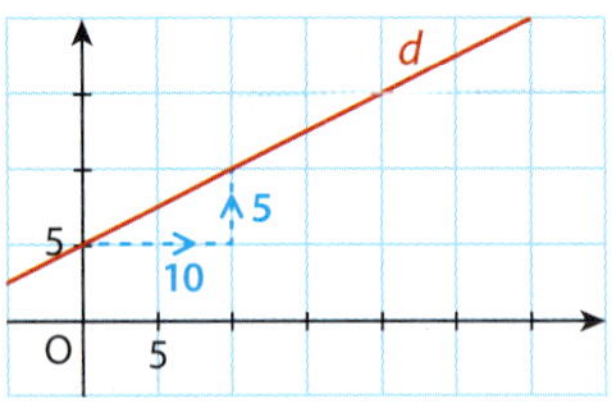

• L'ordonnée à l'origine de la droite d est 5, donc $b = 5$.
• Le déplacement ci-dessus, indique que lorsque x augmente de 10, alors $f(x)$ augmente de 5.
Donc $5 = a \times 10$, soit $a = \frac{5}{10} = \frac{1}{2}$. Ainsi, $f(x) = \frac{1}{2}x + 5$.

S'ENTRAÎNER

27 **a.** $u_5 = 2 \times \mathbf{5} - \mathbf{5}^2 = \mathbf{10} - \mathbf{25} = \mathbf{-15}$
b. $u_7 = 2 \times 7 - 7^2 = 14 - 49 = -35$

41 **a.** $u_n = u_0 + nr$, c'est-à-dire $u_n = -10 + 5n$.
b. $u_{100} = u_0 + \mathbf{100}r = \mathbf{-10} + \mathbf{5} \times \mathbf{100} = \mathbf{490}$

57 **a.** La raison, –2, est négative, donc la suite arithmétique (a_n) est décroissante.
b. $a_1 = a_0 - 2$, c'est-à-dire $a_1 = 10 - 2 = 8$.
On obtient de même $a_2 = 6$, $a_3 = 4$, $a_4 = 2$, $a_5 = 0$ et $a_6 = -2$.
Voici la représentation graphique demandée.

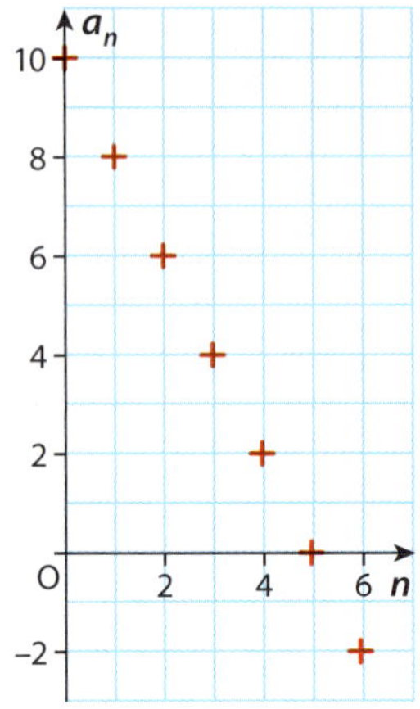

61 On note x le nombre choisi, $P_1(x)$, $P_2(x)$, $P_3(x)$ et $P_4(x)$ les nombres obtenus avec chacun des programmes.
• $P_1(x) = -5x + 3$
• $P_2(x) = 0{,}5x - 6$
• $P_3(x) = (x + 3) \times 6 = 6x + 18$
• $P_4(x) = x^2 + 3$
Les programmes **1**, **2** et **3** définissent une fonction affine.

67 **a.** $f(7) - f(3) = a \times (\mathbf{7} - \mathbf{3})$,
c'est-à-dire $13 - 5 = a \times \mathbf{4}$.
Donc $a = \frac{\mathbf{8}}{\mathbf{4}} = \mathbf{2}$.
b. Ainsi, pour tout réel x, $f(x) = 2x + b$.
$f(3) = 5$ s'écrit alors $2 \times 3 + b = 5$,
soit $b = 5 - 6 = -1$.
Donc pour tout réel x, $f(x) = 2x - 1$.

72 **a.** $g(3) = -\frac{2}{3} \times 3 + 1 = -2 + 1 = -1$
b. La droite d passe par les points A(0 ; 1) et B(3 : –1).

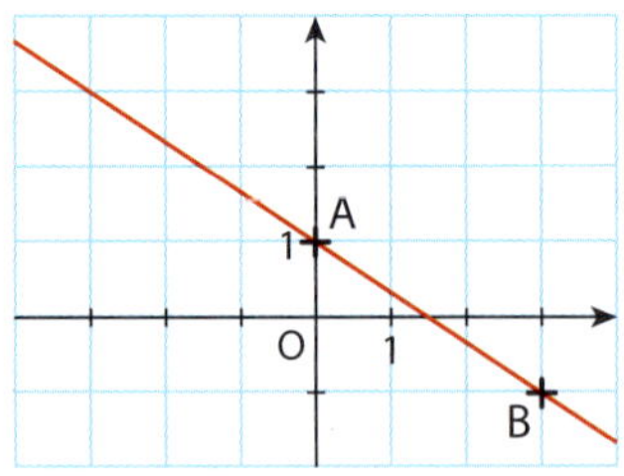

UTILISER SES COMPÉTENCES

85 **1.** $u_n = u_0 + nr$
$u_n = u_0 + pr - pr + nr = u_0 + pr + (n - p)r$
Ainsi, $u_n = u_p + (n - p)r$.
2. a. $a_9 = a_4 + (9 - 4)r$, soit $-10 = 2{,}5 + 5r$,
c'est-à-dire $5r = -10 - 2{,}5 = -12{,}5$.
Ainsi, $r = \frac{-12{,}5}{5} = -2{,}5$.
b. $a_{100} = a_9 + (100 - 9)r = -10 + 91 \times (-2{,}5)$
$a_{100} = -10 - 227{,}5 = -237{,}5$

4 Croissance exponentielle

TESTER SES AUTOMATISMES

1 **a.** Il y a 10 milliers d'abonnés au 1er janvier 2021.
b. Il y a 6 milliers d'abonnés au 1er mars 2018.
c. C'est au bout de 2 ans après le 1er janvier 2017 que le nombre d'abonnés a dépassé 8 000.
d. Le nombre maximal d'abonnés sur la période allant du 1er janvier 2017 au 1er janvier 2022 est environ égal à 10,1 milliers.

2 • Le nombre d'abonnés croît du 1er janvier 2017 au **1er juillet 2020**.
• Le nombre d'abonnés décroît du 1er juillet 2020 au **1er janvier 2022**.

3 **a.** En l'an 2000, la ville compte 20 000 habitants.
b. • Sur la période **2010**-2020, la population est passée de 45 000 habitants à **101 250 habitants**.
• La population initiale a doublé entre les années **2000** et **2010**.

4 La croissance de la population est la plus rapide sur la période 2015-2020.

5 **a.** $20\text{ €} \times \left(1 - \frac{15}{100}\right) = 20\text{ €} \times 0{,}85 = 17\text{ €}$
Le prix soldé du ballon est 17 €.
b. **(2)** et **(3)**. En effet, $1 + \frac{20}{100} = 1{,}2$.

6 **(3)**. En effet, $\left(1 + \frac{15}{100}\right)\left(1 + \frac{30}{100}\right) = 1{,}15 \times 1{,}3 = 1{,}495 = 1 + \frac{49{,}5}{100}$.

7 **a.** **(3)**. En effet, $51 \times 19 \approx 50 \times 20$, soit $51 \times 19 \approx 1\,000$.
b. **(2)**. En effet, $4{,}9 \times 30{,}6 \approx 5 \times 30$, soit $4{,}9 \times 30{,}6 \approx 150$.

8

```
60*0.75²
                33.75
```

D'après cet écran, la concentration du médicament dans le sang du patient 2 h après l'injection est 33,75 mg·L^{-1}.

9 **a.** Vraie. En effet, $2^3 = 2 \times 2 \times 2 = 8$.
b. Fausse. En effet, $5 \times 4^2 = 5 \times 16 = 80$.
c. Vraie. En effet, $5^2 \times 2^2 = 25 \times 4 = 100 = 10^2$.
d. Fausse. En effet, $7^2 + 5^2 = 49 + 25 = 74$ et $12^2 = 144$.

10 $A = 0{,}25 - \frac{10}{4} + 0{,}001$
$A = 0{,}25 + 0{,}001 - 2{,}5$
$A = 0{,}251 - 2{,}5$
$A = -2{,}249$

11 **a.** $2^5 \times 2^3 = 2^{5+3} = 2^8$
b. $\frac{5^6}{5^2} = 5^{6-2} = 5^4$
c. $(2^3)^2 = 2^{3 \times 2} = 2^6$
d. $\frac{5^3 \times 5^6}{5^4} = 5^{3+6-4} = 5^5$

12 $4x^2 = 36$ équivaut à $x^2 = 9$, soit $x = \sqrt{9}$ ou $x = -\sqrt{9}$, c'est-à-dire $x = 3$ ou $x = -3$.

ACQUÉRIR DES AUTOMATISMES

3 **a.** $v_1 = 0{,}8 \times v_0$, soit $2\,000 = 0{,}8 \times v_0$.
Ainsi, $v_0 = \frac{2\,000}{0{,}8} = 2\,500$.
b. $v_{10} = v_0 \times 0{,}8^{10}$, soit $v_{10} = 2\,500 \times 0{,}8^{10}$.
Ainsi, $v_{10} = 268{,}435\,456$.

6 $\frac{10}{20} = \frac{5}{10} = \frac{2{,}5}{5} = 0{,}5$
Donc il semble possible de modéliser cette situation par une suite géométrique de raison 0,5.

10 $B = \frac{0{,}6^{1,9} \times 0{,}6^{3,1}}{(0{,}6^{1,25})^{0,4}} = \frac{0{,}6^{1,9+3,1}}{0{,}6^{1,25 \times 0,4}}$
$B = \frac{0{,}6^5}{0{,}6^{0,5}} = 0{,}6^{5-0,5} = 0{,}6^{4,5}$

14 La fonction $x \mapsto 1{,}65^x$ est croissante sur l'intervalle $[0\,;+\infty[$ car $1{,}65 > 1$.
Or $-2 < 0$, donc la fonction f est décroissante sur l'intervalle $[0\,;+\infty[$.

20 $(1+t)^7 = 10{,}2$
$1 + t = 10{,}2^{\frac{1}{7}}$
$t = 10{,}2^{\frac{1}{7}} - 1$
$t \approx 0{,}39$

23 Le taux d'évolution mensuel moyen t du salaire du commercial durant l'année 2022 vérifie :
$2\,075 \times (1+t)^{12} = 2\,466$
$(1+t)^{12} = \frac{2\,466}{2\,075}$
$1 + t = \left(\frac{2\,466}{2\,075}\right)^{\frac{1}{12}}$
$t = \left(\frac{2\,466}{2\,075}\right)^{\frac{1}{12}} - 1$
$t \approx 0{,}014\,5$
Le taux d'évolution mensuel moyen durant l'année 2022 est donc d'environ 1,45 %.

S'ENTRAÎNER

35 **a.** $v_6 = v_0 \times q^6 = \boldsymbol{v_0 \times q^2} \times q^4 = \boldsymbol{v_2} \times q^4$
b. D'après l'égalité précédente, $324 = 4 \times q^4$, soit $q^4 = \frac{324}{4} = 81$.
Or $81 = 9^2 = (3^2)^2 = 3^4$, donc $q = 3$ car q est positif.
c. $v_2 = v_0 \times q^2$, soit $4 = v_0 \times 9$, c'est-à-dire $v_0 = \frac{4}{9}$.

57 11 min 30 s = 11,5 min, donc on calcule $g(11{,}5)$.

```
660*0.85^11.5
                101.8266793
```

Sa fréquence cardiaque au bout de 11 min 30 s est donc d'environ 102 bpm.

66 Pour tout nombre réel x positif,
$$f(x) = 4^x.$$
$f(10{,}5) = 4^{10,5} = 2\,097\,152$
Ainsi, le point A(10,5 ; 2 097 152) appartient à la courbe $\mathscr{C}$.

76 $A = 9^2 \times 9^{0,5} = \mathbf{81 \times \sqrt{9} = 243}$

85 t vérifie $(1+t)^3 = 1 - \frac{12}{100}$, soit $t = 0{,}88^{\frac{1}{3}} - 1$.
Ainsi, $t \approx -0{,}042$.
Ce prix a baissé en moyenne d'environ 4,2 % par mois.

UTILISER SES COMPÉTENCES

93 **1.** $u_n = u_0 \times q^n = \boldsymbol{u_0 \times q^p} \times q^{n-p} = \boldsymbol{u_p} \times q^{n-p}$
2. a. D'après la formule précédente, $a_{23} = a_{20} \times q^3$, soit $5\,625 = 45 \times q^3$, c'est-à-dire $q^3 = \frac{5\,625}{45} = 125$.
Or $5^3 = 125$, donc $q = 5$.
b. $a_{30} = a_{20} \times q^{10}$, soit $a_{30} = 45 \times 5^{10} = 439\,453\,125$.
Remarque : pour calculer a_{30} on peut aussi utiliser $a_{30} = a_{23} \times q^7$.

5 Variation instantanée

TESTER SES AUTOMATISMES

1 **a.** • L'heure de la journée se lit sur l'axe des abscisses.
• La hauteur d'eau dans le port se lit sur l'axe des ordonnées.
b. « Entre 2 h et 8 h, la hauteur d'eau **croît** et entre 10 h et 14 h, elle **décroît**. »
c. La hauteur dans le port est de 5 m à quatre moments de la journée (vers 5 h 30, 10 h 30, 17 h 30, 22 h 45).

2 **a. (2)** **b. (2)**

3 **a.** La hauteur maximale atteinte par la flèche est 3,5 m.
b. • La hauteur de la flèche décroît à partir d'une distance horizontale de 3 m.
• La hauteur de la flèche devient inférieure à 1 m à partir d'une distance horizontale de 7,5 m.

4 180 – 81 = 99, ainsi à 11 h, le boulanger a vendu 99 baguettes.
$\frac{99}{180} = 0{,}55$, donc le pourcentage de baguettes qu'il a vendues est 55 %.

5 On cherche le nombre t tel que $6{,}25 \times (1 - t) = 5{,}5$.
Ainsi, $1 - t = \frac{5{,}5}{6{,}25} = 0{,}88$, soit $t = 1 - 0{,}88 = 0{,}12$.
La superficie de la forêt amazonienne a diminué de 12 % en 40 ans.

6 • Pour $x = 1$: **(3)** • Pour $x = 0$: **(1)**
• Pour $x = 5$: **(2)** • Pour $x = -3$: **(4)**

7 Un ordre de grandeur est 100 – 110 + 500, soit 490.

8 **a.** 2 h 30 min = 2,5 h
$\frac{12}{2{,}5} = 4{,}8$ donc la vitesse moyenne de Chloé sur son parcours s'est établie à 4,8 $\text{km}\cdot\text{h}^{-1}$.
b. 2 h 15 min = 2,25 h
$\frac{9}{2{,}25} = 4$ donc la vitesse moyenne de Léa sur son parcours s'est établie à 4 $\text{km}\cdot\text{h}^{-1}$.

9 $\frac{-5-7}{3-(-2)} = \frac{-12}{5} = -2{,}4$
Le coefficient directeur de la droite (AB) est –2,4.

10 $101^2 - 99^2 = (101 + 99)(101 - 99) = 200 \times 2 = 400$

11 **a.** $(x - 5)(x + 1) = x^2 + x - 5x - 5 = x^2 - 4x - 5$
b. $(4 - x)(x - 7) = 4x - 28 - x^2 + 7x = -x^2 + 11x - 28$
c. $-2(x - 1)(x + 6) = -2(x^2 + 6x - x - 6) = -2(x^2 + 5x - 6)$
$-2(x - 1)(x + 6) = -2x^2 - 10x + 12$

12 **a.** $5x - 3 = 7$ équivaut à $5x = 7 + 3$, c'est-à-dire $5x = 10$, soit $x = 2$.
b. $1 - 3x = 8$ équivaut à $-3x = 8 - 1$, c'est-à-dire $-3x = 7$, soit $x = -\frac{7}{3}$.
c. $1 + 2t = 5 - t$ équivaut à $2t + t = 5 - 1$, c'est-à-dire $3t = 4$, soit $t = \frac{4}{3}$.

ACQUÉRIR DES AUTOMATISMES

3 **a.** On lit sur le graphique $A\left(1 ; -\frac{1}{4}\right)$ et $B\left(0 ; -\frac{3}{4}\right)$.
Le coefficient directeur de la droite T, c'est-à-dire (AB), est :

$$\frac{-\frac{3}{4} - \left(-\frac{1}{4}\right)}{0 - 1} = \frac{-\frac{1}{2}}{-1} = \frac{1}{2}.$$

b. Le nombre dérivé de la fonction f en 1 est le coefficient directeur de la tangente T. Ainsi, $f'(1) = \frac{1}{2}$.

4

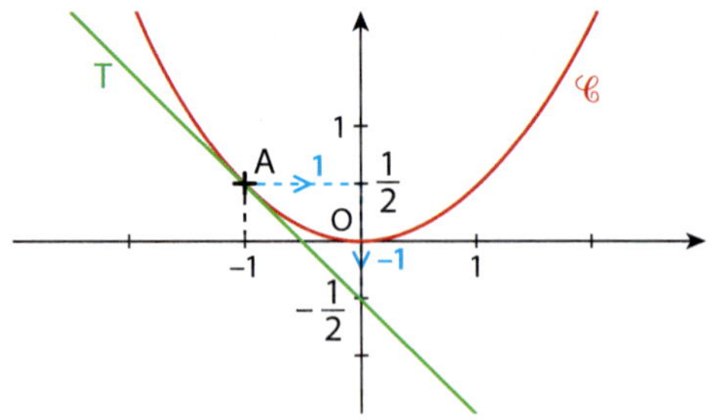

7 Le coefficient directeur de la tangente est :

$$\frac{\frac{1}{2} - 1}{0 - 2} = \frac{1}{4}.$$

L'équation réduite de la tangente s'écrit $y = \frac{1}{4}x + p$.
A est un point de la tangente donc $1 = \frac{1}{4} \times 2 + p$,
soit $p = 1 - \frac{1}{2} = \frac{1}{2}$.
L'équation réduite de la tangente est donc $y = \frac{1}{4}x + \frac{1}{2}$, c'est bien celle affichée.

8 Une équation de la tangente s'écrit :

$$y = f'(-1)(x - (-1)) + f(-1).$$

À l'aide la calculatrice, on a obtenu $f'(-1) = -4$.
De plus $f(-1) = 2 \times (-1)^2 = 2$.
Ainsi, une équation de T est $y = -4(x + 1) + 2$, c'est-à-dire $y = -4x - 2$.

S'ENTRAÎNER

14 **a.** À partir du point B, on se décale d'une unité vers la droite puis de quatre unités vers le bas pour atteindre le point A. Ainsi, le coefficient directeur de la tangente T est –4.
b. Le nombre dérivé de la fonction g en 2 est le coefficient directeur de la tangente T, à savoir –4.
Ainsi, $g'(2) = -4$.

27 On associe à chaque tangente son équation réduite.
T_1 : **(c)** T_2 : **(a)** T_3 : **(b)**

UTILISER SES COMPÉTENCES

45 **a.** Oui, car sa vitesse instantanée au passage du radar fixe a pu être inférieure à 130 $\text{km}\cdot\text{h}^{-1}$, alors que sa vitesse moyenne sur le parcours a dépassé 130 $\text{km}\cdot\text{h}^{-1}$.
b. Oui, car sa vitesse moyenne sur le parcours a pu être inférieure à 130 $\text{km}\cdot\text{h}^{-1}$, alors que sa vitesse instantanée au passage du radar fixe a dépassé 130 $\text{km}\cdot\text{h}^{-1}$.

6 Variation globale

TESTER SES AUTOMATISMES

1 **a.** Le prix du forfait est 20 €.
b. • Pour 1 Go : 23 €.
• Pour 2 Go : 26 €.
c. 26 – 23 = 3
Quand le dépassement augmente de 1 Go, le prix augmente de 3 €.

2 **a.** La vitesse est croissante sur l'intervalle [6 ; 9].
b. Un autre intervalle sur lequel la vitesse est croissante est [0 ; 5].
c. L'intervalle sur lequel la vitesse diminue le plus brutalement est [9 ; 10].

3 **a.** Le nombre initial de bactéries est 1 000.
b. Graphiquement, on observe que le nombre de bactéries atteint 3 milliers au bout de 5,4 h environ.

4 Un tracé possible.

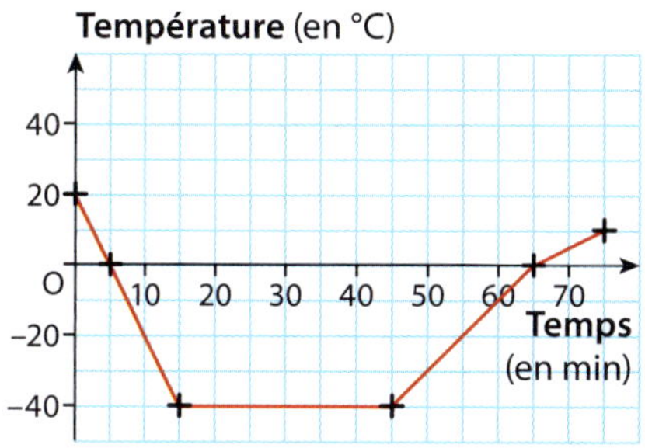

5 On cherche le nombre t tel que :

$$1+\frac{t}{100}=\left(1+\frac{10}{100}\right)^3,$$

c'est-à-dire $1+\frac{t}{100}=1{,}331$.
Ainsi, $\frac{t}{100}=0{,}331$ et $t=33{,}1$.
Le taux d'évolution global de cette population sur les trois années est 33,1 %.

6 On cherche le nombre t tel que :

$$\left(1-\frac{20}{100}\right)\left(1+\frac{t}{100}\right)=1,$$

c'est-à-dire $0{,}8\times\left(1+\frac{t}{100}\right)=1$.

Ainsi, $1+\frac{t}{100}=\frac{1}{0{,}8}=1{,}25=1+\frac{25}{100}$.
Donc le prix de l'article doit augmenter de 25 % afin de revenir au prix initial.

7 **a.** $f(0)=4-0^2=4$
b. $f(1)=4-1^2=4-1=3$
et $f(-1)=4-(-1)^2=4-1=3$.
Donc Victoria a raison.

8 **a.** • $2^3=8$
• $(-5)^4=5^4=625$
• $1^6=1$
• $10^5=100\ 000$
b. • $x^2\times x^3=x^{2+3}=x^5$
• $x^8\times x^5=x^{8+5}=x^{13}$
• $\frac{x^7}{x^4}=x^{7-4}=x^3$
• $\frac{x^{10}}{x^5}=x^{10-5}=x^5$
• $(x^5)^2=x^{5\times2}=x^{10}$
• $(x^3)^3=x^{3\times3}=x^9$

9 • E = –2 – 2 = –4 • F = –12 – 2 = –14
• G = –7 – 10 = –17 • H = –2 × (–2) = 4

10 **a.** La figure est un rectangle de dimensions x cm et $(x+3)$ cm. Ainsi, l'aire $\mathcal{A}$, en cm², de cette figure est $x(x+3)$.
b. Pour $x=4$, $\mathcal{A}=4(4+3)=28$, donc l'aire de cette figure est 28 cm².

11

x	$-\infty$		-4		2		$+\infty$
$7x+28$		–	0	+	|	+	
$-2x+4$		+	|	+	0	–	
$(7x+28)(-2x+4)$		–	0	+	0	–	

12 Le nombre cherché x vérifie $2x^2=32$, soit $x^2=16$. Ainsi, $x=4$ ou $x=-4$. Or $x<0$, donc $x=-4$.

ACQUÉRIR DES AUTOMATISMES

3 **a.** Une équation de cette tangente T s'écrit :

$$y=f'(-1)(x+1)+f(-1).$$

• $f(-1)=(-1)^2$ donc $f(-1)=1$.
• Pour tout réel x, $f'(x)=2x$.
Donc $f'(-1)=2\times(-1)=-2$.
Une équation de cette tangente est $y=-2(x+1)+1$,
soit $y=-2x-2+1$, c'est-à-dire $y=-2x-1$.
b. Une équation de cette tangente s'écrit :

$$y=f'(-5)(x+5)+f(-5).$$

• $f(-5)=(-5)^2$ donc $f(-5)=25$.
• $f'(-5)=2\times(-5)=-10$.
Une équation de cette tangente est $y=-10(x+5)+25$,
soit $y=-10x-50+25$, c'est-à-dire $y=-10x-25$.

5 • $f(x)=g(x)+h(x)+k(x)$ avec pour tout réel x, $g(x)=x^2$, $h(x)=5x$ et $k(x)=1$.
• $g'(x)=2x$.
• $h(x)=mv(x)$ avec $m=5$ et $v(x)=x$. Donc $h'(x)=mv'(x)=5\times1=5$.
• $k'(x)=0$.
• Pour tout réel x, $f'(x)=g'(x)+h'(x)+k'(x)$, soit $f'(x)=2x+5$.

9 La fonction g est croissante sur l'intervalle considéré. La fonction dérivée g' est donc positive sur cet intervalle. Ainsi, sa courbe représentative ne peut être que la courbe ❷, qui représente bien une fonction positive.

10 **a.** Pour tout réel x, $h'(x)=-3x^2-2\times1+0=-3x^2-2$.
Pour tout réel x, $-3x^2-2<0$, donc $h'(x)<0$.
b. La fonction dérivée h' est négative sur $\mathbb{R}$, donc la fonction h est décroissante sur $\mathbb{R}$.

14 Graphiquement, $f'(x)\leqslant0$ sur [–3 ; –2] et sur [1 ; 4], $f'(x)\geqslant0$ sur [–2 ; 1]. D'où le tableau de variation suivant :

x	-3		-2		1		3
$f(x)$	5	↘	1	↗	2	↘	–3

15 **a.** Pour tout réel x de l'intervalle [–5 ; 0],

$$f'(x)=2x^2+12x+16.$$

Pour tout réel x de l'intervalle [–5 ; 0],
$2(x+2)(x+4)=2(x^2+4x+2x+8)$
$2(x+2)(x+4)=2(x^2+6x+8)=2x^2+12x+16$
$2(x+2)(x+4)=f'(x)$.

b. c. $2 > 0$, donc $f'(x)$ est du signe de $(x + 2)(x + 4)$.

x	-5		-4		-2		0
$x + 2$		$-$	|	$-$	0	$+$	
$x + 4$		$-$	0	$+$	|	$+$	
$f'(x)$		$+$	0	$-$	0	$+$	
$f(x)$	$-\frac{40}{3}$	↗	$-\frac{32}{3}$	↘	$-\frac{40}{3}$	↗	0

S'ENTRAÎNER

27 **a.** Pour tout réel x, $f'(x) = 9$.

b. Pour tout réel x,

$$f'(x) = 7 \times 2x - 2 \times 1 = 14x - 2.$$

c. Pour tout réel x,

$$f'(x) = \frac{1}{3} \times 3x^2 + 3 \times 2x = x^2 + 6x.$$

d. Pour tout réel x,

$$f'(x) = -5 \times 3x^2 + 1{,}5 \times 2x = -15x^2 + 3x.$$

39 **a.** Pour tout réel x, $f'(x) = 6x^2 + 5$.

b. Pour tout réel x, $x^2 > 0$ donc $f'(x) > 0$.

c. La fonction f est donc croissante sur $\mathbb{R}$.

54 **a.** Pour tout réel x de l'intervalle $[-6 ; 5]$,

$$f'(x) = 3x^2 + 4{,}5 \times 2x - 12 = 3x^2 + 9x - 12.$$

b. c. 3 est positif, donc $f'(x)$ est du signe de $(x - 1)(x + 4)$.

x	-6		-4		1		5
$x - 1$		$-$	|	$-$	0	$+$	
$x + 4$		$-$	0	$+$	|	$+$	
$f'(x)$		$+$	0	$-$	0	$+$	
$f(x)$	23	↗	61	↘	$-1{,}5$	↗	$182{,}5$

UTILISER SES COMPÉTENCES

61 **a.** $h(0) = 5$

La hauteur initiale du skieur est 5 m.

b. $h(5) = -\frac{1}{4} \times 25 + \frac{1}{4} \times 5 + 5$

$h(5) = -\frac{25}{4} + \frac{5}{4} + 5 = -\frac{20}{4} + 5 = 0$

Une hauteur égale à 0 signifie que le skieur touche le sol. Donc l'affirmation de Maria est vraie.

c. Pour tout réel t de l'intervalle $[0 ; 5]$,

$$h'(t) = -\frac{1}{4} \times 2t + \frac{1}{4} = -\frac{1}{2}t + \frac{1}{4}.$$

d. $h'(t) \geqslant 0$ équivaut à $-\frac{1}{2}t \geqslant -\frac{1}{4}$, soit $t \leqslant 0{,}5$.

D'où le tableau de variation de la fonction h.

t	0		$0{,}5$		5
$h'(t)$		$+$	0	$-$	
$h(t)$	5	↗	$5{,}062\,5$	↘	0

Ainsi, le skieur monte durant 0,5 s et atteint la hauteur maximale de 5,062 5 m puis descend jusqu'à toucher le sol au bout de 5 s.

Index

Calculatrice Casio Graph 90+E

Suites définies par une formule explicite

(a_n) est la suite définie pour tout entier naturel n par :

$$a_n = 3n^2 - n.$$

① Saisir la suite

MENU [a_n = An+B Récurrence] EXE F3 (TYPE)

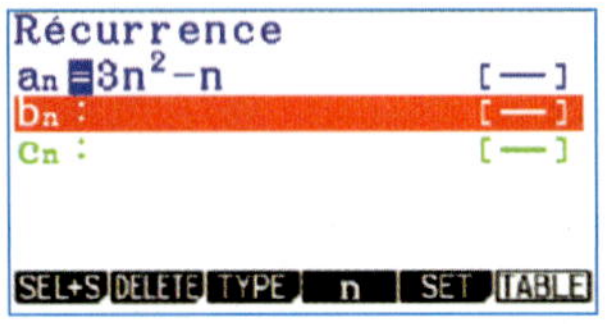

F1 (a_n = An + B)

F4 (n)

Saisir l'expression de a_n à l'aide de la touche F1 (n) puis EXE.

② Régler les valeurs de n

F5 (SET)

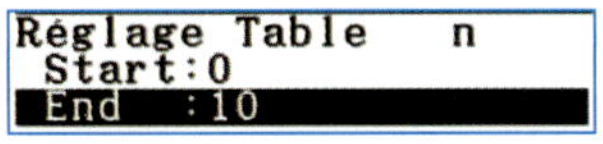

Saisir les valeurs, valider avec EXE.

③ Afficher les valeurs de la suite

F6 (TABLE)

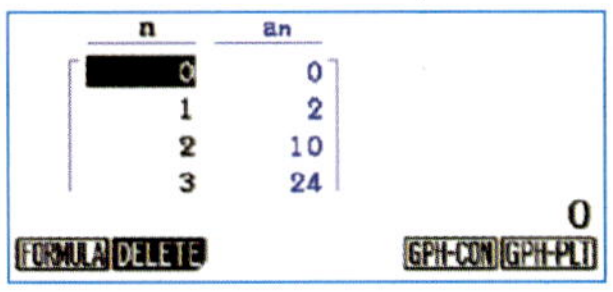

Suites définies par une relation de récurrence

(a_n) est la suite définie par $a_0 = 1$ et pour tout entier naturel n, $a_{n+1} = 2a_n - 7$.

① Saisir la suite

MENU [a_n = An+B Récurrence] EXE F3 (TYPE)

F2 (a_{n+1} = Aa_n + Bn + C)

F4 (n.an···)

Saisir l'expression de a_{n+1} à l'aide des touches F1 (n) et F2 (a_n) puis EXE.

② Donner a_0 et régler les valeurs de n

F5 (SET)

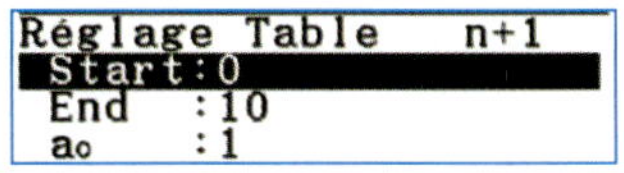

Saisir les valeurs, valider avec EXE.

③ Afficher les valeurs de la suite

F6 (TABLE)

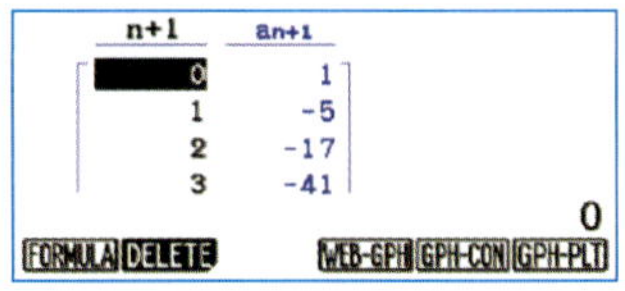

Fonctions

f est la fonction définie sur ℝ par :

$$f(x) = 3x^2 - 12x + 5.$$

① Saisir la fonction

MENU [Graphe] EXE

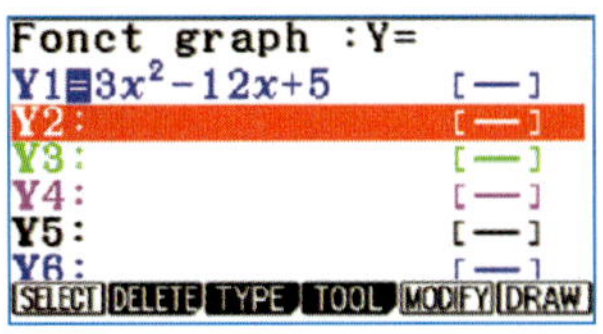

Saisir l'expression de $f(x)$ à l'aide de la touche X,θ,T puis EXE.

② Régler la fenêtre

SHIFT F3 (V-WIN)

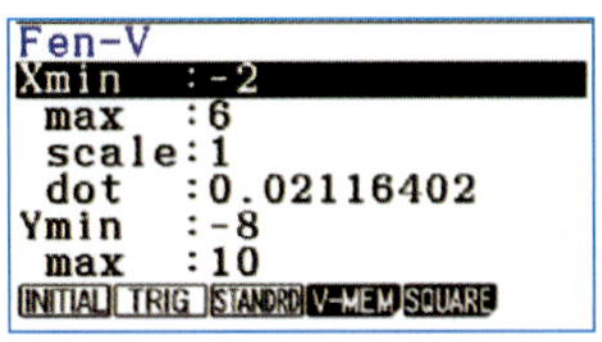

Saisir les valeurs, valider avec EXE.

③ Tracer la courbe

F6 (DRAW)

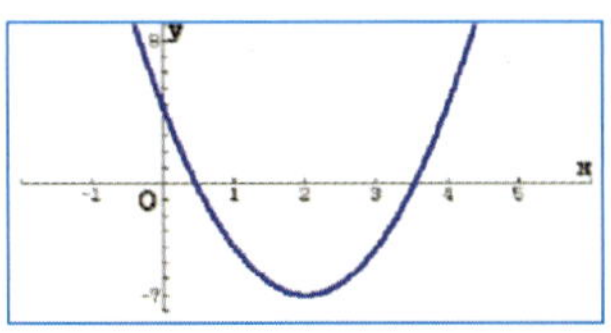

④ Tracer la tangente à une courbe en un point

SHIFT F4 (Sketch)

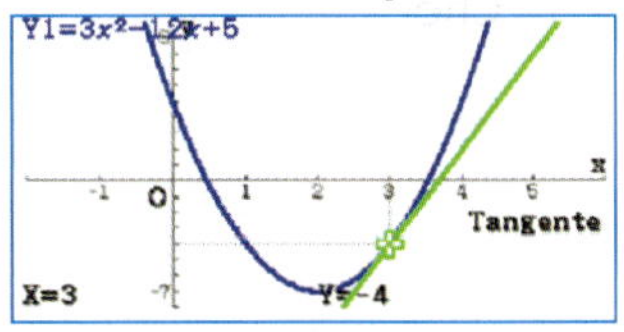

F2 (Tangent)

Saisir une valeur de x puis EXE.

Remarque : Pour afficher le coefficient directeur de la tangente :

SHIFT MENU (SET UP) Sélectionner la ligne Derivative

puis F1 (On) EXIT

⑤ Tabuler la fonction

MENU [Table] EXE F5 (SET)

On règle le début, la fin et le pas de la table, on valide avec EXE.

F6 (TABLE)

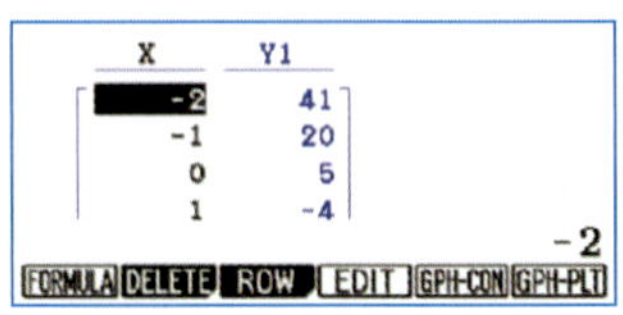

Calculatrice TI-83 Premium CE

Suites définies par une formule explicite

(u_n) est la suite définie pour tout entier naturel n par :

$$u_n = 3n^2 - n.$$

[mode] Choisir SUITE [entrer] puis [2nde] [mode] (quitter).

① Saisir la suite

[f(x)] Choisir SUITE(n) [entrer].

Saisir l'expression de $u(n)$ à l'aide de la touche [X,T,θ,n] puis [entrer].

```
nMin=0
▪∖u(n)▪3n²−n
u(0)▪
u(1)=
```

② Régler les valeurs de n

[2nde] [fenêtre] (déf table f2)

Régler le début et le pas de la table, valider avec [entrer].

```
CONFIG TABLE
 DébutTbl=0
 ΔTbl=1
```

③ Afficher les valeurs de la suite

[2nde] [graphe] (table f5)

n	u(n)
0	0
1	2
2	10
3	24
4	44
5	70
6	102
7	140
8	184
9	234
10	290

Suites définies par une formule de récurrence

(u_n) est la suite définie par $u_0 = 1$ et pour tout entier naturel n, $u_{n+1} = 2u_n - 7$.

[mode] Choisir SUITE [entrer] puis [2nde] [mode] (quitter).

① Saisir la suite

[f(x)] Choisir SUITE(n+1) [entrer].

```
nMin=0
▪∖u(n+1)▪2u(n)−7
u(0)▪1
u(1)=
```

Saisir l'expression de $u(n+1)$ à l'aide des touches [X,T,θ,n] et [2nde] [7] (un).

Saisir la valeur de $u(0)$.

② Régler les valeurs de n

[2nde] [fenêtre] (déf table f2)

Régler le début et le pas de la table.

```
CONFIG TABLE
 DébutTbl=0
 ΔTbl=1
```

③ Afficher les valeurs de la suite

[2nde] [graphe] (table f5)

n	u
0	1
1	-5
2	-17
3	-41
4	-89
5	-185
6	-377
7	-761
8	-1529
9	-3065
10	-6137

Fonctions

f est la fonction définie sur $\mathbb{R}$ par :

$$f(x) = 3x^2 - 12x + 5.$$

[mode] Choisir FONCTION [entrer] puis [2nde] [mode] (quitter).

① Saisir la fonction

[f(x)] Saisir l'expression de $f(x)$ à l'aide de la touche [X,T,θ,n] puis [entrer].

```
Graph1 Graph2 Graph3
▪∖Y1▪3X²−12X+5
▪∖Y2=
▪∖Y3=
▪∖Y4=
▪∖Y5=
▪∖Y6=
▪∖Y7=
▪∖Y8=
▪∖Y9=
```

② Régler la fenêtre

[fenêtre] Saisir les valeurs.

```
FENÊTRE
 Xmin=-2
 Xmax=6
 Xgrad=1
 Ymin=-8
 Ymax=10
 Ygrad=1
 Xrés=1
 ΔX=0.03030303030303
 PasTrace=0.06060606060606
```

③ Tracer la courbe

[graphe]

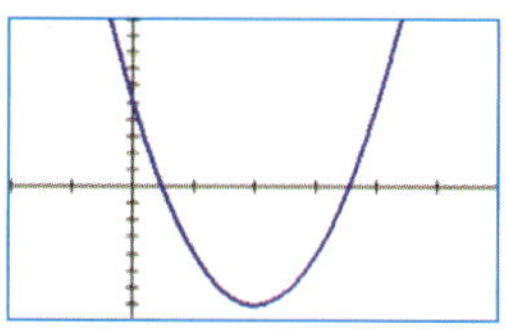

④ Tracer la tangente à une courbe en un point

[2nde] [prgm] (dessin). Choisir 5 (Tangente() [entrer].

Déplacer le curseur sur la courbe ou saisir une valeur de X puis [entrer].

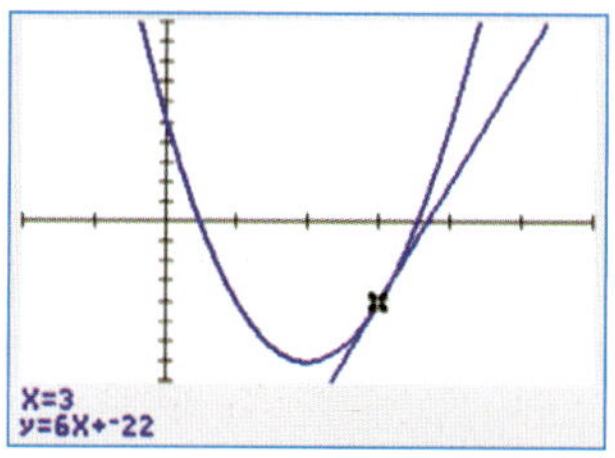

⑤ Tabuler la fonction

[2nde] [fenêtre] (déf table f2)

Régler le début et le pas de la table.

[2nde] [graphe] (table f5)

X	Y1
-2	41
-1	20
0	5
1	-4
2	-7
3	-4
4	5
5	20
6	41
7	68
8	101

Calculatrice NumWorks

Suites définies par une formule explicite

(u_n) est la suite définie pour tout entier naturel n par :

$$u_n = 3n^2 - n.$$

① Saisir la suite

Suites OK `Ajouter une suite` OK

Choisir le type de suite.

`un Explicite` OK

Saisir l'expression de u_n à l'aide de la touche x,n,t puis OK.

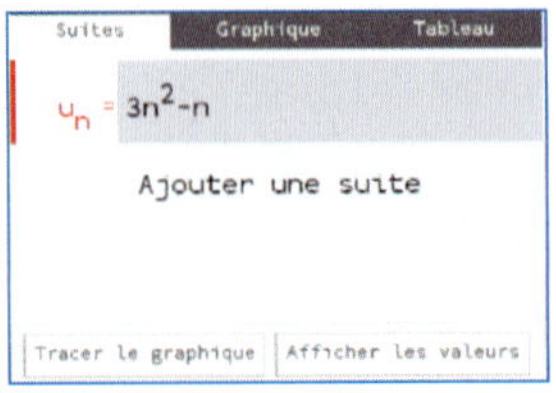

② Régler les valeurs de n et afficher les termes de la suite

`Afficher les valeurs` OK

`Régler l'intervalle` OK

Saisir le début, la fin et le pas de la table, puis `Valider` OK.

n	u_n
0	0
1	2
2	10
3	24
4	44
5	70
6	102

Suites définies par une relation de récurrence

(u_n) est la suite définie par $u_0 = 1$ et pour tout entier naturel n, $u_{n+1} = 2u_n - 7$.

① Saisir la suite

Suites OK `Ajouter une suite` OK

Choisir le type de suite.

`un+1 Récurrente d'ordre 1` OK

Saisir l'expression de u_{n+1} à l'aide de la touche x,n,t puis OK.

Saisir la valeur de u_0 puis OK.

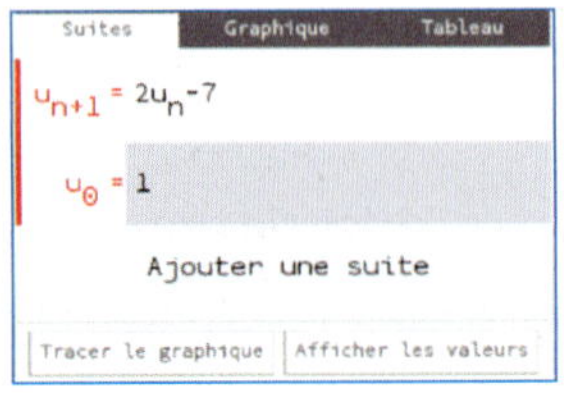

② Régler les valeurs de n et afficher les termes de la suite

`Afficher les valeurs` OK

`Régler l'intervalle` OK

Saisir le début, la fin et le pas de la table, puis `Valider` OK.

n	u_n
0	1
1	-5
2	-17
3	-41
4	-89
5	-185
6	-377

Fonctions

f est la fonction définie sur $\mathbb{R}$ par $f(x) = 3x^2 - 12x + 5$.

① Saisir la fonction

Grapheur OK `Ajouter un élément` OK

Choisir `f(x)=x`.

Saisir l'expression de f(x) à l'aide de la touche x,n,t puis OK.

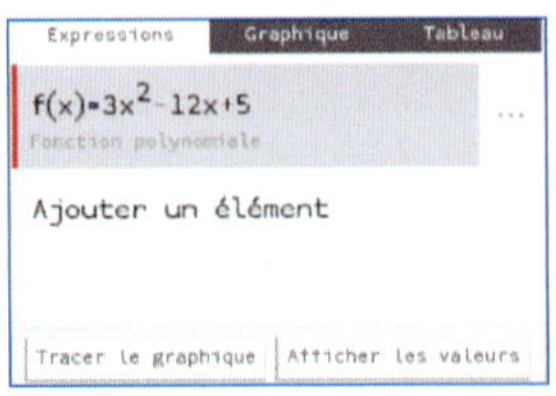

② Régler les axes et tracer la courbe

`Tracer le graphique` OK

`Axes` OK

Saisir le minimum, le maximum pour X, Y et valider ces valeurs.

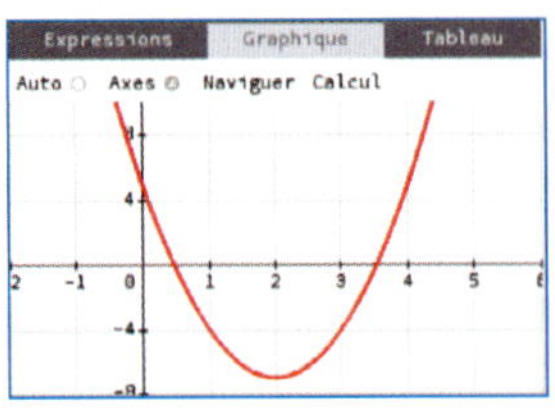

③ Tracer la tangente à une courbe en un point

`Calcul` OK

`Calculer` OK

`Tangente` OK

Saisir une valeur de x, puis OK.

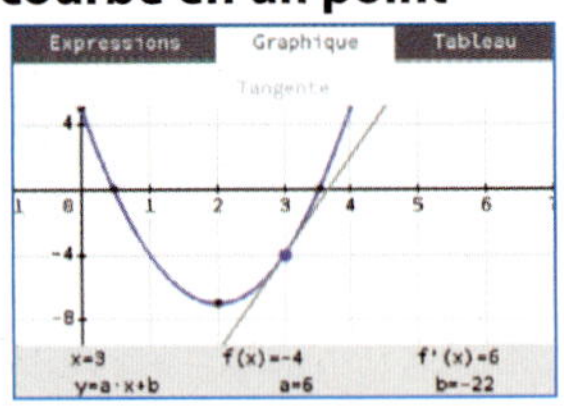

④ Tabuler la fonction

`Tableau` OK

`Régler l'intervalle` OK

Saisir le début, la fin et le pas de la table, puis `Valider` OK.

x	f(x)
-2	41
-1	20
0	5
1	-4
2	-7
3	-4
4	5

A Réalisation d'un diagramme en barres cumulées

Voici le tableau de répartition des principaux groupes sanguins en France et de leurs rhésus.

On construit un diagramme en barres afin de représenter ces données.

Sélectionner la plage de données B2:E3 et cliquer sur (Insérer un diagramme).

1. Choisir le type de graphique **Colonne** et **Empilé**.

2. Dans Plage de données, choisir la représentation des **Séries de données en ligne**.

3. Personnaliser les plages de données comme l'indique la fenêtre ci-contre.

4. Donner un titre au diagramme.

	A	B	C	D	E
1		**O**	**A**	**B**	**AB**
2	**Rhésus +**	35,0 %	38,1 %	6,2 %	2,8 %
3	**Rhésus -**	9,0 %	7,2 %	1,2 %	0,5 %

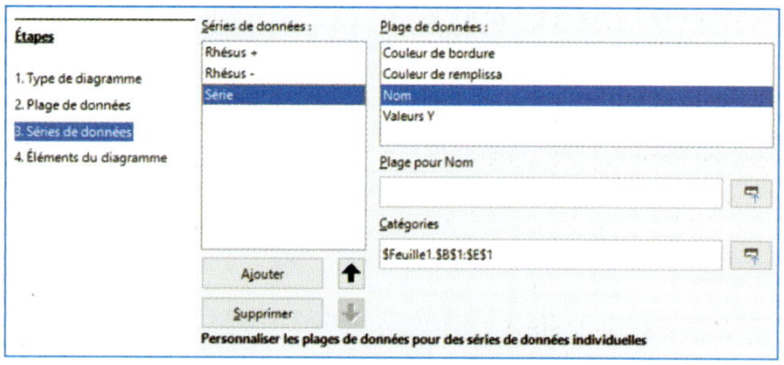

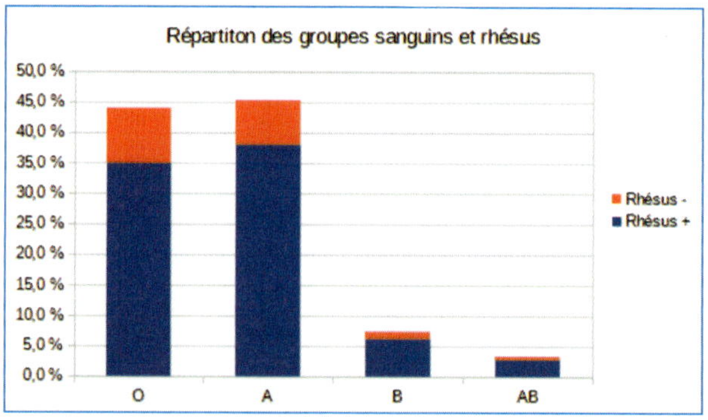

B Réalisation d'un diagramme circulaire

Ce tableau représente la répartition des ventes réalisées par une entreprise dans trois régions du monde pour les années 2021 et 2022.

On représente ces données par un diagramme circulaire en anneaux, l'anneau intérieur correspond à l'année 2021 et l'anneau extérieur à l'anneau 2022.

	A	B	C
1		**2021**	**2022**
2	**Asie**	26 %	30 %
3	**Etats-Unis**	36 %	26 %
4	**Europe**	38 %	44 %
5	**Total**	100 %	100 %

Sélectionner la plage de données B2:C4 et cliquer sur .

1. Choisir le type de graphique **Secteur** et **Tore**.

2. Dans Plage de données, choisir la représentation des **Séries de données en colonnes**.

3. Personnaliser les plages de données comme l'indique la fenêtre ci-contre.

4. Donner un titre au diagramme.

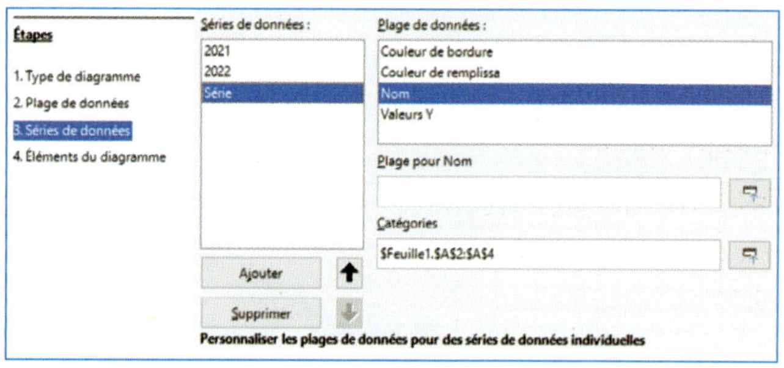

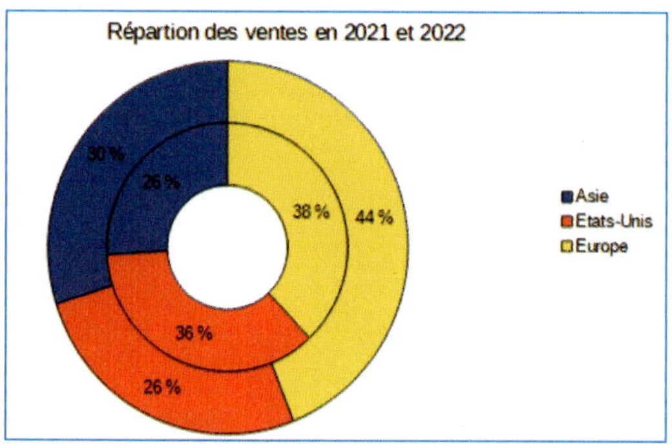

Par des clics sur le graphique, on peut inverser les deux anneaux et insérer les étiquettes.

C Représenter un nuage de points, établir un lien entre deux caractères

Une société a réalisé une enquête sur la durée de réalisation des projets de ses employés.

	A	B	C	D	E	F	G	H	I	J
1	Durée en jours	15	17	20	22	23	25	28	29	30
2	Nombre de projets	3	4	7	7	8	9	10	10	11

1. Représentation des données par un nuage de points

Sélectionner la plage de données B1:J2 et cliquer sur .

a. Choisir le type de graphique **XY (dispersion)** et **Points seuls**.

b. Dans Plage de données, choisir la représentation des **Séries de données en lignes**.

c. Ne pas afficher la légende et indiquer un titre pour **Axe X** et **Axe Y**.

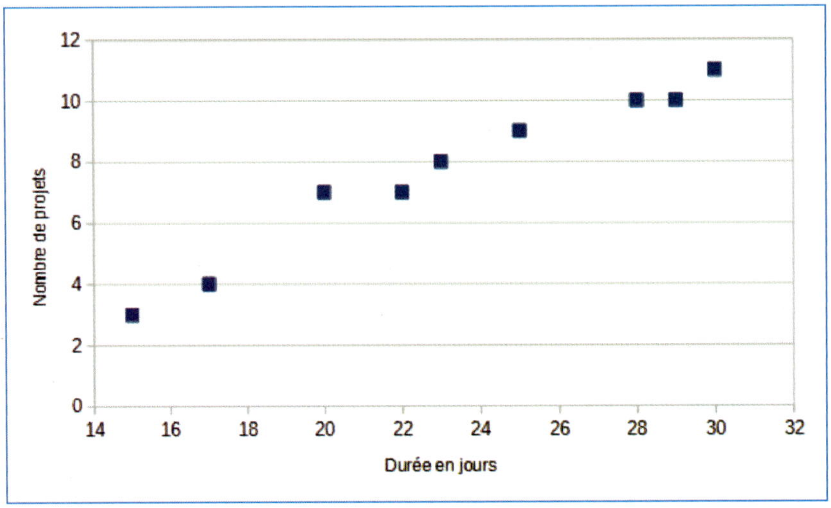

2. Lien entre deux caractères

En observant le nuage précédent, on peut penser qu'il existe un lien linéaire entre les deux grandeurs étudiées.

Par des clics sur le graphique :

- Modifier le type de graphique et choisir **XY (dispersion)** et **Points et lignes**.
- Insérer une **courbe de tendance**, choisir le **type linéaire**.
- Insérer **l'équation de la courbe de tendance**.

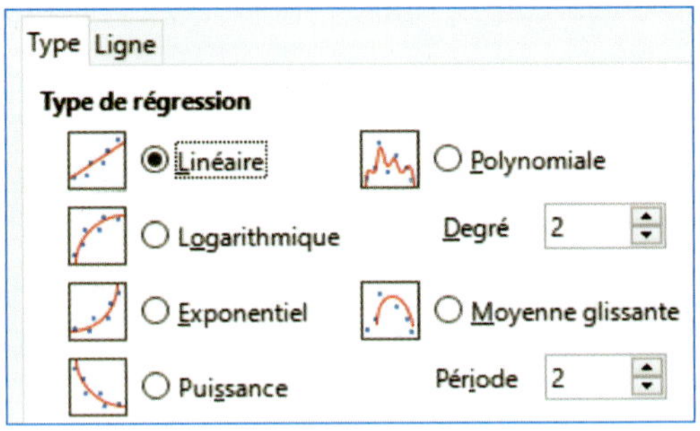

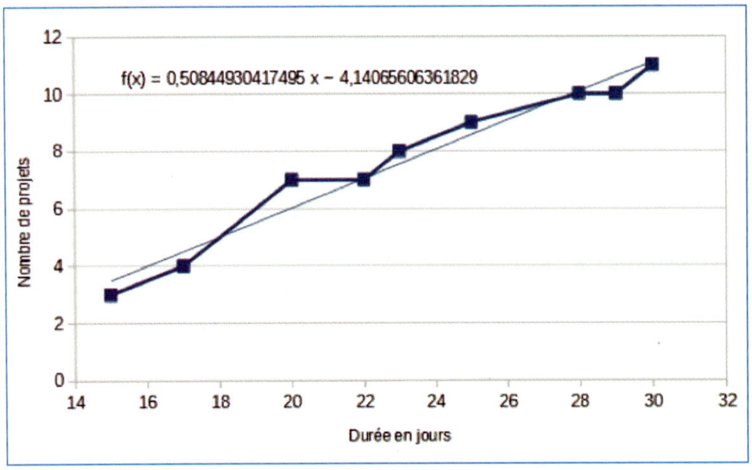

Crédits photographiques
Couverture GETTY IMAGES/Oxford Scientific/Photolibrary
23 ht ADOBE STOCK PHOTO ; **23 bas** ADOBE STOCK PHOTO / Andrey Popov ; **25** ADOBE STOCK PHOTO / Christos Georghiou ; **40 ht** BNF ; **40 bas** BRIDGEMAN IMAGES / Leonard de Selva ; **42 ht** ISTOCK / Viacheslav Lopatin ; **42 bas** AKG-Images ; **43 bas** ADOBE STOCK PHOTO / REDPIXEL ; **43 ht** ADOBE STOCK PHOTO ; **55** MAXPPP / Radio France / Lena Thebaud ; **60** PHOTO12.COM / Ghigo Roli ; **61** ADOBE STOCK PHOTO / Alexander Rochau ; **63 ht** SIPA PRESS / EPN / Newscom ; **63 bas** ADOBE STOCK PHOTO / Designpics ; **66** ADOBE STOCK PHOTO ; **67** Nasa ; **77** ADOBE STOCK PHOTO / Sertan ; **79** ADOBE STOCK PHOTO ; **82** ADOBE STOCK PHOTO ; **83 ht** ADOBE STOCK PHOTO ; **83 bas** ADOBE STOCK PHOTO / Zaiets Roman ; **85** PHOTO12.COM / ALAMY / Mauritius images ; **98 ht** ADOBE STOCK PHOTO ; **98 bas** ADOBE STOCK PHOTO / TRAIMAK ; **99 ht** ADOBE STOCK PHOTO / Susann Pohle ; **99 bas** ADOBE STOCK PHOTO ; **100** ADOBE STOCK PHOTO ; **101 bas** ADOBE STOCK PHOTO / Artur Wnorowski ; **101 ht** ADOBE STOCK PHOTO / ZSOLNAI GERGELY ; **102** ADOBE STOCK PHOTO / MOSES ; **114** ISTOCK / Aliaksandr Antanovich ; **116** ADOBE STOCK PHOTO ; **117** ANDIA / Macareux / Panorapix ; **118** ADOBE STOCK PHOTO ; **119** ADOBE STOCK PHOTO ; **120** Droits Réservés ; **121 bas** ADOBE STOCK PHOTO / brizmaker

N° de projet : 10291763
Depôt légal : Avril 2023
Achevé d'imprimer en avril 2023 par Rotolito S.p.A.

Édition : Julien Lionnet, Laurence Sourdillon
Coordination éditoriale : Laurence Sourdillon
Conception graphique : Marc Henry, Clémentine Largant
Couverture : Jean-Marc Denglos, Élise Launay
Composition et mise en page : Soft Office
Schémas : Soft Office
Iconographie : Juliette Barjon
Fabrication : Laurence Monaï